O Mundo Secreto de

JOHNNY DEPP

O Mundo Secreto de
JOHNNY DEPP

Nigel Goodall

Tradução
Vera Caputo

PRUMO
retratos

Título original: *The Secret World of Johnny Depp*

Em acordo com Pontas Literary & Film Agency

Direção Editorial
Jiro Takahashi

Editora
Luciana Paixão

Editor assistente
Bruno Tenan

Preparação de texto
Lucas Puntel Carrasco

Revisão
Albertina Piva
Denise Dognini

Arte
Marcos Gubiotti

Assistência de arte
Daniela Dauch

Imagem de capa: Vera Anderson/Getty Images

CIP-Brasil. Catalogação-na-fonte
Sindicato Nacional dos Editores de Livros, RJ

G655m Goodall, Nigel, 1950-
O Mundo Secreto de Johnny Depp / Nigel Goodall; tradução Vera Caputo.
- São Paulo: Prumo, 2012.
312p. : 23 cm

Tradução de: The secret world of Johnny Depp
ISBN 978-85-7927-167-0

1. Depp, Johnny. 2. Atores e atrizes de cinema - Estados Unidos - Biografia. I. Título.

11-7898. CDD: 927.9143028
CDU: 929:791

Direitos de edição para o Brasil: Editora Prumo Ltda.
Rua Júlio Diniz, 56 – 5º andar – São Paulo/SP – CEP: 04547-090
Tel.: (11) 3729-0244 – Fax: (11) 3045-4100
E-mail: contato@editoraprumo.com.br
Site: www.editoraprumo.com.br

À memória de Edy Wynhamer Samson.
Mulher insubstituível, sensível, alegre e muito amada.

Sumário

Introdução

Não quero nem saber quem é o bom, quem não é,
quem é rico, quem é pobre, quem faz sucesso, quem não faz.
Pouco me importa. Isso não me interessa.

O escritor inglês Richard Holmes disse que fazer uma "biografia" é "perseguir, rastrear os caminhos percorridos por alguém, seguir pegadas que jamais alcançaremos. Mas, com um pouco de sorte, você consegue trazer a pessoa mais para perto ao escrever sobre ela".

Revendo essas palavras, a analogia me pareceu adequada para definir minha pretensão, desde que escrevi pela primeira vez sobre Johnny Depp em 1997, na biografia de Winona Ryder, sua namorada mais famosa antes de Kate Moss. Os três anos em que Johnny e Winona estiveram juntos foram essenciais para o conteúdo daquele livro. E, se alcancei meu intento, espero ter acertado ao transmitir para o leitor um retrato que lhe agrade de um dos atores mais respeitados de Hollywood.

Naquela época, se você atirasse uma pedra em alguma calçada de Hollywood, havia grandes chances de acertar um garoto bonito, atormentado pela condição de ser um ídolo adolescente e se lamentando por não receber o devido respeito como ator sério. Assim era o astro adolescente Johnny Depp. Passados alguns anos, depois de aparecer na capa de todas as revistas *teen* das bancas de jornal, o astro de *Anjos da Lei* fez um grande esforço para se livrar dessa imagem e conquistar credibilidade artística. E, no processo, criou uma obra da qual pode se orgulhar pela sua integridade.

Ele abriu mão do papel que catapultou Keanu Reeves ao estrelato em *Velocidade Máxima*, recusou-se a fazer o Lestat de *Entrevista com o Vampiro* e *Drácula de Bram Stoker* (representados, respectivamente, por Tom Cruise e Gary Oldman), rejeitou o mítico personagem de *Lendas da Paixão* e o garoto de programa de *Thelma e Louise* que mais tarde foram assumidos por Brad Pitt, e deixou os papéis de Robin Hood e Charlie Chaplin para Kevin Costner e Robert Downey Jr.

Johnny cimentou sua carreira representando brilhantemente almas atormentadas, como o solitário e excêntrico protagonista de *Edward Mãos de Tesoura* e o *cross-dressing** e o independente Ed Wood, no filme de mesmo nome. Ele admite que ser "um garoto *blockbuster*" nunca esteve nos seus planos, embora hoje seja o astro de maior bilheteria em Hollywood, simplesmente por fazer o que sempre faz, que é representar um pirata galante e malandro, na série de aventura de Jerry Bruckheimer *Piratas do Caribe* (*Pirates of the Caribbean*), e receber a primeira indicação ao Oscar de Melhor Ator. Como Johnny disse a Chris Connelly sobre o tapete vermelho do Kodak Theater, na 76ª cerimônia do Annual Academy Awards: "Isto é uma outra história".

Nascido e criado na pequena cidade operária de Owensboro, no Kentucky, Johnny é filho de um engenheiro e de uma dona de casa. Quando criança, passou a maior parte do tempo com o avô que tanto amava e que morreu logo depois de ele completar 7 anos de idade. Nesse mesmo ano, a família mudou-se para a Flórida, onde seu pai trabalhou como diretor de obras públicas na cidade costeira de Miramar. Triste com a morte do avô e sentindo-se deslocado por perder o único lar permanente que havia conhecido (a família mudou-se dezenas de vezes na Flórida), Johnny tornou-se um aluno relapso e desinteressado na escola secundária.

A situação piorou quando seus pais se divorciaram, e o rebelde adolescente, de 15 anos de idade, envolveu-se com drogas e acabou abandonando a escola. Mas, quando menos se esperava, sua vida tomou um novo rumo, com um tio que era pastor fundamentalista. Ao ver seus primos tocando música gospel na igreja, Johnny se encantou pela guitarra elétrica. Sua mãe comprou um instrumento usado por 25 dólares, e o autodidata Johnny logo se tornou guitarrista de banda de garagem.

* *Cross-dressing* é quando o homem ou a mulher tem o hábito de vestir roupas do gênero oposto, seja por fantasia, por razões profissionais etc., não necessariamente por motivos sexuais. No caso do filme Ed Wood, o cineasta também se vestia de mulher. (N. T.)

Johnny pendurou seu instrumento nas costas e resolveu ganhar dinheiro tocando rock'n'roll. Ele se juntou a uma banda chamada Flame e, ainda menor de idade, o roqueiro novato já ganhava 25 dólares por noite tocando num clube noturno da Flórida. Mas, por causa da idade, ou por falta dela, Johnny precisava entrar pelos fundos e, depois da primeira apresentação, voltar pra casa.

A banda, que passou a se chamar The Kids, abria o show do punk Iggy Pop. Dois anos depois, Johnny e companhia voltaram para Los Angeles, onde a cena noturna estava tão saturada de bandas em busca do sucesso que os garotos tiveram de trabalhar durante o dia para se sustentar. Mas isso não durou. Como também não durou vender anúncios por telefone, que Johnny diz ter sido seu primeiro treino como ator. Sem terem onde tocar e sem dinheiro, os Kids acabaram se dispersando.

Nessa época, Johnny conheceu e se casou – embora por pouco tempo – com a maquiadora Lori Ann Allison, que o apresentou ao ator Nicholas Cage, que por sua vez ficou tão impressionado com a aparência surrada do roqueiro Johnny que lhe conseguiu uma entrevista com seu agente.

Esse encontro resultou na sua estreia no cinema, no papel de um jovem de cabelo espetado que se tornou o lanchinho noturno de uma cama esfomeada em *A Hora do Pesadelo*. "Foi muito emocionante!", hoje ele exclama. "Eu não esperava que Wes Craven e a diretora de elenco, Annette Benson, me dessem a chance de fazer aquele garoto, logo eu, tão inexperiente. Eu não tinha ideia do que era aquilo. Não conhecia [nada sobre] luzes, marcas, câmera ou posição. Não tinha a menor noção."

Embora seu papel em *Pesadelo* fosse uma obra-prima se comparado a seu próximo trabalho, sobre fantasia sexual adolescente, *Férias do Barulho*, e sem outras perspectivas no horizonte, o aspirante a ator matriculou-se no Los Angeles Loft Studio para o que ele considerava um treinamento necessário em arte dramática.

Apesar das restrições, e acabando de sair da escola de arte dramática, Johnny conseguiu um pequeno papel no filme épico que Oliver Stone fazia sobre o Vietnã, *Platoon*, que ganhou quatro Oscar em 1986. Daí em diante, suas oportunidades de atuação melhoraram bastante, com várias participações na televisão e, nas horas, vagas tocando em uma nova banda, chamada Rock City Angels.

Johnny recebeu seu primeiro convite para um papel em *Anjos da Lei* – como o detetive Tommy Hanson – logo depois de *Platoon,* mas como não tinha interesse em televisão, nem quis olhar o roteiro. Os produtores chamaram outro ator, mas as coisas se complicaram e eles voltaram a procurar Johnny.

Seu agente convenceu-o de que a série provavelmente seria cancelada após a primeira temporada e ele ficaria livre para buscar o que mais lhe interessasse. Porém, o sucesso foi imediato, e seu personagem, Hanson, tornou-se o mais popular do elenco nas três temporadas da série. Apesar de insatisfeito, Johnny não demorou a perceber que: "Se você topa seguir por esse caminho para fazer uma carreira rápida, ganhar muito dinheiro e se divertir com esse tipo de lixo, tudo bem, você pode. Mas há um outro lado, que é fazer só o que você quer e é muito mais íntegro. Juro que, quando me livrar dessa série, só vou fazer o que quero, o que me interessa e o que me estimula".

Decidido a romper com a imagem do adolescente e parar de "se divertir com esse tipo de lixo", Johnny parodiou seu personagem bonitinho no primeiro trabalho pós-*Anjos da Lei,* o cruelmente satírico *Cry Baby,* do subversivo e independente John Waters. Depois ele ficou mais atento aos próximos papéis que aceitaria, mas naquele momento sua preocupação com a credibilidade profissional ficou um pouco abalada, e isso foi bastante divulgado.

Em 1993, o ator River Phoenix morreu, aparentemente de *overdose,* na porta do bar de Johnny em Los Angeles, The Viper Room. Após o trágico incidente, ele e seus sócios foram submetidos a inúmeros julgamentos desagradáveis por parte dos tabloides.

Habitué de hotéis, Johnny foi manchete em 1994 ao ser preso por destruir a suíte presidencial do Mark Hotel de Manhattan. Depois de pagar mais de 2 mil dólares pelos estragos, todas as acusações foram retiradas.

Outro revés foi, sem dúvida, em 1993, ao terminar o relacionamento de três anos com Winona Ryder, sua parceira no filme *Edward Mãos de Tesoura,* e depois apagar a tatuagem "Winona Forever" que acabara de fazer.

Mas, talvez, o incidente mais desagradável tenha acontecido em 1999. Quando eu relia os meus originais para a primeira edição deste livro, Johnny foi detido por perseguir *paparazzi* com um pedaço de madeira em uma rua de Mayfair, no West End de Londres, e não estava muito interessado em cooperar com sua biografia.

Desde então, outras polêmicas surgiram. Uma das mais graves foram suas observações mal interpretadas a uma revista alemã, no auge da guerra contra o Iraque, sobre os Estados Unidos não passarem de um "filhote mimado".

Apesar das constantes agitações em sua vida pessoal, Johnny teve excelentes atuações em *Gilbert Grape – Aprendiz de Sonhador* e *Benny & Joon – Corações em Conflito*; foi muito elogiado como o agente do FBI disfarçado ao lado de Al Pacino em *Donnie Brasco*; representando seu amigo Hunter S. Thompson nas pseudomemórias alucinógenas em *Medo e Delírio*; ou fazendo Constable Crane em *A Lenda do Cavaleiro Sem Cabeça*. Esses personagens confirmaram sua reputação como um dos mais bem-dotados atores de sua geração.

E, para não fugir à regra dos romances de celebridades, foi noivo das atrizes Sherilyn Fenn e Jennifer Grey, teve um caso mais sério com Winona e, durante alguns anos, às vezes se envolvia com a ultramagra supermodelo Kate Moss, que ele conhecera no badalado Café Tabac de Nova York, em 1994. Atualmente, está há muito tempo com a cantora e atriz francesa Vanessa Paradis, mãe de seus dois filhos, com quem divide uma *villa* espetacular no sul da França.

Talvez por sua relação com Winona não ter ido adiante, Johnny ainda não tatuou no corpo o nome "Vanessa"; o "Betty Sue" que se lê em seu bíceps esquerdo é em homenagem a sua mãe, e a outra tatuagem no braço direito, a cabeça de um índio americano, é um tributo a seus antepassados Cherokee. Em 1996, comprou uma luxuosa mansão em Hollywood Hills, que já pertencera a Bela Lugosi, o Drácula mais famoso de todos os tempos; é ali que Johnny fica quando está em Los Angeles e guarda suas coleções de insetos, livros raros e armas.

Sempre à frente no espectro da caracterização de personagens, os melhores que Johnny interpretou foram o barão da cocaína George Jung, em *Profissão de Risco*, o perturbado detetive vidente que persegue Jack, o Estripador em *Do Inferno*, o par romântico de Juliette Binoche em *Chocolate*, mesmo aparecendo na tela por meros 17 minutos, e o corrupto agente a CIA em *Era Uma Vez no México*, na continuação de *El Mariachi*.

Ele também esteve na Inglaterra do século XVII como o duque de Rochester, em *O Libertino* e voltou a se reunir com Tim Burton, pela quarta e pela quinta vez, primeiro na nova versão do clássico de Roald Dahl, *A Fantástica Fábrica de Chocolate*, e depois no genial desenho animado de Burton, *A Noiva Cadáver*. Johnny reprisou o papel de capitão Jack Sparrow nas sequências de *Piratas do Caribe, O Baú da Morte, No Fim do Mundo* e *Navegando em Águas Misteriosas*, e fez o papel-título em *Sweeney Todd: O Barbeiro Demoníaco da Rua Fleet*, e o Chapeleiro Maluco de *Alice no País das Maravilhas*, ambos dirigidos por Tim Burton. Em 2009, assumiu o papel de John Dillinger em *Inimigos Públicos*. Em 2011 faria *Shataram*, o último filme do diretor indiano Mira Nair, a quem se diz ligado há muito tempo. Ainda está em discussão sua produção executiva em *The Rum Diary*, onde fará seu amigo Hunter S. Thompson pela segunda vez, numa adaptação do primeiro romance do jornalista gonzo de mesmo nome.

Não faz muito tempo, pouco antes de sermos presenteados com sua notável interpretação do infame bandido John Dillinger em *Inimigos Públicos*, a jornalista norte-americana Johanna Schneller comentou que Hollywood "... provavelmente espera que Johnny faça mais filmes comerciais para capitalizar sua aparência, representando heróis mais convencionais, mas ele nunca fará isso". Seu mais recente trabalho em *O Turista*, com Angelina Jolie, e hoje com uma sequência de recordes de bilheteria anteriores e ainda por vir, cabe perguntar se essa profecia se realizará ou não. Schneller conclui que "... tem muita gente em Hollywood dizendo que hoje Johnny é bilheteria garantida, o que é engraçado, porque ele poderia fazer filmes de grande sucesso a qualquer momento, mas preferiu tomar outra direção".

É uma atitude notável para quem trabalha em uma área que desestimula esse tipo de individualidade. Mas talvez seja esse o segredo de seu sucesso. Com ou sem estrela na Calçada da Fama de Hollywood (curiosamente, a sua está distante duas posições da estrela de Winona), Johnny Depp provou que está muito além das margens de lucro, e assim, muito além das moedas tilintando nas caixas registradoras das bilheterias e das estrelas na calçada.

Um Herói Aventureiro

A maioria dos filmes dos quais participei foi fora da estrutura de Hollywood. Não fiz quase nada com muita ação, explosões e pessoas correndo perigo. Geralmente foram filmes que achei certos para mim e dos quais, espero, a plateia tenha gostado.

Vanessa Paradis acompanhou Johnny Depp na noite do Oscar. Finalmente, o homem com quem ela diz que pretende passar o resto de sua vida recebia o reconhecimento e os aplausos de toda a Hollywood. Se ele não tivesse representado o papel que lhe trouxe essa honra, se não estivesse ali presente pela indicação, o casal não teria se dado ao trabalho de comparecer à grande noite de fevereiro de 2004, quando os rituais da Academy Awards foram realizados com todo o esplendor.

Também não teriam comemorado com os amigos famosos de Johnny. É mais provável que preferissem ficar em casa. Johnny não hesita em comentar: "Felizmente nada sei sobre quem conta e quem não conta ou o que acontece em Hollywood. Não assisti aos últimos filmes nem li as últimas revistas da moda; não sei quem faz o quê, quem fracassou nem quem fez sucesso".

Mas se surpreendeu "que um filme do qual participei rendesse tanto dinheiro e tanta gente viesse assistir. Quando um garoto se aproxima de mim na rua e pergunta 'Ei, você não é o capitão Jack Sparrow?', fico muito comovido".

"Capitão Jack Sparrow", como as crianças o chamam, é o personagem central do grande sucesso do verão de 2003, *Piratas do Caribe: A Maldição da Pérola Negra*, dirigido por Jerry Bruckheimer e baseado em uma das principais atrações do Magic Kingdom do Walt Disney World. Ainda assim, Roger Ebert, em crítica no *Chicago Sun-Times*, não viu razão para tanto: "É um filme que as plateias adoram, mas ficou em cartaz mais tempo do que deveria". Com faturamento de 305 milhões de dólares nos Estados Unidos e outros

27 milhões de libras na Grã-Bretanha, onde só perdeu para *Matrix Reloaded,* como a maior bilheteria do ano, não se pode dizer que tenha ficado em cartaz mais tempo do que deveria.

Talvez Ebert não tenha levado em conta que, sucesso ou não, era um filme estelar tanto pela história quanto pelo elenco. É basicamente a história do malandro e charmoso capitão Jack Sparrow, para quem as águas cristalinas do Caribe e os mares do mundo todo são um imenso parque de diversões onde não faltam aventura e mistério. Mas a romântica vida de pirataria de Jack começa a fazer água quando seu terrível inimigo, o ardiloso capitão Barbossa, rouba seu navio, o *Pérola Negra,* ataca a cidade de Port Royal e sequestra a bela filha do governador, Elizabeth Swan.

O amigo de infância de Elizabeth, Will Turner, junta-se a Jack e ambos partem no navio mais rápido da frota britânica, o *HMS Interceptor,* em uma galante tentativa de resgatar a moça e recapturar o *Pérola Negra.* A dupla e a tripulação desordeira são perseguidas pelo prometido de Elizabeth, o gentil mas ambicioso comodoro Norrington, oficial da Marinha britânica que está a bordo do *HMS Dauntless.*

Mas o que Will não sabe é que um tesouro amaldiçoado condenou Barbossa e sua tripulação a viverem para sempre como mortos-vivos, esqueletos que ganham vida à luz do luar. A maldição que eles carregam só será quebrada se o tesouro roubado for totalmente recuperado, e uma dívida de sangue, quitada.

Contra todas as chances, o *Interceptor* e o *Dauntless* rumam para um confronto emocionante com os piratas de Barbossa na misteriosa Isla de Muerta. Estão em jogo a vingança de Jack Sparrow, o *Pérola Negra,* o tesouro proibido, a quebra da maldição que condenou o pirata Barbossa e sua tripulação a serem eternos esqueletos, o destino da Marinha britânica e a vida de nossos valentes heróis que atacam a golpes de espada os temíveis Piratas do Caribe em violentos combates.

Roger Ebert dispensaria as lutas de espada uma vez que, segundo suas próprias palavras, "os personagens prendem nossa atenção em lutas de espadas que não têm o menor sentido", porque, se os piratas "já estão mortos e não podem mais morrer, não faz sentido lutar contra eles". Mas, se assim fosse, deixaríamos de ver o que mais nos chama atenção nos filmes de piratas: as lutas. Apesar disso,

Ebert concorda que a atuação de Johnny foi impecável. "Ele parece uma *drag queen* bêbada com aqueles olhos maquiados, os modos afetados quando anda pela praia e diz suas falas com tanta indiferença. Pode-se dizer que sua interpretação é original em cada detalhe. Nunca houve um pirata, e nesse aspecto um ser humano, como esse em nenhum outro filme. Dizem que ele tomou muito sol andando por aquela ilha, mas seu comportamento dá a impressão de que sua vida inteira foi um ensaio. É um pavão exibindo sua cauda." Mesmo quando ele chega à praia em um barco dilapidado, alguém diz: 'Você é o pior pirata de quem ouvi falar". E ele responde: "Sim, você ouviu falar de mim".

Ebert avalia como não teria graça "se Depp tivesse feito o papel da maneira clássica, como um Errol Flynn ou Douglas Fairbanks. Seria insuportável se esse material fosse levado a sério. O comportamento do capitão Sparrow é tão estereotipado que todo o elenco comentou. Mas, por ser tão autêntico e como nunca se vê Depp caçoando do personagem, ele ganha uma espécie de sinceridade caricata". Mas não foi por isso que Johnny mereceu um Oscar? Ora, porque sua interpretação foi boa pra caramba.

Provavelmente foi nisso que pensou o diretor Gore Verbinski, muito antes de ir atrás de Johnny para o papel. "Ele é um artista conhecido por se envolver em projetos excêntricos. É um ator brilhante. Não tem interesse em criar fã-clube nem escolhe seus trabalhos pelo retorno financeiro. Deixa claro que quer encontrar papéis que lhe tragam retorno artístico. E acredito que também queira filmes para as crianças."

Mas, por ironia, o personagem de Johnny não é um tipo que você gostaria que seus filhos imitassem. Jack Sparrow, diz Verbinski, "é basicamente um vigarista. É um excelente pirata, mas é preguiçoso e só lutará se for obrigado. Ele sempre pegará um atalho. E o que interessa é o mito que faz parte dele. Ele é seu maior empresário e se vende muito bem".

Verbinski não era o único a pensar assim. Jerry Bruckheimer tinha decidido que Johnny teria toda a liberdade para criar seu personagem e descreve como essa liberdade foi bem aproveitada pelo ator: "Ele já tinha uma visão bem definida de Jack Sparrow, que era absolutamente original. Deixamos ele fazer como queria, e ele me veio com esse pirata excêntrico, e ao mesmo tempo malandro. Ele não consegue manter o equilíbrio, sua fala é embolada, então você pensa que ele está bêbado, está enjoado ou passou muito tempo dentro no navio. Mas é tudo intencional para dar esse efeito. E por mais estranho que pareça, faz parte do charme do capitão Jack".

Para Johnny, não foi apenas a chance de criar algo a partir do zero, mas de assumir um papel para o qual ele, talvez, fosse a última pessoa em quem pensariam. "Foi uma grande oportunidade inventar esse pirata desde o início, criar um tipo diferente de tudo que já se viu." Ele também apreciava a natureza mal-intensionada e a impetuosidade do personagem. "Para mim, Jack é um sujeito que tenta desviar das gotas de chuva. Ele é capaz de atravessar uma zona neutra, divertir as tropas, voltar rebolando para o outro lado e contar ao inimigo outra história. Ele quer estar bem com todo mundo porque é esperto e sabe que pode precisar deles no futuro." E, por pior que seja a situação, "o capitão Jack é um otimista. Achei que havia uma coisa bonita e comovente em seu objetivo. Só o que ele quer é ter de volta seu navio, que para ele significa a liberdade pura e simples. É claro que ele vai saquear e fazer o que for preciso, sempre que tiver oportunidade, mas o que ele mais quer é ter de volta o *Pérola Negra*, custe o que custar".

Sim, confirma Verbinski, "mas, novamente, é a simplicidade do personagem; seu grande amor e sua liberdade são seu navio. Ele não é um vilão nem é o galã, embora acredite que tenha alguma chance com Elizabeth. Enfim, Jack Sparrow é um sujeito excêntrico". Do ponto de vista de Verbinski, a caracterização de Johnny não difere muito do hilário pistoleiro bêbado de Lee Marvin, Kid Shelleen, em *Dívida de Sangue*, no retrato igualmente divertido de Elliott Silverstein sobre o Velho Oeste. Assim como Marvin, Johnny e seu Sparrow "passam pela história influenciando tudo o que há a seu redor para alcançar seu objetivo".

Para Johnny, a inspiração de Jack Sparrow não veio de Marvin, mas do guitarrista dos Rolling Stones Keith Richards. Se os piratas fossem, segundo ele, "os astros roqueiros do século XVIII", quem, ele pergunta, é hoje o mais legal na história do rock? "Para mim é Keith Richards, e não se discute. Como tive a sorte de conhecê-lo pessoalmente, o que tentei fazer não foi uma imitação, mas sim o que guardei sobre ele – uma certa graça, uma elegância e uma sagacidade que seriam úteis." Nada disso estava no roteiro. A descrição do personagem também não menciona o romantismo do herói dos quadrinhos,

Pepé Le Pew, ou as características dos atuais rastafáris, que também foram acrescentados por Johnny. Ele explica: "Jack tem coisas penduradas nos cabelos que foram inspiradas em outra coisa. Para mim, cada uma daquelas contas tinha uma história importante para Jack".

Outro detalhe inspirado são as jaquetas de prata e de ouro que ele usa nos dentes da frente, em três posições diferentes para cada uma refletir a luz de uma determinada maneira. Embora os maquiadores tivessem pouco trabalho para deixá-lo um rapaz rude e bonito, além de escurecer os olhos, colar tranças no cavanhaque e providenciar uma peruca, o estúdio não gostou muito das jaquetas na frente e, por fim, Johnny aceitou cobrir os dentes laterais.

Certamente, os críticos questionaram por que Johnny aceitou protagonizar um *blockbuster* de verão de Jerry Bruckheimer, particularmente baseado num brinquedo da Disney, se até agora ele só tinha feito papéis desafiadores e excêntricos. Embora Bruckheimer não tivesse nenhuma dúvida desde o princípio, admite que o primeiro rascunho de roteiro que chegou às suas mãos não o entusiasmou muito. Na verdade, foi só quando os autores de *Shrek*, Ted Elliot e Terry Rossio, tiveram a ideia de fazer um filme com piratas e esqueletos que ganhavam vida à luz do luar foi que ele se animou. Ninguém tinha feito ainda um filme de piratas sobrenatural.

Com o novo roteiro embaixo do braço, Bruckheimer viajou à França para tentar o que poucos conseguiram: envolver Johnny Depp em um filme de ação com possíveis sequências. Viagem perdida, diriam alguns, mas Bruckheimer pensou: "Johnny já tem filhos, e todo mundo muda de ideia quando os filhos nascem". Johnny concorda que seus filhos "foram uma das razões. Eu queria fazer um filme mais acessível. Sabe, eles teriam que esperar uns 15, 20 anos para me ver em *Medo e Delírio*".

É claro que quando Johnny se comprometeu com o filme, houve uma corrida tanto de atores jovens como já consagrados ansiosos para conseguir outros papéis ainda disponíveis. Geoffrey Rush agarrou literalmente a chance de fazer o capitão Barbossa, a pedra no sapato de Jack Sparrow e ladrão de seu navio, o *Pérola Negra*. Um australiano cujos créditos anteriores incluíam filmes tão disparatados quanto *Shakespeare, Ned Kelly* e *Contos Proibidos do Marquês de Sade*, acabou sendo a melhor escolha para Barbossa.

Não se sabe se Johnny fez ou não teste de elenco ao lado de Rush, mas a dupla se deu bem tão logo as filmagens começaram. Eles se admiravam mutuamente e adoraram trabalhar juntos. Entusiasmo similar prevaleceu quando o resto do elenco foi reunido. Orlando Bloom, que fez o papel de Legolas na trilogia *Senhor dos Anéis*, foi recrutado para fazer o galã romântico, o ferreiro Will Turner; Keira Knightley, a estrela muito comentada de *Driblando o Destino* e que fez o papel de Guinevere em *Rei Arthur*, interpretou Elizabeth Swan, a namorada raptada de Will; o veterano das telas e dos palcos Jonathan Pryce faria o pai dela, o governador Weatherby Swann; e Jack Davenport, de *This Life*, a série de televisão de grande sucesso na Inglaterra, aceitou o papel de comodoro Norrington, o novo comandante da Frota Naval Britânica em Port Royal, com quem o pai de Elizabeth gostaria que a corajosa filha, que não é de muita cerimônia nem de fazer rodeios, se casasse.

A atenção aos detalhes na escolha do elenco se estende para todo o filme. Sob o olhar atento do designer de produção Brian Morris, um exemplo da extravagância era a caverna do pirata onde Barbossa esconde tudo o que sua tripulação saqueou. Era a principal peça dos muitos cenários dos estúdios Walt Disney construídos em Burbank – e o maior de todos. Tinha sido ampliado recentemente e era a locação perfeita para criar uma caverna ricamente decorada, com cascatas, fosso, pequenas grutas e um solo rochoso traiçoeiro. A caverna exigiu cem operários e cinco meses para ser construída, foi preenchida com um milhão de litros de água e levou três semanas para ser decorada.

Cada objeto de cena foi pesquisado e selecionado por sua autenticidade, lembra o decorador de cena Larry Dias. "Deu muito trabalho manter a fidelidade à época e ao estilo do filme. O cenário tinha de parecer autêntico porque o filme tem uma queda para o drama, mas é também comédia, então procuramos criar um clima ao mesmo tempo realista e teatral."

Não menos desafiadora foi a tarefa com os navios. O problema é que existiam poucos navios que pudessem passar por uma embarcação do século XVIII. O estúdio e os produtores já tinham decidido construir os que seriam usados no filme, mas não imaginavam que encontrariam um tesouro virtual de informações e contatos sobre onde encontrar réplicas viáveis. Essa figura surgiu quando contrataram o coordenador da Marinha Matt O'Connor. Apaixonado por barcos e especialista em marinha, ele já havia trabalhado na indústria do cinema por mais de 15 anos e entrou em contato com um conhecido em Seattle, pedindo-lhe que convencesse seus diretores a autorizar a produtora a usar uma preciosa caravela, além da tripulação completa, por tempo indeterminado, em uma locação praticamente do outro lado do mundo, acrescentando que seria necessário fazer algumas modificações estruturais no navio.

A oferta era boa demais para ser desprezada; os proprietários do navio aceitaram correr o risco e se dispuseram a enfrentar os obstáculos apresentados em um empreendimento de tal porte. Então, o *Lady Washington* foi adaptado para ser um membro importante do elenco, "estrelando" como o *Interceptor*.

Nenhum filme de pirata está completo sem as sequências de ação, e *Piratas do Caribe* não foi exceção. Os incríveis duelos de espada tomavam quatro horas diárias para prática dos movimentos, que foram coreografados pelo lendário espadachim do cinema e dublê de Errol Flyn, o octogenário Bob Anderson. Outra parte inesquecível para Johnny e Keira Knightley foi a cena "andando na prancha", como era chamada. Eles passaram quase três dias filmando em cima da longa prancha que se projetava do deque do *Pérola Negra* sobre o oceano, a 5,5 metros de altura. Nenhum dublê, réplica, nada – eram Johnny e Keira equilibrados na ponta daquela prancha.

"Fiquei em cima da prancha dois dias inteiros, com nada ao meu redor e a água embaixo. Fiquei petrificada", Knightley se lembra. "A prancha era estreita como um trampolim, e balançava se a gente se mexesse ou se ficasse parado em cima dela. Quando chegou a hora de pular, Gore me disse que eu não precisaria fazer isso porque a minha dublê, Sonia, saltaria no meu lugar. E eu disse: 'Estou aqui em cima há dois dias! Acha mesmo que não vou saltar desta coisa?' Então pulei com aquele vestido comprido. Quase morri de medo. Perguntei ao Gore se ele queria que eu gritasse, e ele disse: 'Faça como quiser'. Gritei feito louca. A parte mais interessante foi quando caí na água, o vestido subiu para a cabeça e a calcinha ficou aparecendo. Fiquei quase nua, mas orgulhosa de mim mesma. Nem sei o que deu pra ver", ela ri. Apesar do medo, Knightley saiu da água rindo, sã e salva.

Sobretudo, foi um filme intenso, com uma agenda de filmagem igualmente intensa. Mas os roteiristas Ted Elliott e Terry Rossio consideraram que, se as crianças tivessem idade suficiente para entrar no brinquedo "Piratas do Caribe", teriam idade também para ver o filme. Elliott se lembra de ter ido ao brinquedo quando tinha 6 anos e da sensação de liberdade absoluta misturada com um pouquinho de terror. "Pode-se dizer que foi extremamente prazeroso. E era o que queríamos que todos sentissem no filme. A mesma sensação de quem vai ao brinquedo pela primeira vez."

E essa sensação marcou os que compareceram à estreia mundial na Disneylândia, no sábado de 28 de junho de 2003. Foi a primeira vez que a Disney abriu as portas para uma estreia cinematográfica, com elenco, equipe de filmagem e convidados especiais chegando às 18h30 para assistir a uma pré-estreia especial do filme, antes do lançamento na semana seguinte.

Segundo uma matéria divulgada na internet logo depois, "o evento foi uma loucura, para dizer o mínimo; a Disney abriu os portões às seis da manhã para que o público 'normal' pudesse curtir o parque. Doze horas mais tarde, ele foi fechado e todos foram retirados para dar espaço ao pessoal de Hollywood. O lado oeste do parque ficou tomado por piratas, prostitutas, bandas e seguranças. Vários brinquedos funcionaram para a diversão dos convidados e, pela primeira vez, sem filas. Arquibancadas lotadas contornavam a área dos Rivers of America e uma tela gigantesca foi erguida na Ilha Tom Sawyer. O navio Columbia ficou ancorado diante de todos com uma banda tocando lá dentro, e havia alto-falantes por toda parte. Foi uma noite fantástica". Fantásticos também foram os brindes, que incluíam jantar, chapéus, pôsteres, tatuagens, espadas, almofadas, cofres de porquinho, fotos e jogos.

Johnny se surpreendeu com os inúmeros elogios que recebeu por sua atuação. Jamais esperou tanta atenção. "Estou muito grato. Estou grato também pelo ano que passou e pelas coisas que aconteceram. Não esperava nada disso. E certamente nenhuma indicação para nada. Estou muito emocionado, muito comovido."

Por outro lado, Johnny sabia que teria que passar pelo que chamou de "período de descompressão" depois que terminou de filmar. "A gente fica muito ligado ao personagem, isso sempre acontece. Você sente falta dele. Sente falta de ser aquela pessoa. No fundo, no fundo, eu só queria que tivesse uma sequência, para me encontrar com ele novamente."

Rebelde com Causa

Na minha escola tinha gente de todo tipo: tinha os punheteiros, os CDFs e os caipiras. Sem falar nos estressados. As meninas nunca queriam sair comigo por eu ser maconheiro – o cara esquisitão.

John Depp e sua esposa, Betty Sue, moravam em Owensboro no verão de 1963. É a terceira maior cidade do Kentucky, colonizada em 1780 pelos exploradores Joseph Blackford e William Smeathers. Mas foi só em 1817, e em homenagem ao coronel Abraham Owens, um figurão local, que a cidade se tornou o que é hoje. E continua sendo mais conhecida por hospedar o mundialmente famoso International Bar-B-Q Festival*. Embora na época os Depp já tivessem três filhos, as meninas Debbie e Christi e o menino Dan, ou DP, sendo dois deles do primeiro casamento de Betty Sue, ela estava com a gravidez avançada do segundo filho que teria com John e, se tudo corresse bem, John Christopher Depp II, Johnny Depp, nasceria no dia 9 de junho. E, de acordo com o jornal local, onde o nascimento foi devidamente anunciado, ele nasceu.

John e Betty Sue eram pais que não fugiam do padrão. Um casal convencional que circulava em um mundo igualmente convencional. John era funcionário público e trabalhava como engenheiro municipal. Betty Sue era garçonete em uma cafeteria. Segundo Johnny, passados alguns anos, ela "tinha a boca suja de um marinheiro, jogava cartas e fumava cigarros. E às vezes chegava em casa, depois de trabalhar dez horas, com 30 dólares de gorjetas. Por isso, quando cresci, me acostumei a pedir gorjetas".

Os Depp eram, em todos os sentidos, uma típica família de classe baixa, beneficiada pela explosão de moradia barata em áreas desenvolvidas nos anos

* Festival Internacional de Churrasco, que acontece todo segundo final de semana de maio, desde 1979. (N. T.)

1950. Eles viviam em uma cidade suburbana e tinham sonhos suburbanos. Era, afinal, a década de 1960, quando as promessas do pós-guerra ganharam força e o sonho americano parecia possível. E por que não pareceria, se as pessoas trabalhavam das nove às cinco? Podiam ter a casa, o carro e a família, como nas ilustações e nas páginas de revista. De coração e de alma, John e Betty Sue eram produtos dos anos 1960.

Mas oito anos após o nascimento de Johnny, a guerra do Vietnã ainda oprimia e Nixon continuava na Casa Branca. E três meses depois que Johnny completou 8 anos, o julgamento por uma corte marcial de 25 oficiais e soldados envolvidos no massacre de civis em My Lai, em 1968, chegou ao fim. Vinte e quatro foram inocentados e soltos. Três meses depois, a força aérea norte-americana daria início à mais intensiva campanha de bombardeios que já se viu.

As insurreições domésticas eram esmagadas com a mesma crueldade. O horror de Kent State, quando a Guarda Nacional disparou contra alunos desarmados, ainda estava fresco na memória quando explodiu a rebelião na Prisão Estadual de Attica no estado de New York, em setembro de 1971. Lá também a solução foi o uso desenfreado da violência por parte das tropas de choque, em resposta às reivindicações dos prisioneiros. E as primeiras engrenagens da máquina que terminaria na humilhação nacional de Watergate já giravam lentamente.

Apesar de suas convicções, Johnny não iria adotar o que ele considerava um estilo de vida suburbano de sua família. E nem queria sair afetado pelos princípios liberais aos quais estava agora exposto, como provaria a vida quase solitária que vivia ao lado do avô.

Ainda criança, ele passava quase todo o tempo com esse avô. "Me lembro de ficar picando tabaco lá no Kentucky. Pawpaw e eu éramos inseparáveis. Ele morreu quando eu tinha 7 anos, o que, para mim, foi muito grave. Às vezes sinto que ele está por perto. Acredito em fantasmas. Vou ser um deles um dia. E até com mais energia. Eu sei que meu Pawpaw está por perto, me vendo, me orientando. Às vezes ouço ele me chamar. Ouço mesmo! Por que iria inventar uma coisa dessas? Tenho a nítida sensação de que Pawpaw está por aí."

O avô de Johnny era um índio Cherokee puro-sangue que tinha a mesma aparência bonita, o maxilar anguloso e rosto esculpido que Johnny iria exibir, anos mais tarde, nas capas de revista do mundo todo, despertando a paixão das garotas norte-americanas.

A família Depp era descendente de Cherokee, apesar da fusão de antepassados alemães e irlandeses. A própria versão de Johnny nas suas brincadeiras de índio e caubói era fiel àquela nação indígena. Em nenhum momento ele permitia que seu índio levasse um tiro, ficasse ferido, morresse ou mesmo caísse no chão, não importa quantas vezes seu amigo de infância, Sal Jenco, mirasse e disparasse sua arma de brinquedo.

Esse espírito impetuoso e independente já vinha preparando a determinação que ditaria seu futuro. Johnny não aceitava passivamente regras e normas. Primeiro ele tinha de querer e sentir. Não surpreende que seu primeiro conflito com autoridade tenha sido a suspensão da escola por mostrar as nádegas ao professor. A ordem para cumprir uma tarefa diária e comum era, aos olhos de Johnny, uma perturbação.

Hoje Johnny admite: "Eu era um garoto esquisito". "Parecia chapado. Queria ser Bruce Lee", ele lembra. "Queria ser da SWAT. E aos 5 anos, queria ser Daniel Boone." Mas nem todos se encaixavam no seu *ranking* pessoal de heróis. John Wayne, por exemplo, nem pensar. "Por mais antiamericano que possa parecer, nunca suportei esse cara. Ele não passava de um radical de extrema-direita."

Talvez ele tivesse razão. Ou, quem sabe, o fato de não gostar do célebre caubói das telas tivesse algo que ver com sua herança Cherokee. Não era Wayne, afinal, quem tinha o péssimo hábito de trucidar centenas de índios em seus filmes? Comportamentos como esse deixavam Johnny horrorizado. Ele ainda treme quando pensa nos inúmeros parentes distantes que deve ter perdido no que chama de genocídio de milhões de índios americanos.

O fato é que foi a morte do avô, quando Johnny tinha 7 anos de idade, que convenceu a família Depp a se mudar, dessa vez para Miramar, ao sul do litoral de Miami.

Mais importante ainda, a transferência para uma cidade pequena no litoral foi o passo que faltava para o pai de Johnny se tornar um funcionário público. E tal como o filho, que na vida adulta morou em diversos quartos de hotel e apartamentos alugados, seus pais se registraram num dos motéis do lugar e lá ficaram pelo menos um ano.

Johnny se lembra bem: "Mudamos umas trinta vezes. De um bairro para o outro, às vezes até para a casa vizinha. Não me pergunte por quê. Minha mãe ficava nervosa. E toda a história da minha família era deixada para trás. Móveis, meus brinquedos, trabalhos escolares, tudo, tudo, tudo ficava abandonado nos sótãos e nas garagens. Tudo se perdeu. Éramos como ciganos, morávamos em toda parte, sempre em trânsito. Depois de um tempo, eu decidi: não vou nem conhecer as outras crianças".

Quanto às outras crianças, os colegas de escola, Johnny descobriu que não tinham quase nada em comum. Mas isso não importava. Por que importaria? Afinal, o que um bando de garotos bem-comportados de uma pequena comunidade teria a oferecer a Johnny que superasse as emoções que ele próprio planejava para a sua vida?

Era como Endora, lembra Johnny, o vilarejo longínquo do filme *Aprendiz de Sonhador* (*What's Eating Gilbert Grape?*): "Onde nada acontece nem vai acontecer". É o que se podia esperar de um lugar onde não havia muito mais que dois empórios na mesma rua, um exatamente em frente ao outro.

"Aqui ficava o Winn-Dixie, com a drogaria ao lado e, ao lado dela, uma loja de presentes e cartões. E lá, bem na frente, ficava o Publix, com a sua drogaria e a loja de presentes e cartões. Eram exatamente iguais, só mudavam os nomes. De um lado ou de outro, o lugar era o mesmo."

E havia também o lugar onde Johnny não queria estar, e talvez esse tenha sido o maior problema da sua infância: a dificuldade de se adaptar à escola, por exemplo. "Eu não era o garoto mais popular. Sempre me senti uma aberração. Sabe, essa sensação de querer ser aceito, mas não saber o que fazer para ser aceito como você é, com toda a sinceridade?" Ele lembrou uma ocasião em que "quis abraçar uma garota, mas logo vi que não ia dar certo".

No futuro, se vingaria de tudo isso, ao conquistar o afeto de pessoas exatamente iguais àquelas no filme *Edward Mãos de Tesoura*.

Mas, por ora, restava-lhe esperar que nada fosse durar para sempre. Por não se interessar pela vida escolar, ele se inscreveu no time de futebol da escola, principalmente por achar que o pai ficaria satisfeito. Mas isso também não deu certo. Em um mês, Johnny abandonou os treinos e, não se sabe por quê voltou e abandonou outras duas vezes.

Mas Johnny aprendeu muito rápido a buscar outros interesses. Ele próprio relata que, durante toda a infância, a música foi uma paixão constante. Um de seus primeiros casos de amor pra valer foi pela banda Kiss, cujas apresentações eram tão agressivas quanto as músicas. Ele gostava tanto de imitar o vocalista Gene Simmons que, tal como ele, também tentou engolir fogo. Mas Johnny acabou se queimando.

"Eu devia ter uns 12 anos", ele lembra. "Nós amarramos uma camiseta na ponta de um bastão, encharcamos de gasolina e pusemos fogo. Depois enchi a boca de gasolina e soprei. Só que meu rosto pegou fogo, e saí correndo pela rua com o rosto em chamas. Obviamente, minha mãe ia ver meu rosto todo queimado, então resolvi mentir. Disse que estávamos soltando fogos de artifício e que um deles estourou em mim. Ela acreditou. Ninguém, e muito menos ela, gostaria de ouvir: 'É, eu enchi a boca de gasolina e soprei um bastão em chamas, mãe'. A história dos fogos de artifício era mais fácil para ela e para mim também; ela acreditou e se benzeu. Foi uma das coisas mais estúpidas que já fiz na vida – não a maior delas, mais a pior até então –, e olha que já fiz muita bobagem!"

Além de gostar de música, Johnny era um grande admirador do dublê de moto Evel Knievel, que era mundialmente famoso e, no final dos anos 1970, encantava as plateias com seus saltos mortais sobre vários veículos enfileirados, em sua moto Chopper especialmente projetada. Mas, ao mesmo tempo que o assistia e tentava imitá-lo, apaixonou-se por Vincent Van Gogh, não só pela vida e pelos problemas do artista, mas por sua arte.

Outra obsessão era a Segunda Guerra Mundial. Com o passar do tempo, seus pais começaram a estranhar que o filho não parasse de ler sobre a Alemanha nazista. E Johnny vivia recriando episódios imaginários da série *Guerra, Sombra e Água Fresca*.* Ele cavava túneis, rastejava dentro deles e ficava sentado esperando que tudo desabasse ao seu redor. Era mais estranho ainda quando John e Betty Sue comparavam o filho aos amigos dele. E quando não estava cavando túneis, Johnny sonhava ser o primeiro membro branco dos Harlem Globetrotters.

* *Hogan's Heroes*, seriado humorístico exibido na TV americana, entre 1960 e 1970, sobre prisioneiros da Segunda Guerra Mundial que montam um esquema de sabotagem e fuga dos campos de extermínio nazistas. No Brasil, o seriado foi exibido pela TV Tupi entre 1970 e 1980. (N. T.)

Quem também teve influência na formação de Johnny, mas por outros motivos, foi seu tio. Johnny lembra que ele era "o pregador que tinha um grupo de gospel. Subia no púlpito, erguia os braços e gritava: 'Venham todos, subam aqui e sejam salvos'. E as pessoas corriam a seus pés. Muito maluca essa coisa de idolatria!".

Da mesma maneria que os outros membros da congregação, Johnny não podia imaginar que a envolvente arte da representação já se manifestava. Era até tratado como um mestre de cerimônias para atrair e prender atenção de uma plateia. E ficava atento aos truques e às técnicas que o tio usava para convencer a congregação do que estava dizendo, da importância do que revelava e dos artifícios que usava.

O tio incentivava Johnny a se expressar, fosse através da música ou de qualquer outra forma. A influência do tio no jeito de se apresentar tinha endereço certo. Johnny não via a hora de subir ao palco e fazer alguma coisa. Num ambiente como esse, seria algo natural a ideia de ser um astro do rock'n'roll. Pelo menos era melhor que o emprego de frentista de posto de gasolina, algo que Johnny temia ser quando se formasse.

"Meu primo tinha um grupo de música gospel na igreja, e foi a primeira vez que vi uma guitarra elétrica", ele se recorda. "Fiquei maluco pela guitarra, e minha mãe comprou uma para mim por 25 dólares. Eu tinha 12 anos. Me tranquei no quarto durante um ano e aprendi a tocar sozinho, tirando músicas dos discos. Foi assim que passei a adolescência, sentado no quarto tocando guitarra, todo sentimental. Lembro-me de raramente estar com minha família. Depois comecei a tocar em pequenas bandas de garagem. O primeiro grupo em que toquei se chamava Flame."

Ele próprio criou uma imagem para caracterizar a banda. "Primeiro nós usamos a camiseta escrito '*flame*'. Aos 13 anos, eu só usava camisetas lisas. Depois, comecei a roubar as roupas da minha mãe. Ela tinha umas blusas de veludo amassado com mangas francesas. E eu adorava calça boca de sino; tinha a maior vontade de usar saltos altos, mas nunca consegui usá-los."

Para que ninguém se engane, John e Betty Sue se preocupavam muito com a vida escolar do filho. Ele não era exatamente como gostariam que fosse. "Passei três anos na escola, e era como se eu tivesse entrado na véspera. Eu cursava umas oito matérias, fazia o terceiro ano do ensino médio e não queria estar lá. Era muito chato, eu detestava aquele lugar."

Foi nessa época, ele lembra, que "me envolvi com más companhias. Nós arrombávamos os lugares para entrar. Arrombamos a escola e destruímos uma sala. E roubávamos objetos das lojas".

Anos mais tarde, quando um de seus antigos professores lhe pediu um autógrafo, ele ficou indignado. "O que eu podia fazer? Ele me ferrou. Me lembro que uma vez esse professor gritou comigo na frente de toda a classe. Ele nunca prestou atenção em mim, e agora, sem mais nem menos, quer meu autógrafo? Eles achavam que eu era um viciado e que acabaria preso."

Johnny admite que eles tinham uma certa razão. Não fazia o menor sentido manter na sala de aula um sujeito que estava longe de ser um aluno exemplar. "Comecei a fumar aos 12 anos, perdi a virgindade aos 13 e experimentei todas as drogas que apareceram aos 14. Diga a droga que quiser, que já experimentei. Não diria que eu era um garoto do mal, era apenas curioso", Johnny admite. "Com certeza tive minhas experiências com drogas, mas uma hora você saca aonde isso vai dar e cai fora."

Mas essa não foi sua maior dificuldade. Em 1978, quando ele tinha 15 anos, John e Betty Sue se divorciaram. Era a segunda vez que Betty Sue sofria pelo fracasso de um casamento, e a partir daí as coisas começaram a se deteriorar rapidamente. Sofrida e perturbada emocionalmente, ela era uma vítima da desilusão e só esperava pelo pior. Mas a família toda se mobilizou e ajudou no que pôde.

"Família é a coisa mais importante do mundo", Johnny afirma. "Sem ela você não é nada. Quando a gente é adolescente, família é família. E você acha que ela vai estar sempre ali. Você quer os amigos, carros, quer fazer coisas diferentes. Só quando fica mais velho é que se dá conta: 'O que estou fazendo? Esta é a minha família'. Eu só percebi que aquelas pessoas eram as mais importantes para mim quando meus pais se separaram. Sabe, eu daria a vida por eles. Tinha 16 anos e simplesmente aconteceu. Você passa pela coisa, mas não escapa do sofrimento. Dói muito mesmo!"

Ele continua: "Me lembro de meus pais brigando, e nós sabíamos com quem iríamos ficar quando eles se divorciassem. Quando aconteceu, meu pai saiu de casa e minha mãe ficou muito mal, física e emocionalmente.

Johnny escolheu ficar com a mãe, a irmã Christie, que hoje é sua empresária e conselheira, e o irmão Dan, que também cuida da outra metade de sua produtora. Debbie, a outra irmã, foi com o pai para Hallendale, onde ele ainda mora e trabalha.

Quanto a Betty Sue, Johnny, dando um passo por vez, dedicou-se a encontrar um lugar para ela. Começou procurando ao redor e acabou encontrando uma casa ao norte de Los Angeles. É onde ela ainda vive com seu terceiro marido, Robert Palmer. "Não costumo dormir e comer regularmente", Johnny declara. "Mas na casa dela, fico tão relaxado que logo estou morrendo de fome. Depois durmo profundamente."

"Ela é a melhor mulher do mundo", ele continua. "A melhor amiga, a mais fiel. É inacreditável. A vida toda ela foi garçonete, mas nunca mais permiti que servisse mesas." De nenhuma outra maneira esse tributo seria mais bem expresso do que no dia em que ele entrou em um estúdio de tatuagem e pediu para gravar o nome da mãe em sua pele, dentro de um coração vermelho.

Ele também anotou o dia em que a tatuagem foi feita, para que seus netos soubessem. "Quando eu tiver 90 anos, estiver ali sentado e eles perguntarem 'Vô, quando você fez isso?', quero ser capaz de responder 31 de maio de 1988."

E a tatuagem de Betty Sue seria tão discutida quanto a cabeça do cacique tatuada alguns anos depois, desta vez do lado direito, em homenagem à sua herança Cherokee. Se Johnny ainda não tinha revelado a ninguém sua profunda curiosidade por tatuagens e cicatrizes, certamente sabia que lhe perguntariam a respeito. "Lembro que cortei meu braço, gravando as minhas iniciais", ele disse certa vez. "E desde então, de vez em quando, faço um corte em algum lugar. De certa forma, o corpo é um jornal, e as cicatrizes são as notícias."

Johnny e seu amigo Sal Jenco faziam planos elaborados para fugir daquela bagunça toda. Os dois, que já eram veteranos experientes em tudo o que se possa imaginar, resolveram morar dentro de um velho Impala 1967, só porque Jenco não tinha nenhum lar que pudesse chamar de seu. Ele se lembra de que o banco de trás do carro tinha muitas latas de cerveja e só. Quanto aos chamados longínquos das necessidades básicas da civilização, como eletricidade, água corrente e outros luxos da vida moderna, decidiu que passaria a viver sem eles.

Mas, contestando os muitos jornalistas que examinaram seus primeiros anos em Miramar, ele se recusa a confirmar que fosse uma criança indisciplinada e impulsiva. Foi depois da fama que resolveram pregar esse rótulo nele. Além disso, "a única razão pela qual meu passado veio à tona é porque eu o revelei. E só para que as pessoas pudessem aprender com ele. Os garotos podem dizer: 'Meu Deus, ele passou pelas mesmas coisas que estou passando agora. Talvez eu não seja tão mau quanto estão dizendo'".

Todos, diz ele, achavam mais conveniente acusá-lo de "mau-caráter, delinquente, rebelde ou qualquer outra coisa terrível. Eu diria que era só uma questão de curiosidade. Nunca fui um desses caras terríveis que daria um soco no queixo de uma velhinha e sairia correndo. Eu só queria conhecer o mundo lá fora".

Johnny insiste que teve uma infância bastante normal. "Quando você tem 13, 14 anos, sai com a turma para fazer qualquer outra coisa, porque a festa da escola não é a melhor opção. Você quer experimentar. Se mora em Miami, as drogas estão por toda parte. Você experimenta pelos motivos de sempre: pressão do grupo, curiosidade, tédio."

Está para Nascer um Roqueiro

Dos 12 aos 17 anos eu me sentia muito diferente dos outros, mas na adolescência tive aquela sensação de segurança, como se nada pudesse dar errado. Mais tarde, isso voltou a mudar.

Em 1979, quando Johnny estava com 16 anos, ele decidiu não voltar para a escola. Já tinha dado um basta em seus esforços por conquistas acadêmicas. E estava cansado de chegar à escola pela manhã para constatar que nada tinha em comum com os colegas. Enquanto os meninos conversavam sobre *Guerra nas Estrelas*, ele disparava a falar sobre o último salto do dublê Evel Knievel; enquanto eles se divertiam com o seriado que viram na noite anterior pela TV, citaria o antiquado *Guerra, Sombra e Água Fresca*, que tanto adorava.

Seu gosto musical também não impressionava na escola. No final dos anos 1970, o punk rock não era exatamente a tendência musical preferida da maioria. Era violento, incômodo, antissocial, e as pessoas que gostavam não eram diferentes. Quando os colegas descobriram que Johnny apreciava bandas New Wave, imediatamente ele passou a ser *persona non grata*. E quando souberam que ele estava resolvido a seguir carreira tocando o mesmo tipo de música, seu isolamento aumentou.

Sua banda, The Kids, começou apresentando versões *cover* e aquecendo plateias para bandas famosas como B-52s e Talking Heads. Eles tentaram durante algum tempo compor seu próprio material (que Johnny descreveria como "uma mistura de U2 com Sex Pistols"), mas não foram muito além disso.

"Tenho certeza de que meu cérebro parou aos 17 anos", Johnny se lembra. "Eu era feliz naquela época. Tocava em uma banda, lia livros porque não tinha lido nada na escola e vivia rodeado de garotas. De certa maneira, resolvi parar aí."

Sempre perseverantes, os Kids passaram a se apresentar nos salões de rock'n'roll da Flórida. O único problema, Johnny confessa, é que "eu era menor de idade. Eles me deixavam entrar pela porta dos fundos para tocar, mas eu tinha que sair logo depois da primeira apresentação. E assim ganhava meu dinheiro, faturando 25 dólares por noite". Mas também houve ocasiões em que ganharam muito mais, às vezes acima de dois mil dólares. "Faturávamos essa quantia para o grupo todo, inclusive para os *roadies*". Johnny lembra que era um dinheiro muito bom.

Uns dois anos mais tarde, quando estava com 18 anos, "fizemos dois shows com Iggy Pop e terminei a noite muito, muito bêbado". Johnny ficou no bar depois que a casa fechou porque precisava "vomitar. "E vi Iggy de shorts passeando com um cachorro. Não sei por que, comecei a gritar 'Vá se foder!'. Juro que não sei por que fiz isso, porque ele era meu ídolo. Ele se aproximou e olhou para mim. Achei que fosse me bater. Ele disse: 'Seu merdinha'. E continuou andando".

Anos depois, os dois voltariam a se encontrar nos estúdios de filmagem de *Quem Não Chora Não... Ama*. Lembrando daquele incidente, Iggy Pop deu um suspiro e saiu com esta: "É bem provável que eu estivesse nas mesmas condições que você, talvez até pior".

Isso foi cinco anos depois de Johnny ser reconhecido musicalmente nos bares da Flórida. Foi também em um desses bares que ele conheceu e acabou se casando com Lori Ann Allison, a maquiadora cinco anos mais velha. Foi a irmã dela, Suzanne, que estava saindo com Bruce Witkin, outro integrante da banda, quem os apresentou. Se existiam duas pessoas que poderiam conseguir um contrato de gravação para a banda, eram Johnny e Lori. Mas eles nunca conseguiram nada e talvez isso tenha contribuído para o fim do relacionamento, dois anos depois.

Todos os integrantes da banda sabiam o que havia entre eles, e Johnny se lembra do que ele próprio sentia. "Me casei aos 20 anos. Minha história com ela era muito forte, mas não possso dizer que era amor. Ele acontece apenas uma vez, duas, no máximo, se você tiver sorte. Nem sei se senti alguma vez, antes dos 30."

Mas seu amigo de infância Yves Bouhadana se lembra de "que ele estava animadíssimo porque ia se casar com Lori (em 20 de dezembro de 1983). Lembro que ela foi seu primeiro relacionamento sério. Ele estava muito apaixonado e queria se casar".

Apaixonado ou não, esse era também um sinal de como tudo podia mudar rapidamente. "Quando eu já estava na sétima série, fiquei muito a fim de uma garota que fazia o maior sucesso na escola", Johnny admite. "Eu podia morrer por ela, como *Romeu e Julieta*. Impressionante. Me consumia por ela. Fomos para a oitava série, e a gente ficava naquelas festas em que tudo acaba em sexo. Nós transamos, e eu me sentia o máximo. Depois ela preferiu um cara do time de futebol e me deixou a ver navios."

Anos mais tarde, ele continua, "depois de eu ter abandonado a escola, fui tocar em uma casa noturna. Estou no palco, olho em volta e, de repente, 'Olha ela lá!'. Terminamos a apresentação, fui direto para o balcão do bar onde ela estava sentada e me aproximei! Era ela mesmo, só que pesando mais de cem quilos! Era um elefante, mas o rosto continuava igual. 'Oi, que bom te ver, você já tem filhos?' Ela tinha quatro – me senti vingado daquela que partiu meu coração quando eu era apenas um garoto".

Da mesma maneira, Johnny considera como uma parte do seu processo de crescimento o tempo que passou com Lori. Nem mesmo se mudar para Hollywood conseguiu ajudar.

"Acho que meus sentimentos são bem tradicionais para esse tipo de coisa", ele admitiu mais tarde. "Sabe, um homem e uma mulher viverem juntos, terem filhos... Na época eu pensava em reparar o erro de meus pais por terem se separado quando eu ainda era pequeno, achava que pudesse ser diferente, pudesse dar certo. Mas não me arrependo. Foi divertido e me ensinou muita coisa." O mais importante para ele é que "não estava indo bem, e nós decidimos pelo melhor".

Antes que o casal se separasse definitivamente, Johnny, Lori e o resto da banda recorerram ao que se poderia chamar de uma última e definitiva tentativa de alcançar o estrelato. "Dom Ray, um sujeito que representava todas as bandas do Palace, em Hollywood, gostou de nós e resolveu investir", lembra Johnny. "Ele se ofereceu para nos representar, me adiantou algum dinheiro, nós guardamos um pouco e fomos para lá."

Mas surgiria outro imprevisto, algo em que talvez eles nunca tivessem pensado. Tocar em Hollywood não era tão fácil quanto imaginavam. "Foi péssimo", Johnny admite. "Existiam tantas bandas que era impossível ganhar dinheiro. Então resolvemos procurar emprego. Vender anúncios pelo telefone – telemarketing. A gente ganhava cem dólares por semana para enrolar as pessoas. Dizíamos que elas tinham sido selecionadas por isso ou aquilo na região para ganhar um relógio de pêndulo. Elas tinham que gastar 500 dólares com um monte de porcaria e nós mandávamos pra elas um relógio barato. Um horror."

Horror também, ele confessou, era a miséria que lhe pagavam para vender por telefone canetas personalizadas para empresas. "Foi meu primeiro emprego de ator", reconheceria mais tarde. "Durante o dia eu vendia canetas-tinteiro por telefone, ganhava 10 dólares por semana e pensava 'O que tenho a perder?'. A última vez que fiz isso, não me aguentei e disse: 'Olha, cara, desiste dessa porcaria'."

Por essas e outras "considero esse emprego meu primeiro treinamento como ator. A gente representava qualquer personagem ao telefone porque era o maior tédio. Dava outros nomes, fazia vozes diferentes, essas coisas. Até que era bem divertido".

Os Kids também fizeram alguns bons shows em Los Angeles. "Tocamos com os Bus Boys e Billy Idol." Mas tudo ali era mais ou menos. Faziam as mesmas coisas que tinham feito na Flórida. Quanto à carreira que pretendiam fazer com a banda, ainda não seria dessa vez.

Johnny e Lori assumiram a decepção de maneira corajosa, embora o fracasso da relação machucasse muito mais. Os dois então resolveram fazer um balanço da vida conjugal e colocar as coisas em seus devidos lugares. O que ambos desejavam realmente era se livrar dos sentimentos cada vez mais ambíguos em relação ao outro. Assim, uma das decisões foi dissolver a parceria nos Kids através do divórcio, que aconteceu dois anos após se conheceram. Johnny tinha 22 e Lori, 27 anos.

Pior ainda foi suportar a dor de uma separação, tal qual ele e seus pais tinham vivido sete anos antes.

A única luz no fim do túnel veio de um velho amigo de Lori, Nicholas Cage. Ele era o astro emergente de *O Selvagem da Motocicleta*, de 1983, e sobrinho do diretor Francis Ford Coppola, famoso na época por seus épicos *O Poderoso Chefão*. Sugeriu a Johnny que tentasse o cinema. E com a ajuda do seu empresário, entregou-lhe a chamada para um teste em um filme de Wes Craven que logo entraria em produção.

Diretor de filmes como *A Última Casa à Esquerda* e *Viagem Maldita*, o último projeto de Craven era a *A Hora do Pesadelo*, um filme de terror sombrio e apavorante. O roteiro, escrito pelo próprio Craven, era descaradamente explícito, para dizer o mínimo.

De fato, Craven já era fascinado por sonhos e subconsciente muito antes de dar vida a eles no celuloide. Em seus primeiros anos de sucesso, esse fascínio jamais se afastou da mente do diretor. Mais adiante, anos antes de *A Hora do Pesadelo* entrar em produção, ele tinha lido algumas matérias de jornal sobre refugiados laosianos afligidos por pesadelos tão terríveis que tinham pavor de adormecer.

Esse foi o tema com o qual ele costurou seu filme, conferindo-lhe uma nova qualidade que redefiniria o terror tanto quanto *O Exorcista* havia feito na década de 1970. *A Hora do Pesadelo* definiu o padrão dos filmes de terror da década que se seguiu e pela maior parte da década seguinte, com lançamentos como *Grite*, *Eu Sei o Que Vocês Fizeram no Verão Passado*, além das quatro sequências de *Pesadelo*.

Mas Craven nada teve que ver com eles. Quando começaram as filmagens de *A Hora do Pesadelo*, em julho de 1984, com lançamento previsto para outubro do ano seguinte, Craven já estava decidido a parar por aí. "Para que fazer uma sequência?", ele perguntou, se um filme já bastava por si só. Quantas vezes uma história pode ser contada até começar a perder a força?

Mas o produtor Robert Shaye não pensava assim. Ele e a produtora New Line Cinema viam potencial para novas versões, então pediram a Craven que filmasse outro final, para permitir a continuidade da saga. Craven se negou a atendê-los e continuou a brigar com eles por mais dez anos enquanto surgiam as novas sequências, até fazer *O Novo Pesadelo, de Wes Craven*, de 1994.

Esse trazia a história de um novo e famigerado monstro, o assustador Freddy Krueger, um assassino de crianças que fora julgado e condenado a morrer queimado e que agora retornava à sua velha conhecida Elm Street para aterrorizar os moradores – principalmente os adolescentes. Todos eles têm os mesmos pesadelos com Freddy, representado por Robert Englund do seriado para a televisão *V*. O monstro os persegue em sonhos, e com garras afiadas invade suas casas e suas mentes. Como uma combinação aterrorizante de Peter Pan e Pied Piper, Freddy faz com que eles não cresçam nunca.

Bem, nem todos. Um deles vai sobreviver ao clímax do filme. É a heroína Nancy Thompson, interpretada por Heather Langenkamp. Mas o que agora Craven tentava preencher era o papel do namorado dela, Glen Lantz, que vai ser sugado pela cama e picado violentamente numa onda de sangue e coágulos.

Johnny, porém, tinha dúvidas se deveria aceitar o papel. Não estava convencido nem mesmo quando chegou para fazer a leitura. Afinal, ele não parecia nem de longe com o personagem que deveria representar.

"Eu era muito diferente daquilo que Wes descrevia no roteiro", Johnny explicou mais tarde. "O papel era de um cara grande, loiro, queimado de sol, que jogava futebol. E eu era magrelo, usava um cabelo espetado, duro de laquê, brincos, estava mais para um morador das catacumbas."

O diretor, que já tinha ouvido várias outras leituras de jovens aspirantes a ator, soube o que queria no momento em que Johnny entrou. Naquela época, lembra, "Johnny tinha um carisma que nenhum outro possuía. Uma atração muito semelhante à que James Dean exercia. Era uma personalidade sutil e, ao mesmo tempo, poderosa." A filha de Craven e suas amigas também torciam por ele. "Ele encantava as mulheres." Johnny era perfeito. Cinco horas mais tarde, seu empresário ligou oferecendo o papel. Agora ele era um ator.

E conheceria o retorno financeiro que sua carreira no cinema lhe ofereceria. "Era difícil aceditar que alguém estivesse disposto a me pagar tanto. Eu nunca tinha visto tanto dinheiro." E ele também não imaginava receber esse súbito empurrão para o estrelato, apesar de ter gostado muito de fazer o papel de Glen Lantz, o garoto dispensável que, como o próprio Johnny lembra, "foi sugado pela cama. Que tipo de crítica você pode receber por fazer uma coisa dessas diante de Freddy Krueger? Que Johnny Depp fez bem o garoto que morreu?".

E foi exatamente o que ele recebeu. O *Newhouse Newspapers* celebrou: "*A Hora do Pesadelo* é o que há. Um exemplo fantástico de um gênero que parecia já ter dado seu último suspiro". *The Baltimore Sun* foi igualmente efusivo em seus elogios: "*Pesadelo* é tão imaginativo, tão bem realizado e tão aterrorizante que público e crítica se enchem de esperança com o retorno dos filmes de terror".

E no *New York Times*: "*Pesadelo* dá ênfase a efeitos especiais inusitados que não são de todo ruins". O britânico *Monthly Film Bulletin* concorda: "*Pesadelo* é o exemplo superior de um gênero muito explorado, graças à habilidade de Craven de organizar cenas individuais chocantes e obter atuações impecáveis de seu jovem elenco".

Embora o próprio Johnny talvez julgasse que, em *A Hora do Pesadelo*, ele ainda estaria muito distante de uma carreira no cinema, o filme ao menos o confirmou como um novato promissor. "Continuei trabalhando, fazendo algumas coisas aqui e ali."

E uma delas foi fazer aulas de interpretação no Loft Studio, uma escola de teatro de Los Angeles que oferecia o que Johnny considerava um aprendizado muito necessário. Mas isso não significa que seu talento como ator se revelaria da maneira convencional. E quando não estava estudando, preenchia o tempo com alguns papéis menores, um deles em um dos episódios de *Grande Hotel* e outro em *Lady Blue*. Antes disso, foi o namorado de Sherilyn Fenn em *Dummies*, um curta-metragem de 10 minutos feito por alunos do American Film Institute. A realização do filme fazia parte do currículo do AMF, que exigia, no primeiro ano, que os alunos participantes do AFI Fellows e sua equipe fizessem três curta-metragens do "Cycle Project", mais como exercício de aprendizagem, e não para serem lançados ou distribuídos. As equipes eram formadas principalmente por alunos do AFI Fellows e voluntários. No ano em que *Dummies* foi feito, as exigências do Cycle Project eram as mesmas de hoje, ou seja, os atores deviam fazer parte do Screen Actors Guild Conservatory, que é um programa voltado para atores iniciantes. Tanto Johnny quanto Fenn se incluíam nessa categoria.

Mas o que ninguém podia prever é que ambos se envolvessem tão afetivamente ao longo do trabalho. Laurie Frankie, que dirigiu as filmagens de três dias, confirma: "Eles não deixavam de se olhar por um instante e, quando as filmagens terminavam, eles entravam naquele Corvette que era de Sherilyn e os vidros logo ficavam embaçados. O Corvette ficava balançando de um lado e de outro. Então eles saíam do carro e esperavam pelas novas tomadas. Eram loucos um pelo outro".

Johnny não estava procurando nada, quando algo surgiu. Era o papel central do filme *Férias do Barulho*, sobre descoberta sexual adolescente. Uma das chamadas convidava o espectador a "passar um agitado fim de semana na praia mais badalada de Miami". A outra convidava "para a festa mais animada da sua vida". Johnny detestava isso. E a crítica também.

De acordo com a sinopse na capa de um vídeo caseiro, era a história de dois adolescentes liberais, Ben (Rob Morrow) e Jack (Depp), que se hospedam em um hotel de luxo para curtir o passatempo favorito de ambos: mulheres. O alvo do desejo de Jack era a rica e bela Dana, que ele fará de tudo – até se passar por um cirurgião – para conduzir à posição desejada. Enquanto isso, a perseguição de Ben à atraente garçonete Patti será dificultada pela regra da casa que proíbe atividades amorosas entre os hóspedes. As escapadas dos garotos são então ameaçadas pelo detetive do hotel, Reeves, e por um ladrão apelidado de "O Maestro", que está atrás de um diamante valiosíssimo.

O ponto alto do filme – o qual, segundo Johnny, não era melhor que todo o resto – começa com os atores principais numa corrida desembestada atrás de Jack e Ben. De nada adiantaram as ocasionais tentativas de copiar cenas extraídas de vários filmes dos Irmãos Marx. Em suma, quase nada em *Férias do Barulho* merece ser recomendado. Nem mesmo a cena de nudez de Johnny nos primeiros 15 minutos conseguiu suavizar as críticas que se seguiram após a estreia. Consciente de todas essas falhas, o consolo de Johnny é que ninguém iria assisti-lo. Como ele próprio certamente não foi. "Era um filme imbecil."

Outro filme foi a aclamada adaptação de Arthur Lion do romance *Castles Burning*, um suspense do gênero Hitchcock feito para a televisão a cabo.

O que interessa é que "fiz alguns filmes que eram uma merda quando comecei", Johnny admite. "Mas não me envergonhava, principalmente porque não pensava em ser ator. Só estava querendo ganhar dinheiro. Eu ainda era músico. No começo, aproveitava as oportunidades, e não existia outra maneira de ganhar tanto dinheiro que não fosse cometendo crimes. Difícil acreditar que me pagassem tão bem."

Com seu cabelo sempre desgrenhado e fora de moda, apenas um pouco diferente de seus papéis em *A Hora do Pesadelo* e *Férias do Barulho*, seus novos personagens não eram nem bem definidos nem exatamente desafiadores.

Donnie (Depp) é o filho sabichão do milionário Simon Fleisher, representado por Dan Hedaya (que voltaria a trabalhar ao lado de Johnny sete anos mais tarde em *Corações em Conflito*). Jacob Asch (papel de Eric Roberts) é um detetive particular e ex-jornalista que é contratado pelo artista Gerald McMurty (Raymond J. Barry) para seguir sua ex-esposa (Beverly D'Angelo), casada com Fleischer, o pai de Donnie.

As investigações de Asch desvendam o emaranhado de falsidades e decepções muito comuns nesses filmes feitos para a televisão, bem como o sequestro de Donnie e a repulsiva desagregação final. O malabarismo termina, mas volta a se complicar com Emily, a conspiradora namorada de Donnie representada por Pam Draper, que tinha atuado com Johnny em *Férias do Barulho*.

E em seguida veio *O Crime Perfeito* (*Slow Burn*), outro filme para a televisão que, segundo um crítico, era um limitado exercício de recriação de um gênero de filme já ultrapassado. A refutação de Johnny seria igualmente crítica. E igualmente compreensível.

Um Tira Adolescente

Por estranho que pareça, nunca fui ambicioso. Jamais quis ser ator ou diretor. Eu era e ainda sou músico. O resto foi acontecendo.

Com a banda The Kids desfeita e uma atuação bem recebida em *A Hora do Pesadelo*, embora ainda distante de ser considerado bom ator, Johnny esperava que *Hotel do Barulho* e *O Crime Perfeito* lhe dessem ao menos um empurrão. "Como eu não tinha mais banda", ele comentou em uma ocasião, "e estava tendo um bocado de sorte no cinema, por que não descubro o que significa essa história de representar e dou uma guinada na vida?"

E deu. Mas o problema, ele se recorda, "é que as pessoas não batiam em minha porta com roteiros". A essa altura ele estava quase desistindo da ideia de fazer filmes, quando de repente, sem mais nem menos, o correio lhe entrega um roteiro acompanhado de uma carta sugerindo que fizesse o papel de Lerner, o fracassado tradutor de *Platoon*, de Oliver Stone.

Era início dos anos 1980 e Stone era reconhecido como um dos diretores mais influentes de Hollywood. Não apenas por sua atração obstinada por questões sociais e políticas, mas pelo polêmico tratamento que dava a elas. Francis Ford Coppola e Martin Scorsese eram seus únicos rivais mais sérios nessa época.

Stone surgiu em cena participando do roteiro do inesperado sucesso de Alan Parker, *O Expresso da Meia-Noite*. Isso aconteceu oito anos antes de ele conhecer Johnny; depois do primeiro, roteirizou outros três filmes antes de voltar sua atenção para a direção e, assim, ter a chance de realizar o brilhante *Salvador – O Martírio de um Povo*. Nesse mesmo ano, Stone marcaria outro ponto com *Platoon*, uma fantástica odisseia no Vietnã baseada em suas próprias experiências com a guerra desesperada na qual os Estados Unidos não puderam deixar de se envolver, apesar de condenados pelo mundo todo.

Stone estava igualmente determinado a fazer o filme. O estúdios e produtoras independentes dos Estados Unidos não demonstraram o menor entusiasmo em bancar o projeto, mas Stone não se deu por vencido e cruzou o mar em busca de produtores ingleses e financiamento europeu, para terminar um filme que iria maravilhar e conquistar a cerimônia do Oscar naquele ano, quando *Platoon* foi indicado para quatro categorias: Melhor Filme, Melhor Diretor, Melhor Som e Melhor Edição. E levou o Oscar por todas elas.

Johnny se lembraria que "fui fazer o teste de roteiro para Stone, que me deixou muito inseguro! Mas ele disse que estava tudo bem, que eu ficaria dez semanas na selva. Foi uma experiência inesquecível". Na ocasião, o ator não tinha a menor ideia do sofrimento pelo qual passaria.

Um sofrimento, ele se lembra, que durou 13 dias infernais. Não só para ele, mas para outros 30 atores já recrutados para um elenco de jovens emergentes, que incluía Tom Berenger, Willem Dafoe e Charlie Sheen.

Mas nenhum deles imaginava o treinamento duro e implacável a que seriam submetidos nas seis semanas de preparação para as filmagens nas Filipinas. E ninguém avisou a eles que Stone recrutara um veterano do Vietnã para deixá-los em forma.

O programa de treinamento, lembra Dale Dye, teria que ser difícil e fisicamente exaustivo. "A única maneira de representar os rigores de um combate na selva é vivenciá-los." E o primeiro desafio foi uma travessia de cem quilômetros em plena selva, partindo de Manila, como a primeira rodada crucial de rotinas punitivas.

Carregando pesados uniformes, botas de selva, placas de identificação, rifles, baionetas, ponchos, lanternas, cantis e toda a parafernália de infantaria, o elenco cavou trincheiras para dois homens, nas quais ficariam abrigados durante as exaustivas manobras. Pior ainda eram os dias e as noites que se confundiam, as temperaturas altíssimas, os ataques de formigas, as rações de comida de "plástico", as salsichas frias e os potes do que Johnny dizia ser "qualquer coisa de feijão". Nem os hambúrgueres pré-cozidos conseguiam amenizar o sofrimento.

Não menos rigorosa foi a atenção aos detalhes. Da manipulação dos rifles M16 às operações de rádio, tudo era intercalado com exposições de Stone sobre estudos de cena e análises de personagem. Se a guerra era o inferno, eles estavam, Johnny se lembra, na própria antessala. Nunca poderia imaginar que fazer filmes fosse tão árduo. E muito menos que grande parte da sua atuação terminaria no chão da sala de montagem.

Igualmente difíceis foram 12, às vezes 14, horas diárias de trabalho previstas por Stone para terminar de gravar em 54 dias. Mais à frente, ele faria a seguinte observação: "Durante as filmagens, quatro ou cinco pessoas da produção foram demitidas pelas brigas de sempre, discussões acaloradas durante o trabalho, vários membros quebrados, uma picada de cobra quase fatal, nuvens de inseto, chuvas torrenciais fora de época e vários momentos assustadores nos helicópteros".

Stone ressalta que a filmagem das cenas exigia muito de todos, elenco e equipe. Não menos significativo foi o vírus não identificado que se espalhou entre a equipe 12 dias antes do fim das filmagens. Muitos já tinham adoecido antes, mas não daquela maneira. Uma infecção tão debilitadora que o único jeito era cair de cama. Esse foi, sem dúvida, o pior dos problemas enfrentados por Stone. Mas ele conseguiu superá-los, mesmo que algumas cenas que pretendia filmar ficassem comprometidas, e ainda conseguiu fazer uma programação com horas vagas. Umas quatro ou cinco, pelo menos.

Mas ninguém soube de nada disso. Com um faturamento de 8 milhões de dólares em menos de 600 salas no primeiro fim de semana, o *Platoon* de Oliver Stone foi a principal estreia do mês entre os lançamentos de fevereiro de 1987. E a crítica confirmou a aprovação do público rasgando elogios ao filme.

O crítico do *The New York Times* Vincent Canby fez um dos elogios mais concisos ao elenco: "O elenco de apoio não está menos afinado que os atores principais e nem é menos eficiente por ser anônimo". O *Variety* concorda que "todos os componentes do jovem elenco têm seus momentos de brilho".

David Denby, de Nova York, disse mais ou menos a mesma coisa: "O apaixonado e pesado *Platoon* de Oliver Stone é o filme que faltava sobre o Vietnã... É de longe o mais forte do ano. Há muitas interpretações vitoriosas nesse filme excelente. Dá para sentir o entusiasmo dos atores ávidos por aproveitar sua chance". Foi, de fato, um elogio e tanto. E não menos para Johnny. Sua interpretação foi tão natural que, antes de o público ter a chance de vê-lo na tela, os críticos já o aplaudiam. E para os fãs de Sherilyn Fenn, ela também foi homenageada pelo ator, que pintou seu nome no capacete que usava.

Com o trabalho em *Platoon* e o divórcio de Lori Ann Allison finalizado pouco antes das filmagens, Johnny se preparava para trabalhar em *Wonderland Avenue*, outro filme de Oliver Stone baseado em lembranças autobiográficas de um garoto de rua que segue Jim Morrison, da banda The Doors. "É um filme interessante, um filme sombrio", disse Johnny na época. Poucos meses depois, ele abandonou o projeto, porque "levaria muito tempo para decolar".

Foi muito mais interessante o convite que um amigo lhe fez para se juntar aos Rock City Angels. E ele aceitou. Já estava filmando o seriado *Anjos da Lei* havia dois meses quando a banda, para sua surpresa, assinou um contrato com a gravadora de David Geffen, que foi considerado o maior desde Madonna. E segundo a *Movieline*, foi mesmo, embora não tenha passado do primeiro álbum. Johnny estava empolgado. "Desde os 12 anos meu sonho era cair na estrada."

Feliz da vida por tocar em uma nova banda, assumiu secretamente seu relacionamento com Sherilyn Fenn, seu par romântico em *Dummies*. Poucos meses depois de se conhecerem nos estúdios de filmagem, ficaram noivos e passaram a viver juntos.

Johnny Depp e Sherilyn Fenn – teria sido um romance dos sonhos para os tabloides, mas "ainda não éramos famosos", lembra Johnny. Fenn, conhecida na época por sua atuação erótica em *Corpos Escaldantes* (*Two Moon Junction*) de 1988, estava alguns anos longe ainda do papel de Audrey Horney em *Twin Peaks*, a estranha série de David Linch, e mais ainda de substituir Kim Basinger em *Encaixotando Helena* (*Boxing Helena*), de 1994.

Desde *O Crime Perfeito*, e do muito mais importante *Platoon*, Johnny estava decidido a não voltar para a televisão, nem mesmo quando soube que a Fox procurava alguém para o papel de Tom Hanson, o tira adolescente disfarçado de *Jump Street Chapel*, o piloto de uma nova série que seria produzida pela rede. Ele nem sequer se interessou em ler o roteiro. Nem lhe passava pela cabeça fazer uma série de longa duração para a televisão. Isso não estava entre as prioridades profissionais de Johnny.

"Não que eu estivesse esnobando a televisão ou qualquer coisa assim, só não estava preparado para assumir um compromisso tão longo." Mas isso não bastou para que o criador da série, Patrick Hasburgh, desistisse de escalar Johnny Depp, o promissor novato de *Platoon*.

Só que Depp, Hasburg ouviu dizer, não estava interessado. Então o estúdio, já comprometido com a filmagem do piloto, tocou o projeto com Jeff Yagher, da série *V*, no papel de Hanson. Mas após três semanas de filmagem, essa solução também fracassou, quando Yagher desistiu do papel. O problema agora é que a Fox tinha gostado tanto das cenas já filmadas que exigiu outros episódios imediatamente, até trocou o título original por outro mais chamativo: *21 Jump Street* (*Anjos da Lei*). O único problema, porém, é que não havia ninguém para fazer Hanson. Bem, não exatamente: ainda tinha Johnny.

"Meu empresário me ligou dizendo que eles queriam que eu fizesse um teste para a tal série de TV", explicou. "Mas bati o pé: não, não e não. Eu não estava disposto a assinar um contrato tão longo e me prender por tantos anos. Eles chamaram outra pessoa que caiu fora em um mês; de novo me ligaram pedindo, por favor, que eu fosse lá fazer o teste. Meu empresário garantiu que as séries para a TV tinham, no máximo, 13 episódios. Uma temporada. Eu topei."

Embora Johnny aceitasse a ideia de fazer a série para a televisão, ainda não estava convencido do projeto. Sua insegurança era principalmente em relação ao personagem que iria representar. "Hanson não era a pessoa com quem eu sairia para comer uma pizza. Não acredito em tiras disfarçados dentro de escolas públicas. Isso é espionagem. A única coisa que Tom Hanson e eu tínhamos em comum era a semelhança física."

A insegurança de Johnny tinha motivos. Afinal, seu personagem era mais problemático que os outros. Vinha da segunda geração de tiras de 20 e poucos anos de idade, mas com aparência de 15. A maior dificuldade é que seus colegas de distrito e até os bandidos caçoavam dele por isso. Isso o deixa deprimido, principalmente porque ele precisa provar que é um tira tão bom quanto seu pai tinha sido.

Para retomar suas metas e ambições, é preciso escolher entre o trabalho burocrático ou entrar para o grupo de elite dos policiais que não usam farda. A missão do grupo, fora da base, é ser jovem o bastante para se infiltrar nos cantos escondidos da escola e pegar os alunos que vendem drogas em vez de estudar.

Fazia tempo que Hanson queria pertencer à equipe que agora frequenta as salas de aula, e que conta com Dustin Nguyen como H. T. Ioki, Holly Robinson como Judy Hoffs, Peter DeLuise como Doug Penhall, e o chefe deles, Frederic Forrest, como o capitão Richard Jenko, substituído no oitavo episódio por Stephen Williams.

Interessante é que o projeto-piloto se baseava em uma polêmica operação que realmente aconteceu em Los Angeles, em 1974. O programa de combate às drogas entre os jovens ganhou as manchetes dos jornais um ano antes de *Anjos da Lei* ir ao ar em rede nacional, quando um dos agentes infiltrados teve um suposto envolvimento romântico com uma aluna de 17 anos.

Durante um tempo, Johnny foi morar em Vancouver, para ficar perto dos estúdios de *Anjos da Lei*, levando também sua mãe Betty Sue e o novo marido dela, Robert Palmer, para morarem com ele. Se essa reunião não bastou para despertar as lembranças de sua infância na Flórida, o amigo daquela época, Sal Jenco, certamente o fez.

Sal visitava Johnny no estúdio quando sua mania de puxar e soltar o ar como um peixe estranho deu uma ideia aos produtores de *Anjos da Lei*. Eles o recrutaram para fazer o personagem chamado Blowfish, um dos extras fixos que entravam e saíam dos episódios ao longo da série. Outro amigo, Peter DeLuise, também ganhou um pequeno papel, em grande parte graças a Johnny. "Se Peter não participasse do programa, eu ficaria maluco ou me atiraria no rio." E Johnny completa com um sorriso: "Ele me salvou".

E por namorar Sherilyn Fenn entre uma tomada e outra nas locações, ele conseguiu encaixá-la em uma ponta no nono episódio, como a filha abusada de um policial que procura Hanson – agora infiltrado entre os irmãos Penhall, que faziam os McQuaid, uma dupla de traficantes – para matar seu pai.

Exibido em horário nobre, *Anjos da Lei* tinha tudo para dar certo, e se for verdade que cada geração tem a série que merece, não existiu melhor sucessor para *Mod Squad**. Prova disso eram as 10 mil cartas de fãs que Johnny recebia por mês; mais que Michael Fox, mais que Charlie Sheen e mais que

* *The Mod Squad* era uma série policial para o público jovem que foi ao ar entre 1968 e 1973. Havia três mocinhos que lutavam contra o crime, virou filme para TV em 1979 e longa-metragem em 1999. (N. T.)

Rob Lowe, todos eles astros emergentes de Hollywood na época. Mas, novamente, segundo o Fan Handle, o serviço de entrega de correspondência para estrelas em Los Angeles, "os garotos da TV sempre recebem mais que os garotos do cinema".

Com tanto sucesso, Johnny só podia estar de acordo. Mas também não podia deixar de se preocupar. "Eu recebia cartas estranhíssimas, cartas suicidas, garotas ameaçando se matar se eu não respondesse a elas. Bobagem, eu pensava... Mas, e se fosse verdade? Ninguém quer pagar pra ver. Eu respondia as cartas, pedindo que elas se acalmassem. Se tudo está tão mal, a tendência é melhorar. Se eu mesmo não me sentia forte, como podia aconselhar alguém?

"As crianças também escreviam contando seus problemas, dizendo que queriam se matar e coisas assim. Era assustador. E eu respondia que era só um ator, e não psicólogo. Se elas precisavam de ajuda, que fossem procurar."

Estar sempre na capa da *Tiger Beat* e muitas outras revistas para adolescentes também não ajudava. "Em todas elas, da *Sixteen* à *Teen Beat, Sonho Teen! Merda Teen! Bosta Teen!*", acrescenta Johnny. O pior era "ser esse produto. Ser o tal. O garoto do cartaz. Ser tudo o que eu não era. Mas que fizeram de mim. Eu me sentia muito mal."

Também desconfortável era ter uma imagem pela qual tantas garotas enlouqueciam. Ser um ícone da fantasia adolescente. "É terrível", ele admitiu mais tarde. "As pessoas se aproximam de você chorando. Todo mundo compara você a James Dean. Com um pouco de sorte, alguns se lembram de Brando ou De Niro. Elas querem que você tenha a imagem do momento."

Uma dessas ocasiões foi quando o elenco de *Anjos da Lei* chegou a Chicago em agosto de 1988. Sob os ecos da histeria das fãs que receberam a primeira turnê norte-americana dos Beatles nos anos 1960, jovens e adultos gritavam e se descabelavam para disputar autógrafos de Johnny.

Ele também não foi poupado pelas inúmeras pesquisas de popularidade muito comuns nas revistas *teen* da época. Mais de uma vez em sua carreira a *Rolling Stone o* elegeu "O Rosto Mais Bonito de 1988" ou a revista *US* o incluiu entre "Os Dez Solteiros Mais Sexy".

Quanto aos roteiros, ele também os questionava. "Às vezes surgiam coisas com as quais eu não concordava, nem pessoal nem moralmente." Ele se lembra que em um dos episódios "meu personagem tinha de pôr fogo em um crucifixo. Tinha algo a ver com racismo, mas acho que não funcionou. Era repulsivo e, embora eu tenha feito, não acho que o episódio tratou a questão da maneira mais correta".

Um outro episódio também causou uma espécie de repulsa, tanto que ele se negou a participar. Era a história de um aluno que é assassinado porque foi erroneamente acusado de ser informante. Não é preciso dizer que o verdadeiro informante assiste a tudo sem dizer uma palavra.

Mas Johnny falou. Ele abandonou o episódio depois de uma discussão sobre questões morais e, apesar de o estúdio implorar que reconsiderasse, ele se negou a ir contra seus princípios. "Não quis fazer parte daquilo". A Fox, então, pediu a Hasburgh que tirasse o personagem do episódio e o substituísse pelo mais novo membro da equipe, Dennis Booker, feito por Richard Greico.

Em outro episódio, o ator novamente condenou o conteúdo do roteiro, em que um aluno construía uma cadeira elétrica na oficina da escola. "Desde o começo me preocupei se *Anjos da Lei* seria moralista e ditasse regras. Não sou nenhum exemplo de bom-moço. Mas Hanson é muito zeloso do trabalho que faz."

Como outros, Hasburgh também percebia que "Johnny é um garoto que passou pelos mesmos problemas com os quais lidamos na série". Mas será que poderia ser encaixado na mesma categoria? E se pudesse, por que cargas d'água o convidaram para estrelar um anúncio de utilidade pública em que dizia: "Oi, eu sou Johnny Depp e peço que me escutem: não abandonem a escola, se formem, porque é o que vai determinar o meu e o seu mundo". Johnny não acreditou quando leu o texto. "Eu trabalho para essas pessoas há quatro anos. Será que elas não sabem que sou um marginal? Como posso pedir a elas que não abandonem a escola? Elas não vão dizer: 'Ah, tá, esqueci!'."

No fim, ele aceitou fazer alguns anúncios de utilidade pública que seriam veiculados nos episódios inspirados em temas afins. "Na primeira temporada, os temas eram bons", Johnny explica. "Na segunda temporada, também. Falamos de aids, abuso sexual, violência infantil, essas coisas." Infelizmente, "Patrick saiu do programa no final da segunda temporada e a série tomou outra direção".

Ciente das falhas da série desde então, Johnny sabia que a principal responsável pela grande queda de *Anjos da Lei* era a audiência para a qual a série era voltada. Mas ele continua: "Não quero cuspir no prato em que comi. Essa série fez muito por mim. Me colocou dentro do mapa. Mas não foram poucas as ocasiões em que os policiais foram muito irresponsáveis. E isso é assustador!".

Os tabloides sensacionalistas, claro, foram menos cautelosos. Supostos acessos de raiva no estúdio, comportamentos agressivos e estrelismos de Johnny logo se tornavam conhecidos, bem como uma provável detenção por furto e agressão, e uma festa "de arromba" a que ele teria comparecido em março de 1989 jogavam ainda mais lenha na fogueira. Embora não desse importância, "eu podia imaginar de onde vinham essas histórias. Sei que algumas pessoas não gostam que eu fale certas coisas. Quanto aos acessos de raiva e às ameaças aos produtores, isso é tão absurdo que chega a ser cômico". O mais importante é que "minhas ideias e meus princípios não mudaram. Aprendi muito nesse ramo, sei quanto é preciso ser político e como as pessoas tentam manipular as outras. É um perigo! O poder é uma coisa assustadora".

É verdade, sem dúvida. Ao mesmo tempo, Johnny também reconhecia a vantagem de assumir a direção de dois anúncios de prestação de serviço. Um para uma linha telefônica da televisão norte-americana destinada a denúncias contra o abuso infantil e outro, para a fundação American Make a Wish.

"Ajuda pacientes com câncer e pessoas que não viverão muito tempo", ele explicou. "Essas pessoas escrevem dizendo que desejam conhecer Johnny Depp ou qualquer outra pessoa, e nós fazemos o contato. É muito triste, mas você conhece muita gente boa. Eu não cobraria por isso por nada deste mundo. Ego, dinheiro, carreira – levo tudo isso muito a sério. Mas diante de uma criança que está para morrer, não quer dizer nada."

Ele até encontra tempo para aparecer em um curta-metragem de 15 minutos a partir de um roteiro do qual ele participou "sobre o que as pessoas são capazes de fazer para ferrar o outro". E se não estava fazendo isso, alimentaria seu sonho de estrelar uma versão para o cinema de *On The Road*, de Jack Kerouak, projeto pelo qual Francis Ford Coppola, diretor de *O Poderoso Chefão*, também se interessava. Dez anos se passaram e a paixão de ambos pelo projeto continuava intacta. E não só isso, mas também alimentava o grande interesse de Johnny por Kerouac e a poesia *beat* dos anos 1960.

Apesar disso, ele pensava em outras coisas. Em uma ocasião, considerou dar uma parada. Retomar a música era uma das possibilidades. "Eu poderia fazer um filme *à la* Bruce Willis e gravar um disco ao mesmo tempo, mas só desgastaria minha imagem de ídolo pop adolescente. E eu não gostaria que isso acontecesse. A música ainda fazia parte da minha vida, mas não queria fazer música naquele momento, por causa das pessoas com as quais teria que lidar. Elas querem te pegar e fazer de você algo que não é."

Quando fez 25 anos, em junho de 1988, Johnny já estava cansado do tira adolescente disfarçado, por mais popular que fosse. Quando começou a filmar mais uma temporada de *Anjos da Lei*, o cansaço falou mais alto. Ele anunciou que, de agora em diante, revisaria os roteiros. Frases como "Bonito lugar, Doug", se transformariam em "Que buraco, hein Doug? Cava aí, maluco", na esperança de que o dispensassem da série.

Em outro episódio, ele sugeriu que seu personagem fosse louco por manteiga de amendoim e que outros personagens o pegassem esfregando a pasta no próprio corpo. Em outro momento, Johnny reclamou: "Há dois anos nem sei mais o nome do meu personagem".

Da mesma maneira, um produtor argumentou: "Nem sempre concordo com ele, mas consigo perceber o que quer dizer. Johnny briga pelo que acredita e também pelos outros".

Ele, porém, estava inflexível. "Sinto que a série precisa ir mais fundo em certas questões, como racismo e violência de gangues. Na televisão as fronteiras são muito estreitas, e não se pode fazer muita coisa, mas a única maneira de mudar algo é lutando."

Quando a revista *Interview* o procurou dois anos depois, ele repetiu a mesma coisa para John Waters. "Eles podiam fazer o personagem ir perdendo a cabeça, porque os riscos que um policial corre podem te levar à loucura. Ele podia ficar completamente maluco. Eles poderiam muito bem romper os limites que existem na televisão. Podiam interná-lo em um sanatório."

Curioso é que, em um episódio subsequente, Hanson entra disfarçado em uma clínica para jovens, a fim de investigar o suposto abuso dos residentes por funcionários. A doença e a dependência de drogas de Hanson foram tão convincentes que os funcionários o isolam e não querem acreditar que ele seja um tira disfarçado.

É possível que episódios como esse o encorajassem a permanecer no elenco por mais tempo. "Aprendi muita coisa ali. Mas quando você faz uma série dessas, não tem nenhum controle criativo. A palavra 'criatividade' não existe no vocabulário deles. Então eu disse a mim mesmo que, na primeira oportunidade, só faria o que quisesse, sem nenhuma concessão. E foi o que fiz. Desde então, tenho tido a sorte de fazer os filmes que quero e trabalhar com os diretores que quero."

Como se não bastasse, Johnny não sentia nenhuma ligação com seu personagem, Tom Hanson. Nunca sentiu. Mas segundo Hasburgh, Johnny "era muito, muito jovem, um enorme talento, e *Anjos da Lei* foi sua banda de garagem. A cada dia ele tinha oportunidade de afiar seu talento e suas habilidades. Era notável observar esse jovem ator melhorar a cada minuto".

Denise Di Novi, que mais tarde produziu dois filmes do ator, concorda. "Quando você trabalha com certos atores, passa a respeitar essa coisa mágica que faz deles astros do cinema. E a pessoa tem ou não tem essa mágica. Ninguém a adquire. Ninguém aprende como fazer. Já dá para reconhecer na primeira coisa que a pessoa faz. Veja *Anjos da Lei*. Encontre uma reprise da série e observe: percebe-se que ele tem esse algo a mais já naquela estúpida série para a TV.

Realmente, é verdade. Também é verdade que foi nessa mesma época que Johnny e Sherilyn Fenn romperam. Sem qualquer explicação, embora os mais próximos cultivem suas próprias conclusões. Alguns chegaram a insinuar que ele abandonou Fenn por sua atuação erótica em *Corpos Escaldantes*. Outros responsabilizaram as carreiras conflitantes que separavam o casal por tempo demais. *Anjos da Lei* exigia tantas participaçoes em cenas e apresentações externas, talvez esse argumento se aproxime mais da verdade. Só por isso, a relação não tinha muita chance de continuar.

Contudo, ele não ficou sozinho por muito tempo. Alguns observadores notaram que ele estava saindo com Jennifer Grey, mais conhecida como a parceira de Patrick Swayze em *Dirty Dancing*, de 1987. Pouco depois que se conheceram, Johnny deu a ela um anel de noivado, mas em seis semanas cada um seguiu seu caminho. Outra vez, a maior parte da vida em comum do casal foi passada separadamente. Ele estava em Vancouver fazendo *Anjos da Lei*, e ela trabalhava em Los Angeles. Com tempo livre cada vez mais escasso, a relação de novo não se sustentou. Johnny confirma, mas pouco tem a dizer a respeito.

Por outro lado, ele não gostava de viver assim. "É como na escola", explica. "Você sai com alguém e seus amigos começam a gozar: 'E aí, vai sair de novo com ela?'. Você gosta da garota, mas não diz isso pra ninguém. Acho que é preciso blindar as coisas; caso contrário a gente fica lá de peito aberto, se expondo. Esse é meu sangue. Minha veia." Por que você acha que Elvis escondeu Priscilla em Graceland? Esse era o segredo mais bem guardado de Hollywood.

O Verdadeiro Amor

As pessoas não sabem, mas ficamos juntos quase um ano e meio. Foi diferente de qualquer outra coisa, qualquer uma, que já vivi antes, mas não durou muito. E não foi nada de "Oi, prazer em te conhecer, toma o anel". Foi uns cinco meses antes de nos casarmos. As pessoas pensam que fomos pra Las Vegas e casamos.

Foi amor à primeira vista. A primeira vez que os olhares de Johnny Depp e Winona Ryder se cruzaram, ele sabia que ali estava a mulher da sua vida. Sua beleza estonteante o atingiu em cheio. Tudo nela era perfeito. Ele não queria ser flagrado olhando para ela quando a viu comprando uma Coca-Cola no saguão do Ziegfield Theater, em Nova York, mas não deu. Espremida em um minivestido branco de lycra com decote profundo de Giorgio di Sant'Angelo, Winona estava na cidade para a estreia de seu filme *A Fera do Rock* (*Great Balls of Fire*), onde interpreta o papel da noiva de 13 anos de Jerry Lee Lewis.

Ela fez a alegria dos *paparrazzi* na sua chegada, mas no momento em que entrou com seu corpo escultural, Johnny não pôde deixar de notar os olhos castanhos aveludados que cintilavam de maneira adorável, nem a mecha de cabelo preto que, ao ser afastada da testa, revelou a pele de porcelana que lembrava a jovem Elizabeth Taylor, cujo corpo era igualmente invejável. A mensagem foi rápida. Ela era jovem, era linda, era perfeita. E não só isso, o mundo todo estava apaixonado por ela, ou pelo menos quem viu seus filmes. E nesse aspecto, Johnny não era diferente. Ajudou também o fato de que ela sabia representar muito melhor que as demais atrizes de sua época.

Winona já tinha provado que suas bilheterias eram lucrativas; foi o que aconteceu desde que debutou em *A Inocência do Primeiro Amor* (*Lucas*), de David Seltzer, o primeiro de seus muitos papéis de adolescente alienada. Vieram depois o papel de protagonista no filme de Daniel Petrie, *Ciranda de*

Ilusões (*Square Dance*), a heroína sensível e desajustada de *Os Fantasmas se Divertem* (*Beetlejuice*), de Tim Burton, e a adolescente assassina da obscura e satírica comédia de Michael Lehmans, *Atração Mortal* (*Heathers*). Esses dois últimos filmes encantaram as plateias e os críticos com a bela e nova estrela que já vinha pronta e estava sempre nas capas de revistas para jovens.

Johnny se lembra de que "foi um olhar clássico, como aquelas lentes *zoom* de *West Side Story*, em que tudo em volta fica enevoado". Ela concorda que "não foi por muito tempo, mas naquele momento tudo parou".

Vestida de um jeito mais à vontade quando foi conhecer Johnny em seu quarto de hotel, no Château Marmont alguns meses depois – levada por Josh Richman, um amigo comum que havia feito pequenas participações em *Atração Mortal* e *Anjos da Lei* –, Winona foi logo arrebatada por aquele charme que vinha encantando grande parte das jovens norte-americanas, e ficou ainda mais encantada pela inteligência que impregnava o brilhante e sensível ator de *Anjos da Lei*.

Mas no começo, "achei que ele fosse um idiota. Eu não o conhecia", Winona confessou, "ele era muito, muito tímido". Tímido ou não, foi quando o casal deu início a um relacionamento intenso e quase sempre instável. Isso foi apenas seis meses antes de eles serem escalados para o filme *Edward Mãos de Tesoura* de Tim Burton, embora ainda não soubessem, obviamente, que um dia trabalhariam juntos.

Já no primeiro encontro, eles combinaram de se ver outra vez. Isso aconteceu algumas semanas depois em Hollywood, na residência do guru da contracultura Timothy Leary, padrinho de Winona. Johnny estava na nuvens. "Winona e eu nos apaixonamos no momento em que nos vimos; eu nunca tinha vivido nada parecido. Ficamos juntos o dia inteiro... e de noite... e assim continamos. Eu a amo mais que tudo neste mundo."

Apesar de Winona já ter vivido outros romances antes, "eu nunca tinha namorado de verdade", ela admitiu mais tarde. Aos 17 anos, e após um *affair* de duas semanas que passou quase despercebido, com seu parceiro em *Atração Mortal*, Christian Slater, ela não pensava, nem sequer cogitava, que teria um romance mais sério. Além disso, ela confessa que "não era veterana em relacionamentos. Não como depois de Johnny ou qualquer outro".

Ainda assim, seria divertido seguir em frente. "Eu já tinha ouvido histórias terríveis sobre o que acontece quando você se joga de cabeça numa relação", deixando claro que isso ainda não tinha acontecido com ela.

Ela subestimou a força de seus próprios sentimentos. Cinco meses depois do primeiro encontro, Johnny apareceu com um anel de noivado; em um mês o casal já vivia sob o mesmo teto, embora em uma sucessão de hotéis e apartamentos alugados. Mas não demorou para Winona querer comprar um lugar que fosse só deles. Talvez alguma coisa na Costa Leste.

Mas John Waters, que viria a dirigir Johnny em *Cry Baby*, não se deixou convencer. Para ele, o ator é um astro sem-teto. Conhecendo-o há um ano e meio, confessou: "Ele tem uma página repleta de endereços na minha agenda. Para encontrá-lo, é melhor escrever para Johnny Depp, A Bench, Vancouver, Colúmbia Britânica". E Johnny, é claro, se justifica: "Eu tenho camas, mesas, cadeiras e uma TV. É tudo meu. E tenho Winona. Preciso de mais o quê?".

Johnny Depp e Winona Ryder – o relacionamento do sonho dos tabloides. Ela era jovem, meiga, charmosa, uma menina. Ele, por outro lado, era o monstro saído dos infernos. E, segundo a imprensa, era mesmo. As colunas de fofoca não se enganavam. Até Timothy Leary depois o descreveria como "selvagem e generoso", e embora Winona só visse o lado generoso, os eternos bisbilhoteiros de Hollywood descobriram que o passado de Johnny e as possíveis inconveniências futuras eram muito mais interessantes.

Havia, por exemplo, a série de cicatrizes que decorava os braços dele, cada uma celebrando um momento importante da sua vida. Havia também a declaração de que ele tinha começado a fumar aos 12 anos, perdido a virgindade aos 13 e, aos 14, experimentado "todo tipo de droga que aparecia". E como se não bastasse, persistia a fama de, segundo um observador, "ser aquele cara apaixonado para quem é muito pequena a distância entre conhecer a moça e pedi-la em casamento".

E havia ainda o fato de ele ter se casado e divorciado, se envolvido seriamente por outras duas vezes e transformado sua história com Winona numa trilogia de rompimentos e reconciliações, que se confirmou pelo número de vezes em que a aliança de noivado foi tirada e recolocada no dedo.

E algumas vezes também o anel irlandês que ela usava saiu de seu dedo. Um anel que, segundo ela, significa amor, amizade e lealdade. Usá-lo com a pequena coroa voltada para cima significa estar comprometida. Quando a *Rolling Stone* a incluiu na edição de maio de 1989, um mês antes de ela e Johnny se conhecerem, a coroa estava virada para baixo. O mais longo relacionamento de Winona tinha durado seis meses e terminado porque ela vivia viajando em filmagens.

Em Depp, o que mais a atraiu foram, sem dúvida, o passado romântico e seu provável futuro brilhante. Manhattan se entusiasmou com o anúncio do envolvimento do jovem casal, até surgiram adesivos nos para-choques dos carros que diziam: "Buzine se você nunca se envolveu com Johnny Depp". Não que isso o aborrecesse – ou será que aborrecia? "Insisto em dizer que me casei com Sherilyn, casei com Winona e casei com Jennifer Grey. Mas já escreveram tanta besteira a meu respeito que isso acabou virando uma piada de mau gosto."

Piada ou não, é claro que ele deu motivos, pois se envolvia preferencialmente com mulheres muito mais novas. Seus casamentos anteriores, tanto quanto as infidelidades, foram escolhas próprias; mas isso não parecia preocupar Winona, e se o fazia, ela simplesmente ignorava. "As pessoas acham que me aborreço de saber que ele já se casou outras vezes, mas não me importo mesmo. Nossa ligação é num nível mais profundo. Somos do mesmo lugar, mas temos passados diferentes, por isso me interesso por ele o tempo todo."

Realmente, Johnny lia os poetas *beatniks* com os quais Winona conviveu, conhecia a cultura na qual ela tinha crescido e colecionava as primeiras edições daqueles livros. Era o que saciava o apetite que os unia e abastecia as frequentes visitas de fim de semana à livraria de contracultura onde o pai de Winona, Michael Horowitz, trabalhava em Petaluma. Ambos também dividiam a mesma paixão pela trilha sonora de *A Missão*, por Jack Kerouac e por *O Apanhador no Campo de Centeio*, de J. D. Salinger – livro que Winona dizia ter lido pelo menos 50 vezes e considerava sua bíblia pessoal. Nesse aspecto, eles tinham muito mais em comum além da fama.

E não só isso: Johnny jamais tinha se envolvido tanto com alguém quanto com Winona. Tanto que sentiu necessidade de esclarecer alguns pontos de seus casos anteriores, amplamente divulgados como casamentos. "Não é verdade", ele insistiu. "Eu me envolvi, sim, mas se você não comete alguns erros aos 28 anos, não é normal. As pessoas fazem o que fazem por inúmeros motivos, os outros não precisam entender. E, principalmente, ninguém tem nada que ver com isso."

Mesmo assim, "nunca fui desses caras que saem destruindo tudo o que veem pela frente. Quando a gente é jovem, faz um monte de escolhas erradas. Não ruins, mas erradas. Todo mundo comete erros. Todo mundo se ferra. Fui imaturo por muito tempo. Meus relacionamentos não foram pesados como se diz por aí. Não sei por que, mas talvez eu quisesse reparar a situação da minha família, ou quem sabe estivesse mesmo apaixonado. Não houve nada nos meus 27 anos comparável ao que sinto por Winona. Há algo dentro de mim que sabe, coisas que ninguém soube e nunca saberá. A vida é tentativa e erro, mas quando você encontra a pessoa certa, não tem erro". Foi por essa razão que ele pagou 75 dólares para tatuar o nome de Winona no braço.

Quando ela ficou sabendo, as primeiras reações foram de orgulho e entusiasmo. "Fiquei emocionada quando ele me disse que faria a tatuagem", Winona suspira. "Que mullher não ficaria? Logo o entusiasmo se transformou em apreensão. Enquanto ela esperava do lado de fora da Sunset Strip Tatoo – "Tatuando as Estrelas Desde 1971" – que Johnny tatuasse no bíceps direito os dizeres "Winona Forever" em faixas entrelaçadas, para combinar com a homenagem à sua mãe do lado esquerdo, sua preocupação aumentou.

"Eu não sabia o que fazer", Winona confessa. "Eu nunca tinha visto ninguém fazer uma tatuagem, e por isso fiquei tão aflita." Embora tirasse repetidamente o curativo para conferir a gravação que Mike Messina tinha feito com tanto cuidado, "eu achava que ia desaparecer. Difícil acreditar que aquilo era real. Sabe, é muito sério porque é para sempre".

Johnny mesmo não tinha nenhuma dúvida. "Amo Winona. Vou amá-la sempre. Gravá-la em meu braço apenas solidifica o amor. É forte de verdade, não é uma bobagem." Porém Messina garante que "não foi tão sério assim, porque ele já tinha outras tatuagens". Apesar da dor. Mas tudo fazia parte da sedução. "Sim, eu gostava de sentir dor. Era energizante, uma delícia."

Winona havia dado a seu namorado um par de brincos de platina, mas ele podia perdê-los. "As tatuagens são eternas." E essa eternidade não seria um peso? Ao expressar seu amor com tanta ênfase, Johnny aprisionou Winona. Talvez tenha sido nesse momento que ela se deu conta de que, nas raras vezes em que falou dele à imprensa, jamais mencionou o futuro, o futuro de ambos. Pelo contrário, só falava no presente.

O casal passou os primeiros meses da vida conjugal separado. Ele estava em Vancouver filmando *Anjos da Lei*, e ela estava em Ohio fazendo seu novo filme com Jim Abraham, *A Volta de Roxy Carmichael* (*Welcome Home Roxy Carmichael*). Embora a separação fosse dolorosa, os telefonemas e longos voos amenizavam a saudade; além disso, era uma trégua bem-vinda ao assédio diário da imprensa sensacionalista. Mas nada disso inibia os impulsos românticos do rapaz. Uma noite, ele se lembra, mandou entregar no quarto da namorada 200 balões a gás – "ela não conseguia chegar ao telefone para me ligar", ele conta com orgulho. Os balões "tomaram todo o espaço".

Nesse mesmo verão de 1989, John Waters procurava um ator para fazer um jovem ciclista delinquente em seu novo projeto. Se havia algo que o astro insistia com seu empresário é o quanto odiava essa imagem de ídolo adolescente que o perseguia desde *Anjos da Lei*. E a melhor maneira de se livrar dessa ou de qualquer outra imagem, conta Waters, era ironizá-la.

Realmente, *Cry Baby*, ou, para Waters, o *King Creole* de Elvis Presley em ácido, pretendia ser um antídoto contra tudo isso. Era uma história de amor sobre a delinquência juvenil em meados dos anos 1950, antes de o final da década ser invadido pela onda de sexo, drogas e rock'n'roll.

A sinopse descrevia o filme como uma representação da felicidade da rebeldia adolescente e as trágicas armadilhas do conformismo precoce, na Baltimore de 1954. "Nossos heróis à la Romeu e Julieta são Wade 'Cry-Baby' Walker (Depp), um jovem bonito e brigão que se apaixona por Allison Vernon Williams, uma menina linda, porém 'quadrada', cujos hormônios à flor da pele, combinados com a influência maligna do rockabilly, a levam para o pesadelo das gangues e da paixão bandida".

De acordo com a sinopse, o filme se passa em "um contexto de carros velozes, guerras de gangues e frustrações sexuais, embalados por muitas canções originais e grandes clássicos daquela época esquecida. John Waters satiriza um dos únicos gêneros cinematográficos que não se atualizam há 30 anos. É um território novo para uma tragicomédia 'histórica' que percorre o mundo violento e vibrante dos delinquentes juvenis do passado".

Muito antes de conhecer Depp, Waters já tinha se estabelecido como um dos poucos diretores independentes cuja reputação dispensava explicações: "O papa do *trash*".

Provavelmente porque, em 1972, Waters apresentou ao mundo Harris Glenn Milstead, um travesti obeso de 130 quilos mais conhecido como Divine, em seu filme *Pink Flamingos*. A cena em que Divine come, literalmente e sem nenhum constrangimento, fezes de cachorro, fez os críticos se atropelarem no corredor da saída. Segundo a *Variety*: "é a maior roubada da história do cinema. É um dos filmes mais abomináveis, chatos e nojentos já feitos". Mas nem isso conseguiu manchar a reputação de Waters, tampouco a de Milstead.

Ao menos é o que nos garante Waters. "Milstead não achou que sua carreira seria prejudicada porque, até aquele momento, nunca tinha pensado em trabalhar no cinema. Quando trabalhou, foi como um profissional. Ele cuspiu fora, escovou os dentes e foi cuidar da vida." Embora "fosse uma coisa meio louca de se fazer, não foi tão louco assim", Waters admite hoje. "Nunca pensei que ainda falaríamos disso 25 anos depois."

Também continuariam falando de seu próximo filme 25 anos depois do lançamento. E talvez fosse por isso que ninguém ficou surpreso que Waters se envolvesse em uma sátira adolescente dos anos 1950. Embora culminasse em um musical de rock'n'roll, *Cry Baby* permitiu que o diretor filmasse o que ele próprio define como sátira. É, segundo ele, "uma brincadeira com os filmes sobre a juventude violenta e rebelde do início dos anos 1950, só que ao contrário, porque você torce pelos bandidos, e os mocinhos são os vilões".

Mas com a morte de Glen "Divine" Milstead em 1988, duas semanas após a estreia de *Hairspray*, musical em que ele era um dos protagonistas, John Waters perdeu sua estrela. "Com a morte dele, não fazia mais sentido vestir um homem de mulher em nenhum outro filme. Divine era o melhor." E também não saberia dizer quem devia colocar no papel-título de seu mais novo trabalho. Quando começou a pensar no "quem é quem" da nata dos jovens promissores de Hollywood, não tinha a menor ideia. Mas para não desanimar, ele se lembra, "saí e comprei umas 20 revistas para jovens, todas elas tão deprimentes que as escondi debaixo do casaco. Quando cheguei em casa e comecei a folheá-las, Johnny Depp estava em quase todas as capas".

Waters descobriu, então, com imenso prazer, que o ator tinha, em relação a si mesmo e à sua imagem, a atitude essencial para fazer *Cry Baby*. "Acho que ele teve muita coragem de aceitar o papel porque, em primeiro lugar, ele me disse que era o roteiro menos convencional que já tinha visto, e fazendo *Cry Baby* estaria ali por inteiro, caçoando de si mesmo."

Para Depp, foi tudo muito intenso. "*Cry Baby* apareceu na hora certa. Eu recebia algumas propostas e estava muito desanimado. A maioria das coisas que eu lia não tinha a menor graça, era tudo porcaria. Aqueles roteiros só repetiam o que eu já tinha feito em *Anjos da Lei*, e eu queria alguma coisa diferente."

Ele continua: "Primeiro, John me mandou uma carta, depois nos encontramos, conversamos, e só então ele me deu o roteiro. Fiquei animado, não só por ser muito divertido, mas por satirizar aqueles clichês e os heróis sensíveis de sempre".

A Universal e a Imagine Films, as produtoras que bancaram o projeto, também adoraram. Até aquele momento, elas só tinham visto *Hairspray*, o outro filme de John Waters. E gostaram tanto quanto se entusiasmaram com o roteiro de *Cry Baby*, que consideraram o *West Side Story* dos anos 1990.

E Waters confirma que elas estavam certas, embora tenham levado um susto quando viram que Johnny era o extremo oposto da estrela do filme. "Ele entrou naquele elegante escritório de Hollywood vestindo trapos", Waters se lembra. E depois, "no meio da reunião, fez uma careta para mim. Nesse momento, percebi que era ele mesmo. Ele tinha captado toda a trama do filme".

O próprio Waters também levou um susto, não com o ator, mas com o orçamento do filme. "Eles me deram 8 milhões de dólares para trabalhar", valor com o qual o diretor não estava acostumado. Pela primeira vez, as cenas podiam ser planejadas e filmadas com todo o cuidado. Não seriam mais cortadas nem descartadas. E a trama, em sequência no papel, podia ser filmada em qualquer ordem e montada depois na sala de edição. Esse era o sonho do diretor.

Johnny concorda. "Para alguém que escreve e dirige, a pessoa que é a força criativa de toda a história, me surpreendeu que John estivesse aberto a ideias e sugestões. Ele era acessível, não se mostrava nem distante nem distraído.

Ouvia e acatava minhas sugestões de acrescentar ou cortar falas. E, se eu tivesse algum problema, ensaiávamos juntos. Era totalmente dedicado. Nenhum outro diretor com quem trabalhei fez isso, ninguém dançou comigo para me ensinar o passo." Mas ele também viu outra vantagem. "Uma das principais razões para fazer o filme com John foi porque seria contraditório encontrar um careta de gravata em alguém como eu."

Embora o cantor e compositor de Los Angeles James Intveld fosse contratado para vocalizar os 11 números musicais, Johnny também contribuía para a trilha musical consultando a equipe sobre os mínimos detalhes. Cada instrumento, das guitarras antigas aos amplificadores, foi cuidadosamente pesquisado e selecionado por sua autenticidade. E Johnny era a pessoa mais qualificada para opinar.

Mas o ponto alto de *Cry Baby*, prossegue Waters, "foi entrar na seleção oficial do Festival de Cannes. A sessão da meia-noite estava esgotada. Fomos aplaudidos em pé. As pessoas adoraram. Cruzar aquele tapete vermelho com Ricki Lake e Rachael Talalay, meus produtores, e posar para milhões de *paparazzi*, foi demais para mim. Essa fantasia eu tinha desde os 14 anos".

Waters continua: *Cry Baby* "foi uma boa experiência para o longo prazo. De todos os filmes, provavelmente foi o mais feliz no *set*. Tivemos alguns problemas, mas todo mundo se divertiu muito".

Johnny, com certeza. Especialmente quando Winona esteve no *set*, e ele fez questão de apresentá-la a todos. Melhor ainda foi a inesquecível presença deles na estreia em Nova York, em abril seguinte. Vestindo um terno amarelo e Winona, um vestido preto com a joia que tinha ganhado no Dia dos Namorados, uma cruz de ouro cravejada de rubis em uma corrente de ônix, o casal fez a festa dos *paparazzi*. A partir desse dia, passaram a ser chamados pelos tabloides de "casal *bumblebee*", as abelhinhas de doces. Não que isso fizesse alguma diferença, porque as críticas ao filme foram excelentes.

Peter Travers, da *Rolling Stone*, escreveu: "O mau gosto de Waters é inexpugnável. No subversivo e divertido *Cry Baby*, ele encontrou uma nova maneira de canalizar seus instintos mais básicos. O rei da esquisitice continua atacando".

A *Variety* também elogiou o filme, dizendo que a "maliciosa sátira do gênero adolescente dá um giro por outra época repleta de figurinos e penteados. Johnny está excelente como o delinquente que recita seus diálogos melodramáticos com convicção e seriedade e acrescenta uns trejeitos de Elvis a seus movimentos".

O britânico *Sight and Sound* também rasgou seda: "Johnny Depp é um ídolo adolescente *bona fide*". E o crítico de cinema do *Evening Standard* de Londres, Alexander Walker, concorda: "Johnny Depp é um herói genuíno, o que todo nós gostaríamos de ser: jovem, bonito e convincente".

Johnny colaborou com Tim Burton novamente em *Sweeney Todd* – foto tirada na *première* do filme em Paris, 6 de janeiro de 2008.

© Sipa Press/Rex Features

© David Fisher/Rex Features

Acima: Johnny revelando uma estátua de si mesmo durante o Festival Internacional de Kustendorf, na Sérvia, em 13 de janeiro de 2010; o ator foi convidado de honra no evento organizado pelo premiado diretor sérvio Emir Kusturica.

Abaixo: Johnny dando autógrafos durante a *première* do filme *Inimigos Públicos* em Londres, 29 de junho de 2009.

O ator foi entrevistado no programa *The Late Show with David Letterman*, um dos *talk shows* de maior audiência na tevê norte-americana, em 25 de junho de 2009.

© Sipa Press/Rex Features

© Robin Carter/Rex Features

© Rex Features

Acima à esquerda: Johnny, Marion e o diretor de *Inimigos Públicos*, Michael Mann.

Acima à direita: O ator e a esposa, a atriz e cantora francesa Vanessa Paradis, no tapete vermelho da cerimônia de entrega do Oscar 2008.

Abaixo: Johnny e Mia Wasikowska cumprimentam a duquesa de Cornwall na *première* de *Alice no País das Maravilhas*, em Londres, 25 de fevereiro de 2010.

Johnny no tapete vermelho durante a *première* de *Inimigos Públicos*, em Londres, 29 de junho de 2009. No filme, ele contracena com Christian Bale e Marion Cotillard.

Johnny no *set* de filmagens do filme *O Turista*, em Veneza; fotos tiradas em 15 e 17 de março de 2010.

© Theo Kingma/Rex Features

Johnny em uma coletiva de imprensa para o lançamento de *Alice no País das Maravilhas*, em Hollywood, 20 de fevereiro de 2010.

© Richard Young/Rex Features

©Brian J. Ritchie/Hotsauce/Rex Features

Acima: O ator com o aclamado diretor Wes Anderson (dir.) e Terry Gilliam, que dirigiu *O Mundo Imaginário do Dr. Parnassus*, durante a festa após o lançamento de *Alice no País das Maravilhas*, em Londres, 25 de fevereiro de 2010.

Abaixo: Johnny com o amigo e diretor Tim Burton no Friday Night with Jonathan Ross, em 26 de fevereiro de 2010; na ocasião, falaram sobre *Alice no País das Maravilhas* e outras parcerias.

Rei e Rainha da Jovem Hollywood

O gosto e o visual de Johnny estão em total contradição com os de Winona. É um casal britânico: ela, a debutante, e ele, boêmio e excêntrico. A casa deles, as roupas deles e a maneira como se comportam são muito românticas. Quem diria que, em 1991, seria chique ser romântico? Pois eles são decididamente chiques e românticos.

Revista Vogue

Dezembro de 1989 foi o mês mais frio jamais registrado em Boston, onde Winona Ryder estava filmando *Minha Mãe é uma Sereia* (*Mermaids*). Boston foi também o destino das frequentes viagens de Johnny através do país durante a quarta temporada de *Anjos da Lei*, a última, quando viajava para vê-la, tomando o último voo em Vancouver às sextas-feiras e o último de volta aos domingos. "Valia a pena, mas eu estava me acabando."

Só isso já basta para sugerir que aquele foi um relacionamento diferente para ele. Foi o mais próximo que chegou de um casamento de verdade. A ideia lhe agradava, como admitiria abertamente, mas não acreditava muito no conceito. Certamente a imagem agradava, mas a questão é se alguém consegue ficar ao lado do outro "até que a morte os separe". Johnny não tinha certeza de que uma coisa dessas fosse humanamente possível. Mas queria experimentar, e com quem melhor que Winona? "Vamos nos casar quando tivermos tempo; faremos isso em segredo e ficaremos três meses em lua de mel. Ouvi falar de alguns lugares na Austrália, ilhas onde não existe nada e você pode ficar à vontade. Sai para caminhar tranquilamente, toma água de coco, come folhas e insetos."

Talvez Winona aceitasse. "Ele está certo. Mas não quero casar só para dizer que casei. Quero uma lua de mel e tudo a que tenho direito. Vamos nos casar assim que tivermos tempo e não estivermos trabalhando." Em outra época, ela repetiu quase a mesma coisa. "Johnny e eu estamos trabalhando muito em *Edward Mãos de Tesoura* e não temos tido muito tempo para conversar sobre casamento. Mas logo faremos isso."

O pai de Winona também estava entusiasmado. Ele não tinha dúvida; sua aprovação era quase instintiva. "O que meu pai pensa é 'case com ele!'", concluiu Winona, nos fins de semana que o casal passava na casa da família. Ela confirma que eles eram muito mimados nessas visitas. "Meus pais gostavam tanto dele que nos levavam café da manhã na cama. Uma graça!" Mas poderia ser bem diferente. "Era fácil não gostar de mim", Johnny acrescentou. "Os mais velhos logo batem os olhos nas tatuagens."

Cher, a mãe de Winona em *Minha Mãe é uma Sereia,* era muito menos cautelosa. Ela fez o possível e o impossível para prevenir Winona. "Eles não sabem o que estão fazendo, mas querem saber como é. Ao menos ela vai fazer com alguém que gosta dela." Winona estava determinada. No que dependia dela, ninguém faria sua cabeça contra seu amor. "Cher gosta muito de Johnny e por isso deve estar feliz por mim", Winona comentou sobre sua colega. "Ela me dá muitos conselhos, mas não espera que eu os aceite. Vou fazer o que quero e ponto final."

Em relação aos tabloides, a história era outra. "Não somos rei e rainha de nada", queixou-se Winona, referindo-se à revista *People,* que os chamou de "Rei e Rainha da Jovem Hollywood". "Lemos isso na imprensa e ficamos constrangidos. Não é fácil ser observado o tempo todo, notar pessoas escutando nossas conversas em restaurantes. O pior é que eles inventam o que querem a nosso respeito."

Mas Daniel Waters, o roteirista de *Atração Mortal,* garante que Winona gostava, sim, mais do que admitia. "Ela se queixa, mas gosta. Agora, anda obcecada por Natalie Wood." Era compreensível, uma vez que Winona poderia se tornar a primeira atriz norte-americana a tomar o lugar de Wood, que desde a adolescência até a vida adulta mantivera a sua carreira sob as luzes ininterruptas dos holofotes.

Winona e Johnny foram o centro das atenções no festival de cinema ShoWest em Las Vegas, quando a National Association of Theater Owners anunciou-os como as Jovens Estrelas do Amanhã. Ali, anunciaram publicamente o noivado e trocaram alianças. E, de acordo com a revista *US*, "como se fossem dois adolescentes, se jogaram no chão aos beijos e abraços". Teriam feito isso mesmo? Se fizeram, não foram muito diferentes de qualquer casal jovem apaixonado que acaba de selar um noivado. Mas a imprensa não falava em outra coisa.

Os fofoqueiros de Hollywood também não. "Quando eu era menor, fui a queridinha da imprensa", reconhece Winona. "Eles me amavam, ficavam de tocaia o tempo todo. Eu não tinha nenhum segredo, nada a esconder. E nunca estive com ninguém até conhecer Johnny."

Winona tinha só 18 anos e ainda não havia se habituado ao assédio da imprensa. "As pessoas querem saber coisas que você não contaria nem à sua melhor amiga." Winona recebeu de Cher a força que precisava para lidar com os repórteres. "Ela os conhecia há muito mais tempo e me ensinou o que se pode ou não pode levar a sério."

Foi também nessa época que Johnny passou a odiar a imprensa, e Winona, mais cautelosa, a pôr em xeque sua exposição na mídia. Os atores costumam ter uma relação de amor e ódio com os jornalistas. A maior parte deles não se importa de divulgar seus trabalhos, mas quando sua vida particular é esmiuçada, as celebridades rejeitam a intromissão. E mesmo que se disponham a atendê-los, responder à mesma pergunta 10 mil vezes pode ser irritante.

Era essa intromissão, mais que qualquer outra coisa, que deixava Johnny louco da vida. Ele se lembra de uma ocasião em que estava "num bar qualquer e um estranho se aproximou de mim e perguntou: 'E aí? Você e Winona ainda estão juntos?' No mictório, santo Deus!". Em outra situação, a revista *Shout* foi ainda mais longe, pedindo a Johnny que lhes confidenciasse se ainda, de acordo com suas palavras, "se esfregava em Winona"!

Ele também não esquecia como era perniciosa a influência dos tabloides sensacionalistas. Um incidente em particular atraiu uma atenção indesejada sobre o casal. Winona deveria participar de *O Poderoso Chefão Parte III*, de Francis Ford Coppola, como Mary, a filha da família Corleone reprisada por Al Pacino e Diane Keaton, nos papéis que os tornaram famosos, ou que eles haviam celebrizado duas décadas antes.

Patrick Palmer, o produtor de Winona em *Minha Mãe é uma Sereia*, lembra que era uma oportunidade de estrelar um verdadeiro clássico americano, que a firmaria como genuína estrela adulta, no mínimo pelas cenas de amor que faria com Andy Garcia. Winona jamais tinha feito nada parecido em seus papéis anteriores, como também não tinha ficado nua, ou seminua, diante das câmeras.

Um dia depois do encerramento das filmagens de *Minha Mãe é uma Sereia*, Winona e Johnny embarcaram em um avião para Roma. Embora ainda não estivesse recuperada de um problema respiratório mal curado, ela não se preocupou. Nem mesmo com a tosse constante e o nariz escorrendo durante toda a travessia do Atlântico. Mas quando o casal desembarcou, ela não estava bem. Winona ardia em febre. E não só isso, seus pulmões doíam muito, bem como os ouvidos, devido à pressurização da cabine do avião. Dias depois, ainda sem ter melhorado, se apresentou para trabalhar. Em seguida, desmaiou no quarto do hotel.

Johnny imediatamente acionou o médico da equipe de produção, que decretou a gravidade do estado de saúde de Winona e a proibiu de trabalhar e até de embarcar de volta para casa. "Eu não conseguia me mexer. Não podia fazer nada. Estava além das minhas forças." Quando finalmente voltaram para Petaluma, ela não saiu mais da cama: "Não parava nada no meu estômago. Fiquei arrasada fisicamente, só queria cama e mais nada." Em seguida, "comecei a receber ameaças de que seria processada e minha carreira estaria acabada". Até seu empresário lhe dizia que, se abandonasse o filme, nunca mais conseguiria filmar em lugar nenhum. Winona abandonou essa agência algum tempo depois. Mas de que serviu tudo aquilo? Para onde quer que ela se virasse, o conselho era o mesmo.

É claro que a imprensa também contribuiu. Winona recorda que "se sentia fisicamente fraca e cansada. Era o que estava acontecendo". Quando voltou para casa, e nos meses que se seguiram, ainda teve que se defender. Os boatos absurdos e mentirosos que circularam em Hollywood sobre os motivos pelos quais ela abandonou o filme incluíam: estava grávida; teve uma *overdose*; uma crise de nervos; foram as drogas, um distúrbio alimentar; Johnny tinha um caso; e outras tragédias semelhantes.

Chegaram a insinuar que tudo não passou de um plano para que ela e Johnny atuassem juntos em *Edward Mãos de Tesoura*. O que as pessoas esqueciam, porém, é que Winona já havia aceitado fazer o filme muito antes de Johnny ser convidado a participar. Mais tarde, ela confirmaria que houve um conflito de datas entre as duas filmagens, mas esse era um problema que ela resolveria quando chegasse a hora. No fim, já perdendo a paciência, Winona desabafou: "É incrível como as pessoas preferem que as coisas sejam as mais desagradáveis e complicadas possíveis".

A verdade era muito mais simples. "Meu médico me proibiu de trabalhar. Não sei por que ninguém acreditava. Talvez as pessoas achassem que Johnny me influenciava, mas não é verdade. Ele cuidava de mim, pedia serviço de quarto, me ajudava a vomitar." Hoje, Winona reconhece que foi ele quem a ajudou a atravessar a tempestade. Mas quantas vezes ainda teria de justificar a decisão de abandonar *O Poderoso Chefão*? Quantas vezes teria de se explicar?

"É claro que foi uma terrível decepção. Gostaria que não tivesse acontecido, mas aconteceu. Eu teria adorado trabalhar com aqueles atores maravilhosos e um grande diretor. Mas eu não tinha muita opção. Não fiz pouco caso do filme porque estava com uma indisposição qualquer. Foi o médico que ordenou: 'Você tem uma infecção respiratória e não pode trabalhar'. Sair do filme foi uma decepção para todos. Principalmente para mim'."

Naquele momento, ela deveria estar filmando em Roma, porém o máximo que podia fazer era ficar de cama e se recuperar. E aproveitou para se dedicar à sua relação com Johnny. Mas essa não foi a única vez. "Ele é uma pessoa incrível, por quem tenho profundo respeito e de quem gosto muito. Não é um casinho qualquer." Quando ela finalmente retomou o trabalho, foi ao lado de Johnny, na Flórida, nos abafados estúdios de *Edward Mãos de Tesoura*, de Tim Burton.

Mesmo numa profissão em que a excentricidade costuma ser uma senha para o sucesso, Tim Burton nunca foi um "típico" diretor de Hollywood. Aos 29 anos, esse californiano que cresceu perto da imensa propriedade da Warner Brothers, em Burbank, entrou em cena dirigindo o inesperado sucesso de Paul Reuben, *Pee Wee's Big Adventure*. Isso foi cinco anos antes de ele e Johnny se conhecerem, mas desde então ele já recusava filmes e acabou tendo Hollywood a seus pés.

O sucesso de *Os Fantasmas se Divertem* com Winona, com orçamento de 73 milhões de dólares, e o primeiro *Batman* tinham feito dele um dos mais respeitados diretores de Hollywood. Embora suas realizações desafiassem a lógica, jamais deixaram de lucrar nas bilheterias. Com *Edward Mãos de Tesoura*, uma típica história de Burton sobre um jovem criado pelo homem com tesouras no lugar das mãos, não seria diferente. O filme arrecadou respeitáveis 54 milhões de dólares nas bilheterias.

A ideia de *Edward Mãos de Tesoura* perseguia Burton desde a infância, já era uma imagem clara muito antes de ele saber que poderia dar-lhe vida no celuloide. Quando *Os Fantasmas se Divertem* ainda estava em fase de pré-produção, Burton contratou Caroline Thompson para escrever um roteiro para *Edward*, que não lhe saía da cabeça. "Eu tinha lido o livro dela, *First Born*, sobre um feto abortado que ganha vida. Achei que a ideia era muito próxima do que eu imaginava para *Edward*."

Todavia, para Thompson era uma ideia de roteiro incomum. "Tim sabia como era o personagem, mas não sabia o que fazer com ele. Quando o descreveu para mim e disse que o nome era Edward Mãos de Tesoura, entendi tudo. Foi Tim quem inventou o personagem com aquelas mãos, mas fui eu quem fez o resto: um verdadeiro encontro de talentos."

A ideia original era produzir *Edward Mãos de Tesoura* como uma comédia musical. Thompson chegou a escrever a canção "I Can't Handle It", mas isso foi logo descartado em uma revisão seguinte. Embora o roteiro final fosse praticamente similar aos primeiros rascunhos, continuava sendo uma variação da fixação de Burton por Frankenstein.

Ele não sabia explicar por que era tão fascinado por Edward. "A imagem me agradava. Ela vem do subconsciente e está ligada a um personagem que quer tocar, mas não consegue e é, ao mesmo tempo, criativo e destrutivo." E reconhecia, da mesma maneira que Thompson, que era um pouco autobiográfico, e que "provavelmente veio à tona na minha adolescência, porque tem essa coisa muito adolescente. Tem que ver com relacionamentos. Sempre tive muita dificuldade de me comunicar".

Burton usaria essas mesmas referências para escolher o elenco. Embora aceitasse a sugestão do estúdio de chamar Tom Cruise para o papel-título, ele sabia que o superastro de *Top Gun* não seria capaz de introjetar a insólita noção de diferente que o personagem Edward Mãos de Tesoura exigia. Havia outros candidatos ao papel: William Hurt, Tom Hanks e Robert Downey Jr. Até Michael Jackson. Mas Burton quis Johnny Depp.

Este não se esquece de seu primeiro encontro com Tim Burton, porque a primeira impressão foi a de um homem de roupas amassadas, sentado na sua frente no café do Bel Age Hotel, em Los Angeles, que estava precisando dormir. O ator o descreve como "um sujeito pálido, de aparência frágil e olhos tristes, com os cabelos que demonstravam uma luta com o travesseiro na noite anterior".

Depp, por outro lado, era exatamente como Burton imaginara. Ele comentou na época: "Johnny era mais conhecido como ídolo jovem, considerado um cara complicado, excêntrico, difícil e bonito, mas é o oposto disso. Então a temática de Edward, sua imagem e como as pessoas o veem, como alguém que é muito diferente do que aparenta ser, tinham a ver com ele".

O ator, porém, levou um tempo para ter certeza de que faria parte da imaginação visionária de Burton: "Eu vinha da TV. Nenhum diretor em seu juízo perfeito me contrataria para fazer um personagem desses. Eu nunca tinha feito nada parecido para provar que daria conta do papel. Mas só queria convencê-lo de que eu era Edward, que o conhecia de dentro para fora".

Mas Johnny conheceria o personagem o suficiente para representá-lo? Parece que sim. "Eu me liguei imediatamente, como se já o conhecesse e soubesse o que ele representava. Edward me parecia mais um sentimento do que uma pessoa. A metáfora das tesouras é sobre a necessidade de pegar, mas se pegar, pode destruir. Nada do que ele faz dá certo. A gente tem essa mesma sensação quando está crescendo, quando é adolescente. Era o que eu sentia. E acho que todo mundo também."

Depois do encontro com Burton, o ator ainda não tinha certeza de que seria chamado para o papel. "Minhas chances eram mínimas. Gente mais conhecida do que eu queria muito o papel, estava batalhando, lutando por ele. Esperei algumas semanas e não tive nenhuma notícia. Enquanto isso, fui pesquisando o papel. Não era um personagem que eu apenas quisesse fazer, eu tinha que fazer. Não porque fosse ambicioso ou seria um sucesso de bilheteria, mas é que a história já estava em meu coração e de lá não sairia tão facilmente."

Quando enfim o telefone tocou, ele entrou em êxtase. "Eu não conseguia acreditar." Burton "estava disposto a arriscar tudo em mim. Enfrentou a preferência, as apostas e os delírios do estúdio de ter no papel um grande astro que garantisse uma boa bilheteria, mas ele escolheu a mim. Na mesma hora virei religioso: a intervenção divina tinha entrado em ação. Esse papel não significava só um empurrão na minha carreira, mas liberdade. Liberdade para criar, experimentar, aprender e exorcizar algo dentro de mim". E esse algo era ser "resgatado do universo dos produtos populares e livrar-me de uma vez por todas da TV, graças àquela criatura meiga e esquisita que vive recortando figuras".

A escalação de Winona foi igualmente instintiva. "Ela é a melhor", Burton decretou. "Tem aquele algo a mais que não se pode definir. É como retornar às grandes divas da história do cinema. Sua pele, o olhar, a habilidade, a seriedade, nada disso pode ser descrito em palavras. Ela é mágica." Winona não só ganhou a oportunidade de trabalhar com Burton, mas também com Denise Di Novi, sua produtora em *Atração Mortal* e atual presidente da Tim Burton Productions. Mais tarde ela soube que Depp também seria chamado, mas era só mais um presente, embora animador.

"Adorei a ideia de trabalhar com Johnny, apesar de ter ficado assustada e nervosa. O quero dizer é que, se havia alguém que eu queria impressionar com meu trabalho, esse alguém era ele. Acho que por isso fiquei tão insegura nos primeiros dias, mesmo sendo muito motivador. Nós tínhamos uma boa química."

Ele concorda: "O fato de estarmos juntos e apaixonados com certeza não prejudicaria o filme. Mas fiquei nervoso. Você se expõe à sua parceira num outro nível. Sabe, você vive com alguém, mas atuando juntos, você é outra pessoa, principalmente Edward. No começo fiquei apreensivo. Ela também. No fim deu tudo certo. Além de ser a mulher da minha vida, ela é talentosa, uma grande atriz, é generosa e atenta. Foi fácil trabalhar com ela, tudo acontecia de maneira automática. Nem precisava ensaiar. As coisas simplesmente aconteciam. Tenho certeza de que faremos muito mais coisas juntos. Dava certo com outros casais, como John Cassavetes e Gena Rowlands. Se eu pudesse, só faria filmes com Winona, John Waters e Tim Burton, e viveria feliz para sempre."

Burton também não viu nenhum problema quanto aos dois protagonistas terem um relacionamento na vida real. Ele conhecia Winona e aprovava Johnny por instinto. E se diverte quando os compara a "uma versão maldita de Tracy e Hepburn". Quando as filmagens terminaram, Burton confirmou: "A relação deles não atrapalhou em nada. Talvez atrapalhasse se fosse outro tipo de filme, que os aproximasse mais de um aspecto positivo ou negativo do relacionamento, mas *Edward* é uma fantasia. Eles foram muito profissionais e não trouxeram nada para dentro do estúdio que pudesse interferir nos trabalhos".

Realmente, representar um romance entre personagens dramaticamente tão opostos como Edward e Kim foi, da parte de Burton, um ato de coragem, embora necessário. Sua intenção era mexer com os preconceitos dos espectadores sem afastá-los. Assim como os dois protagonistas se adaptaram a papéis tão diferentes de quaisquer outros que já tivessem feito, ele esperava que o espectador se adaptasse e aceitasse a inusitada relação entre Edward e Kim. Da mesma maneira, a locação do filme – um subúrbio residencial da Flórida pintado em cores vivas pelo designer de produção Bo Welsh – foi escolhida para transmitir uma sensação de chocante normalidade, ainda que acolhedora.

Edward Mãos de Tesoura não perde tempo apresentando o mundo no qual Edward de repente se encontra. De um condomínio suburbano que termina no sopé de uma colina dominada por um castelo gótico em ruínas, a Moça da Avon Peg Boggs (Dianne Wiest) faz uma visita não programada e acaba desvendando um grande segredo: ali vive Edward, um jovem solitário que tem lâminas letais no lugar das mãos. Ela faz o que qualquer Moça da Avon faria. Leva-o para morar com sua família e, como que disparando a comédia de erros e trapalhadas que virá a seguir, ainda o hospeda em um quarto com uma cama d'água.

Embora Edward seja rapidamente aceito pelos vizinhos como uma espécie de atração, por criar uma galeria de esculturas, aparar cercas e gramados, fazer podas em poodles e até esculpir penteados em suas benfeitoras, sua popularidade cresce com a mesma rapidez com que gera ressentimentos. E a principal razão é o indisfarçável afeto que ele tem por Kim (Winona), a linda filha de sua anfitriã, e cuja crescente aceitação desperta em seu namorado (Anthony

Michael Hall) o desejo de cometer uma sucessão de maldades. Uma sedutora dama de meia-idade (Kathy Bates), cujos avanços são repelidos por Edward, não demora em aderir às maldades e, à medida que as confusões aumentam, chega-se também ao clímax do filme. Tudo começa com uma cena de perseguição tirada, quase que descaradamente, de vários filmes de Frankenstein. A única diferença é que, desta vez, o monstro sobrevive, mas a semelhança é, sem dúvida, intencional.

De propósito também foi a convocação do maior ídolo cinematográfico de Burton, o ator veterano Vincent Price, para interpretar o inventor de Edward, repetindo o papel que ele fez como pai de *Pinocchio*, de Disney, e cuja presença foi imortalizada nos filmes góticos de terror. Por isso, Burton e Price se tornaram grandes amigos. O projeto seguinte de Burton, *Conversations with Vincent* (*Conversas com Vincent*) seria um documentário sobre a vida de Price, que não faria mais filmes até falecer em 1993. O projeto não foi concluído nem lançado, e *Edward Mãos de Tesoura* permanece como um tributo à genialidade do ator.

Assim como Burton, Depp também foi grande amigo de Price até sua morte. Na verdade, enamorou-se perdidamente dele. Johnny se lembra de uma vez em que eles conversavam no *trailer* de Price durante um intervalo das filmagens, e "eu mostrei a minha primeira edição das obras completas de Edgar Allan Poe com ilustrações incríveis. Vincent ficou maravilhado com os desenhos e começou a falar do filme *A Tumba de Ligeia* (*The Tomb of Ligeia*). Ele fechou o livro e começou a recitar com sua voz grave e melodiosa, que preenchia todo o espaço. Mais tarde, abri o livro e vi que ele recitara exatamente palavra por palavra". Johnny jamais se esqueceu disso.

Também não se esqueceu de que Price o aconselhou a evitar a tipificação de papéis – embora a carreira do velho ator tenha se caracterizado por uma série de filmes que, ainda assim, o novato considerava absolutamente brilhantes. Price também o aconselhou a investir em arte, conselho que Depp considera "valiosíssimo". Mas onde guardaria tantos tesouros, se ainda nem tinha comprado sua casa, e nada indicava que a compraria tão cedo?

Já famoso, Johnny não sabia "se compraria minha casa nos Estados Unidos. Talvez comprasse na França ou em qualquer outro lugar. Mas já tinha muitas pinturas, desenhos e algumas fotos. Eu gosto de me cercar de coisas bonitas". E uma delas eram as mãos de tesoura originais de *Edward*, que ganharam destaque no alto da escada da nova casa em Los Angeles que Johnny e Winona passaram a dividir no final da primavera de 1991.

Também nessa casa, entre lembranças e mensagens coladas na porta da geladeira, havia uma foto de Johnny com John Waters, seu diretor de *Cry Baby* e amigo do casal, e um *post-it* amarelo com o telefone de Jason Robards anotado. Robards foi parceiro de Winona em *Ciranda de Ilusões*, o primeiro filme dela como protagonista. Até hoje Winona reconhece que foi Robards quem lhe ensinou a "ser natural diante das câmeras".

Retomando a criação de Burton, o trabalho exorcizou os demônios, não só do diretor, mas de todo o elenco. Comentando a interpretação de Edward, ele observou: "Acho que Johnny tem muito do personagem. Tem aquela ingenuidade que vai sendo testada à medida que você envelhece e ganhando um monte de marcas. Johnny é o tipo de pessoa que quer preservar isso o quanto puder".

Uma parte importante do filme foi dedicada a essa temática, primeiro aos olhos do espectador, quando o namorado de Kim leva Edward a cometer um ato ilegal, e muito mais explicitamente, quando Edward se vê acuado e mata o rapaz. "Era, provavelmente, uma fantasia de vingança que toda criança e adolescente tem", confessa Burton.

Edward Mãos de Tesoura também conquistou a imprensa, não só como filme, mas pelo relacionamento de suas estrelas na vida real. Certamente, a ternura que emanava de Edward e Kim deve-se, ao menos em parte, aos sentimentos que uniam Winona e Johnny. A crítica percebeu essa química quando o filme foi lançado, no Natal de 1990 nos Estados Unidos, e no verão seguinte no Reino Unido.

Muito mais interessantes foram os inúmeros roteiros que Johnny e Winona receberam em seguida. "Como eles são óbvios!", ele comentou. "Me ofereceram um filme de gângster. Sou um mafioso e Winona a minha protegida." Mas uma das propostas ele simplesmente adorou. A Movieline sugeriu que ele conversasse com John Waters, seu diretor em *Cry Baby*, para dirigir um "nova versão de *Viva Las Vegas*, com Johnny no papel de Elvis Presley e Winona, no de Ann Margret". "Seria uma beleza", Johnny admitiu. "Eu adoraria fazer algo parecido, especialmente se a canção-tema fosse cantada pelos Dead Kennedys."

Todavia, a imagem pública da relação do casal era tão problemática que, quando compareceram a uma homenagem a Tim Burton no Festival de Cinema de Montreaux, a presença deles foi descrita como uma evidente reconciliação, só porque não apareciam em público havia algumas semanas. Não juntos, pelo menos.

Até Burton se assustou com o comportamento agressivo dos *paparazzi* no aeroporto de Los Angeles, quando os três chegaram da Flórida após o término das filmagens de *Edward Mãos de Tesoura*. "Foi uma das piores coisas que já presenciei na vida", ele se lembra. "Se você é uma figura pública, obviamente está exposto a essas coisas. Mas nunca vi nada tão hostil."

Winona concorda: "Nós saímos do avião e fomos cercados por uns 50 *paparazzi*, que começaram a tirar fotos. Não dava para ver onde estávamos pisando porque os flashs estouravam na nossa cara. Um dos fotógrafos esticou o pé e tentou me derrubar! Eles nos chamavam aos berros para conseguir uma foto interessante. Johnny foi ficando tão nervoso que reagiu e começou a empurrá-los. A foto saiu nas revistas, e ele foi muito criticado. Por que a gente não pode ficar de mau humor de vez em quando? Todo mundo tem esse direito".

De fato, uma dessas fotos, ainda inédita, provocou exatamente o que Winona previa. A cópia impressa que a acompanhava ajudou: "Hollywood tem um novo *bad boy*, a nova versão de Sean Penn (famoso pelo mau humor). O ator Johnny Depp e sua namorada, a atriz Winona Ryder, desembarcaram no Aeroporto Internacional de Los Angeles vindos de Tampa, Flórida. Depp, do seriado da Fox *Anjos da Lei*, foi fotografado agredindo fotógrafos, ameaçando-os com a brasa do charuto, gritando palavrões! Visivelmente envergonhada, Ryder cobriu o rosto com a bolsa, baixou a cabeça e seguiu em frente!".

Essa não foi a única vez. Winona culpa os jornais por "insistirem em me pôr ao lado de outra pessoa. Sabe, eu trabalho com atores e conheço todos eles, às vezes almoçamos juntos, mas é só isso. E Johnny faz o mesmo com as atrizes. Acho que eles agem assim porque esperam uma reação, ou porque querem criar um escândalo, um caso, sei lá o quê".

Ela tinha razão. Foi até confirmado que teria sido vista numa "atitude muito íntima com Christian Slater no Hard Rock Café em Los Angeles, sempre de mãos dadas, comendo *cheeseburguer* com fritas", dois anos depois de terem filmado juntos por duas semanas. Mas não era verdade. Também não era verdade quando a revista *People* perguntou "Até onde pode ir sua devoção?", quando ela compareceu a uma festa em Hollywood com seu parceiro de *Drácula*, Gary Oldmam. Segundo fontes, escreveu Mitchell Fink, os dois pareciam "muito mais íntimos do que atores que trabalham no mesmo filme".

Fink continua: "Uma fonte próxima de Ryder reconhece que, embora ela seja uma 'garota carinhosa', nem sequer gosta de Oldman. 'Pode até ter ficado impressionada em algum momento', continua a fonte, mas seu casamento com Johnny Depp está mais 'sólido que nunca'. Eles passaram por algumas dificuldades, mas ainda estão juntos".

Winona confessou que os boatos a perturbavam: "Prefiro não ler essas coisas". Mas também reconheceu que era impossível ignorar o que é publicado. "Você ouve as pessoas comentarem, mas não pode dar atenção porque é muito cansativo." Mais uma vez, ela estava certa.

Muito antes de toda essa polêmica, Johnny tinha pedido a John Waters, que se tornara pastor por correspondência, que fizesse o casamento deles em Las Vegas. Essa era uma das vantagens de ser famoso: "Fui o responsável pela ordenação de John Waters. Fui até a Universal Life Church e consegui que ele fosse ordenado por correspondência. Hoje ele é o Reverendo John Waters e quero que ele faça o nosso casamento. Quem mais poderia ser?".

Não podia ser mais ninguém. Waters ficou agradecido, mas não sem relutar. "Disse a eles que não os casaria sem a bênção dos pais. Eu conhecia os pais dela. Eles comeram na minha casa, e eu não faria isso com eles." Em outra ocasião, Waters os aconselhou: "'Vocês são muito jovens! Esperem um pouco mais.' Mas eu estava a fim de realizar a cerimônia, me sentia o próprio papa!" Surgiu outro empecilho: a própria Winona. Embora Johnny garanta que ela gostou da ideia, bancou a desmancha-prazeres e inventou um monte de histórias sobre noivos abandonados e noivas arrependidas, para não se casar.

Pouca gente acreditava que Winona fosse domar o selvagem Johnny. Mesmo que ele não fizesse segredo de seus casos anteriores, não faltavam "amigos íntimos" dispostos a jurar que nem todos tinham ficado para trás. E tudo piorava ainda mais quando o casal dava qualquer declaração sobre sua vida particular. Eles davam festas de arromba? Winona tirava fotos de Johnny em posições comprometedoras e mandava revelar? Eles frequentavam os inferninhos de Nova York? Johnny negava tudo. "Em Nova York, nós saímos, demos longos passeios a pé, alugamos filmes e voltamos para casa", como qualquer outro casal. A banalidade das respostas provocava ainda mais a curiosidade dos repórteres.

Quando perguntaram a Winona se gostaria de fazer teatro, não foi diferente. Se, para ela, era tão aborrecido repetir a mesma coisa todas as noites, por que então se casara aos 18 anos? Não era a mesma coisa todas as noites? Não, não era, ela insinuou timidamente. E continuou: "Ainda somos jovens e é hora de aproveitarmos ao máximo os momentos que passamos juntos". Mas, para a imprensa, tinha de estar acontecendo alguma coisa mais. "Não sei que mania é essa", Johnny condenou. "É muito louco os jornais inventarem histórias que nunca aconteceram comigo. Em parte sou culpado, porque falo abertamente sobre a minha vida com Nonie."

Johnny também não estava convencido de que sua história com Winona era, segundo diziam, "tratada com mais respeito, porque eles eram dois inocentes românticos em meio ao falatório habitual sobre Bruce Willis e Demi Moore, ou Julia Roberts e Kiefer Sutherland". É verdade que em Hollywood o que não falta são romances de celebridades, mas Johnny se irritava quando sua vida amorosa era diagnosticada como um sintoma cultural, publicamente consumado e consumido. Também não se podia condenar o fato de que, para todos os fins, Johnny e Winona fossem vendidos como um casal de conto de fadas, um símbolo do "Romance Hollywoodiano". Até as raras fotos de moda que fizeram juntos – aos beijos e abraços – reforçavam essa imagem.

Embora não lhes faltasse dinheiro, eles não cometiam grandes excessos. Johnny explica: "Gosto de comprar coisas diferentes quando estou com Winona. Não resistimos a um gênio dentro de uma lâmpada antiga ou um pôster de palhaço. Eu morria de medo de palhaços, e achei que, se me cercasse deles, o medo passaria". Johnny deixou escapar em uma entrevista que tinha um pênis enorme. "Sempre tive vontade de dizer que tenho o maior pau de Los Angeles. Não estou dizendo que, se você não tem, está perdido, mas quem tem pau grande tem que sair alardeando." Ele comprou o tal pênis de fibra de vidro gigante em uma loja de Hollywood. "Eu queria levá-lo para casa, para me proteger dos palhaços."

Essa era uma fobia de infância. "Não me lembro de nenhuma situação em particular, mas nunca gostei de palhaços." O medo ganhou novas proporções no dia em que ele comprou um palhaço pintado pelo assassino John Wayne Gacy. "Antes de ser preso, Gacy era conhecido como Pogo, o Clown. Hoje no corredor da morte, ele pinta palhaços e, se você mandar uma foto sua, ele pinta com a sua cara." Johnny considerava isso "doentio".

Menos dramáticos eram os presentes e as lembranças que o casal trocava entre si. Para ela, rosas, roupas, joias, como o seu primeiro colar de pérolas. E para ele, cadeados antigos para a sua mania de Houdini, as primeiras edições de seus autores favoritos e insetos para sua coleção, tradicionalmente espetados em caixas de vidro. Aos 7 anos de idade, ele costumava caçar e treinar camaleões, mas tinha pavor de aranhas. E não fazia segredo dos estragos que elas causaram em sua vida. Uma vez, um amigo deu a ele uma tarântula de presente de aniversário. "Eu recebi e pensei, bom, que legal, talvez eu perca o medo dela. Tentei encostar o dedo nela, mas dei um grito e joguei a aranha fora."

Winona comprou uma estrela da constelação de Cefeu, não visível a olho nu, e deu a ela o nome de "Jun" em homenagem a Johnny – como se comprasse um pedaço de floresta tropical. Alguns viram esse gesto como uma tentativa de reconciliação. Mitchell Fink escreveu na *People Weekly*: "Uma mulher que está à beira da separação não gasta dinheiro para batizar uma estrela com o nome do seu amado". Nem gasta mais 44 dólares para emoldurar o certificado. Enquanto isso, Johnny insistia em dizer que eles ainda eram apenas um jovem casal que continuava muito apaixonado.

Se era mesmo verdade, novamente o trabalho provocou uma dolorosa separação. Enquanto ela exorcizava seus demônios em *Drácula*, de Francis Ford Coppola, seu primeiro papel adulto, ele vivia um pesadelo semelhante em *Um Sonho Americano* (*Arizona Dream*), ao lado de um elenco temperamental e de um diretor ainda pior.

Emir Kusturica chamou a atenção do público na Iugoslávia com o filme *Quando Meu Pai Saiu em Viagem de Negócios* (*When Father Was Away on*

Business), de 1984, um estudo documental das tradições nacionais vistas por um garoto, nos anos 1950. Cinco anos depois, deixou sua marca em Cannes como Melhor Diretor por *The Time of the Gypsies*, e agora filmaria o mítico sonho americano por um olhar europeu.

A ideia original de *Um Sonho Americano* é de David Atkin, que era aluno de cinema de Kusturica na Universidade de Columbia. Ele explica que "é a história de um garoto que não sabe o que fazer da vida. Eu estava interessado em explorar a decadência da indústria automobilística nos Estados Unidos, o país dos carros e dos filmes. Vi aí uma similaridade com o que eu pretendia fazer".

É a história de Axel Blackmar, um órfão de 20 anos de idade cujos pais morreram em um terrível acidente de carro seis anos antes, quando o tio Leo estava na direção e ainda não conseguia se perdoar por tal fatalidade. Axel vivia tranquilamente em Manhattan, "onde você vê todo mundo e ninguém vê você", contabilizando peixes para o Departamento de Caça e Pesca de Nova York. Mas essa rotina é interrompida quando volta à sua cidade natal no Arizona para o casamento de Leo com seu "docinho de coco", que tem metade da idade e do tamanho dele. Leo convida Axel para ser padrinho, e depois para ficar e aprender a vender Cadillac em sua loja.

Na mesma loja já trabalhava Paul, o vendedor que vai ensinar a Axel tudo o que sabe. Mas seu sonho é ser ator. Ele sabe de cor os diálogos de *Touro Indomável* e representa uma das melhores cenas de *Intriga Internacional*, de Hitchcock, quando um perturbado e apavorado Cary Grant é perseguido por um pequeno avião.

Também são perturbadas a maníaco-depressiva Elaine Stalker e sua oprimida enteada Grace, com quem Axel se envolve. Elaine atira e mata acidentalmente o marido (em circunstâncias um tanto obscuras), mas culpa Grace sempre que lhe convém.

Grace é herdeira da maior mina de cobre do estado e as duas mulheres, ligadas mais por amor e pela solidão do que pelo ódio, moram em um grande rancho vitoriano próximo à cidade. A princípio, Axel fica mais impressionado com a glamourosa e sexy Elaine e seu sonho de construir um avião, do que com Grace, que só fala em se suicidar para reencarnar como tartaruga.

O crítico Kevin Thomas do *Los Angeles Times* descreveu o filme como "uma ousada e estonteante tragicomédia americana, o realismo fantástico de um grande diretor".

Com 17 milhões de dólares de dinheiro francês e dois produtores franceses, Claude Ossard e Yves Marmon, Kusturica desenvolveu um roteiro para um filme que teve três títulos diferentes: *Arrowtooth Waltz*, *American Dream* e *Arizona Dream*. "O sonho americano é o sonho de toda a civilização ocidental: ter um carro, um pouco de dinheiro e uma casa para morar. Mas eu já morava nos Estados Unidos fazia dois anos quando descobri que o país é bem diferente. As pessoas são mais infelizes e muito mais pobres do que se pensa. Surge então um problema, porque ao destruir a ilusão do sonho americano, você destrói também uma parte da sua juventude passada na frente das telas."

Johnny concorda com ele: "Eu não via a hora de começar a trabalhar com Kusturica, porque *Time of the Gypsies* foi um dos filmes de que mais gostei". Também lhe agradava a ideia de trabalhar com outro diretor que não pertencesse à elite de Hollywood e, portanto, mais livre para explorar e experimentar.

Além disso, o roteiro tinha algo a mais que talvez nem Kusturica tivesse percebido. Johnny conta com entusiasmo que era outro personagem excêntrico e não convencional, cuja vida tomava um caminho inesperado. Tudo a ver com ele, ao menos até agora. Portanto, não é surpresa que ele tenha se encantado por Axel Blackmar, cujas características sempre aparecem nos melhores papéis de sua carreira.

"Uma parte de mim sempre quis mudar. Por exemplo, quando criança eu era fascinado pela ideia de viajar no tempo, ser outra pessoa em outro lugar. Acho que isso é normal. Pelo menos espero que seja. Interessante é que a sociedade dita 'normal' vê pessoas assim como rejeitadas, marginais ou excêntricas. Em todos os papéis que a gente faz, há um pouco de nós mesmos."

Tem de haver, "caso contrário, é não representar. É mentir. Isso não quer dizer que eu os sinta diferente dos outros. Talvez eles tenham mais dificuldade de dizer 'não me sinto aceito' ou 'estou inseguro'. Esses personagens são passivos; eu os vejo como receptivos. Me identifico com eles desde pequeno".

Essa foi, certamente, a opinião dos nomes estrelados que disputaram os outros papéis. Jerry Lewis, o veterano de 17 filmes com Dean Marin foi recrutado para fazer Tio Leo; Faye Dunaway e Lili Taylor fariam a mãe e a filha, Elaine e Grace Stalker; e Vincent Gallo, músico *underground* dos anos 1970 e 80 e reconhecido pintor nova-iorquino, assumiu o papel de Paul Blackmar.

As filmagens propriamente ditas, em locações no Alasca, Nova York e Arizona, também pesaram muito sobre os ombros de Kusturica e mais tarde provocariam nele um colapso nervoso. Era de esperar. Após semanas de exaustivas tomadas noturnas, orçamentos estourados, um elenco imprevisível e produtores furiosos, o diretor jogou a toalha, voltou para Nova York e se recusou a filmar um único quadro até que lhe dessem mais tempo, mais espaço e mais dinheiro para pôr suas ideias em prática.

Esses ataques costumam ser conhecidos como diferenças criativas amorfas que drenam tantos projetos em Hollywood. Muitos outros filmes já tiveram seus diretores substituídos, mas Kusturica contava com o apoio de todo o elenco, de Johnny, inclusive. Não só o elenco, mas os técnicos também se recusaram a continuar o trabalho com qualquer outra pessoa que não fosse ele. "Sou um diretor europeu, não norte-americano, e não sabia o que eles esperavam de mim. Eles não querem imaginação. Querem começo, meio e fim, e um fim que seja conveniente, bonito e feliz."

Embora Kusturica reconhecesse espontaneamente que seu método "tudo ou nada" era o responsável pela maioria dos problemas, não admitiu a derrota. "Não sei o que acontece comigo. Devo estar louco, mas é assim que vejo e vou fazer do meu jeito, custe o que custar. Não gostaria de ser o meu produtor. Achei que fosse morrer pelo menos duas vezes fazendo *Um Sonho Americano*. Foi muita pressão."

Vincent Gallo testemunhou os dramas que aconteceram atrás das câmeras. E também notou mudanças em Johnny, que se tornou outra pessoa desde que eles se conheceram nos estúdios de *Anjos da Lei*. Gallo lembra que ele estava saindo com Winona e que os dois começaram a usar roupas de brechó pela primeira vez. "Ele tinha tatuagens, usava brincos e fazia um programa de TV. Eu achava isso detestável."

Surgiram boatos de um conflito entre eles. A amizade aparentemente estremeceu durante as filmagens. Gallo explica que Johnny encontrou em Kusturica sua alma gêmea e o tempo todo exigia a atenção dele. "Mas não fazia isso de um jeito legal. Tinha necessidade de se envolver completamente com Kusturica. Era quase um caso de amor. Emir e Johnny andavam com livros de Dostoiévski e Kerouac debaixo do braço e se vestiam de preto. Eles nunca tinham usado preto na vida." E como se não bastasse, "não deixavam ninguém dormir porque ficavam bebendo e ouvindo música alto".

Gallo continua: o problema de Johnny Depp "é que essa imagem de *pop star* da TV, do *bad boy*, do pária, do amigo engajado de Jim Jarmusch, não é interessante. É uma pena que ele tenha escolhido isso, que tenha se inventado assim. Se ao menos se permitisse ser quem realmente é, um cara traumatizado, preso à infância e à vida emocional, seria mais interessante, mais legal, um grande talento. Johnny era uma das pessoas mais divertidas, talentosas, adoráveis, delicadas e autênticas que já conheci".

Por outro lado, Gallo não poupa elogios à habilidade de Depp diante das câmeras. Se quiser ver um dos melhores momentos do ator no filme, "observe as cenas em que ele não tem diálogo. É o ouvinte mais brilhante do cinema. Na cena em que vamos ao cinema para assistir a *Touro Indomável*. E ele só me observa mexendo com as garotas. Digo a uma delas que a gente vai transar, mas ela não pode encostar a mão no meu rosto nem no meu cabelo, e começo a provocar: 'Acha que alguém pega no rosto do Brando? No rosto do Pacino? No rosto do De Niro? Que alguém pega no maldito rosto do Johnny Depp?'. Eu disse: 'Você acha que o porra do Johnny Depp deixa alguém encostar a mão no rosto dele?'. Eu falei isso".

"Foi só para provocar, porque achei que fosse só um ensaio. Johnny permanece impecável em cena. É perfeito, não esboça nenhuma reação. Eu digo o nome dele, e ele nem pisca. Mas me dispensa da tela, e é a minha cena mais animada no filme."

Kusturica teve de enfrentar ainda outros demônios durante as filmagens de *Um Sonho Americano*. Um deles foi Faye Dunaway. O que no início era um genuíno respeito mútuo transformou-se numa grande dificuldade. Talvez porque Kusturica desse menos atenção a ela do que a Johnny.

De qualquer maneira, a tensão entre os dois bastou para escancarar as dificuldades. "Mas nós resolvemos o problema juntos", lembra Kusturica. "Eu disse a ela que neste filme todos contracenavam com todos, o tempo todo. Se você tiver algum problema, fale comigo". E foi o que ela fez. Mas Kusturica reconheceu depois, "ela está muito bem no filme".

O jornal *The Detroit News* escreveu que "a Elaine de Dunaway foi dos papéis mais difíceis de sua carreira, uma mulher exagerada, mercurial, uma doida ninfomaníaca cuja vulnerabilidade e sexualidade escondem uma percepção aguçada". O mesmo foi dito sobre Jerry Lewis. "Ele faz uma interpretação séria e carinhosa de um dos homens mais normais que já representou".

Era o que Kusturica esperava dele. Além da sua elogiada participação em *O Rei da Comédia*, de Martin Scorcese, Lewis não tinha feito mais nada no cinema. "Disseram muitas coisas terríveis sobre Jerry, mas era tudo mentira. Ele era muito engraçado, dei muita risada com ele. Ao mesmo tempo, ele tinha que se conter, porque no filme está no fim da vida e suas cenas são sérias. Jerry é ótimo ator. O elenco tem tanta energia não só pelo país em que vive, mas também pelas comédias de Jerry Lewis."

Kusturica se deu conta disso quando foi a Cannes com Depp promover o filme ainda não finalizado. Mas Vincent Gallo acredita que a viagem serviu mais para alimentar o ego do ator do que para vender o filme aos distribuidores. "Johnny ficou hospedado no Hotel du Cap e não quis dar entrevistas... ele deve ter lido em algum lugar que Brando se recusava a dar entrevistas."

Quando o filme finalmente chegou às telas, o esperado lançamento mundial decepcionou e desorientou a crítica. Foi premiado no Festival de Berlim em 1993, e dois anos depois fez um circuito pequeno nos cinemas de arte do Reino Unido.

Mas Kusturica não se deixou abalar. Tudo isso só fez aumentar sua determinação de trabalhar novamente com Johnny. Circularam boatos não confirmados de que os dois fariam juntos uma versão moderna de *Crime e Castigo*, ambientado no Brooklyn moderno, mas desistiram do projeto quando os potenciais financiadores italianos de Kusturica fecharam o escritório nos Estados Unidos.

Fim do Conto de Fadas

Foi bom terminar, tanto para ele quanto para mim. Não sei dizer até que ponto a mídia atrapalhou, porque já tínhamos nos separado havia muito tempo quando descobriram que não estávamos mais juntos. Era coisa antiga. Johnny é uma ótima pessoa, só tenho boas coisas a dizer sobre ele, mas terminou.

Winona Ryder

Em abril de 1993, o casamento de Johnny e Winona chegou ao fim. Mas vinha terminando havia um ano. Eles se viam raramente e, embora não se expusessem muito, procuravam manter as aparências diante do público. Era evidente que já estavam se distanciando. Talvez ainda dividissem a mesma casa, mas não a mesma vida. E assim começou o doloroso fim de um romance de conto de fadas hollywoodiano.

Não era fácil manter um relacionamento e ao mesmo tempo coordenar as carreiras bem-sucedidas e os horários de trabalho desumanos, que os obrigavam a ficar longe um do outro por longos períodos. Os constantes boatos de que estavam saindo com outros artistas punham ainda mais lenha na fogueira. Embora ignorassem o falatório e se recusassem a alimentar as histórias respondendo às provocações, elas persistiam, às vezes até os acusando de dormirem com colegas de trabalho, numa velocidade absurda, e nunca mais ficando juntos.

Numa dessas vezes, Winona filmava em Nova York *A Idade da Inocência* (*The Age of Innocence*), adaptado por Martin Scorcese do romance de Edith Wharton, e Johnny ficou em casa escrevendo um roteiro com seu irmão, Dan. Testemunhas garantem que Winona e Daniel Day-Lewis se tornaram íntimos. "Ela e Daniel não se desgrudaram durante toda a produção. Como duas pessoas completamente livres." E novamente: "Winona está apaixonada.

Ela se diverte muito. Está cheia de energia". O que deve ter ajudado foi quando Day-Lewis revelou publicamente que eles cantavam em dueto. E declarou ao *New York Post* que a música preferida de Winona, a que ela melhor cantava, era "I'm Just a Girl Who Can't Say No".

Era inevitável que as manchetes fizessem insinuações sobre o caso quando o filme foi lançado. Várias críticas ressaltavam a química entre os dois protagonistas, deixando claro que a relação deles não se limitou às telas quando o filme estreou, cinco meses depois de Johnny e Winona já estarem separados. Mesmo que a especulação fosse verdadeira, e a assessoria de imprensa de Winona garantia que não, era difícil aceitar que Winona e Johnny não fossem mais um casal. Há pelo menos um ano, muito antes de o filme entrar em produção.

Johnny, por sua vez, teve sua parcela de culpa. Tally Chanel, uma atriz de filmes B que o conheceu na *première* do filme de Bruce Willis, *Duro de Matar 2*, em julho de 1990, disse que faltou pouco para eles se casarem. E não só isso, mas alguns garantem que durante todo aquele ano eles passaram noites tranquilas na casa de Johnny, em Hollywood Hills, pedindo comida em um restaurante chinês. Se fosse verdade, e provavelmente não era, o fato de ele ainda estar casado com Winona nessa época não o impediu de nada. Como também não o impediu de confessar que teve "uma queda por Patty Hearst", que conheceu no set de *Cry Baby*, de John Waters. Mas Waters afirma outra coisa: "Eu diria que Johnny é um monogâmico serial. Eu o vi com muito poucas mulheres desde que o conheci, e por longos períodos. E ele era fiel a todas, então jamais seria um mulherengo".

Sejam quais forem as razões, Winona não deixa dúvida sobre a culpa pelo colapso definitivo de seu romance com ele: "Era horrível ter todas aquelas pessoas nos espiando. Nós detestávamos isso e definitivamente teve grande responsabilidade pelo fim da nossa história. Todos os dias alguém dizia que um enganava o outro ou que estávamos separados, quando nada disso estava acontecendo. Era como ter um mosquito incômodo buzinando no ouvido".

É claro que o fim do romance foi amplamente divulgado na imprensa. "Esprema a relação de Winona Ryder e Johnny Depp e dela não sairá mais nada", escreveu a *People Weekly*. "Os assessores de Ryder confirmam, depois de muita especulação por parte da imprensa, que Ryder e Depp não formam mais um casal. O jovem casal de astros do cinema desistiu do compromisso que os unia, e cada um seguiu seu caminho."

Até as anotações no diário de Winona revelavam que ela se sentia "frágil, um pouco confusa, magoada e exausta". E em relação ao ex, "ele é especial. E eu era muito nova. Não sei quais são os motivos dele, mas esse é o meu". Mas fossem quais fossem suas declarações em público, ela estava procurando aliviar a agonia que o rompimento lhe havia causado.

"Durante duas semanas tentei ser alcoólatra", ela revelaria mais tarde, referindo-se às longas noites em seu "quarto de hotel, bebendo coquetéis do minibar e fumando cigarros", enquanto ouvia as músicas melancólicas do álbum *Nighthawks at the Dinner*, de Tom Waits. A bebida ajudou por um tempo, mas uma noite ela dormiu com o cigarro aceso entre os dedos e acordou a tempo de evitar uma tragédia; isso a fez pensar seriamente nos riscos que corria. Mas não é o que pensou Liz Hodgson, do britânico *Evening Standard*, para quem "Winona acordou com o quarto em chamas". Embora ela tenha declarado na época que não estava mais deprimida nem atacando o minibar, notícias mais recentes, como a sua famosa prisão por roubo em uma loja em 2001, insinuam que ela era dependente de analgésicos. Mas o que interessa é que na época Winona se deu conta de que ficar embriagada não era a melhor solução para enfrentar o fim de seu caso com Johnny.

Houve ainda quem atribuísse ao rompimento o fato de Winona procurar uma clínica psiquiátrica pouco tempo depois. Com apenas 20 anos de idade, ela não só vivia o fim de um relacionamento sério, mas um esgotamento por excesso de trabalho, poucas horas de sono e total ausência de suporte emocional. "Passei cinco dias na clínica", ela admite. "Infelizmente, para o público os atores não podem ficar deprimidos. Somos muito bem pagos, vivemos muito bem e levamos uma vida repleta de charme. Mas ninguém vê o lado ruim de tudo isso, que é exatamente o que nos faz mal. Eu me separei do primeiro grande amor da minha vida e minha carreira passava por uma fase de grandes pressões. Eu precisava desesperadamente fazer um balanço geral da minha vida e para isso tinha que dormir."

Já o ator acredita que o relacionamento já desgastado, as pressões do trabalho e a perseguição constante da imprensa deram o golpe de misericórdia na relação. Em junho de 1993 ele anunciou publicamente: "Nós nos separamos há um mês. Quando a gente está com alguém que ama, não é fácil cortar o vínculo, romper a ligação. Conosco foi naturalmente, uma progressão natural, tinha de acontecer. Nossa separação não foi uma experiência ruim. Ainda somos amigos. Ainda conversamos. E foi tudo bem, tudo muito amigável, muito legal". Foi mesmo?

Assim como Winona ficou arrasada, Johnny estava inconsolável. Um amigo, que prefere não se identificar, confidenciou à revista *People* que "ele era tão apaixonado por Winona que não quis aceitar a separação como definitiva". Desde o início da vida conjugal, Johnny e Winona mantiveram uma relação aberta com a imprensa, na esperança de que a necessidade de notícias e boatos sobre as celebridades fossem supridas e, com o tempo, os deixassem em paz, mas não foi bem assim. "É muito difícil ter vida pessoal em Hollywood", o ator declarou numa ocasião, ao admitir que foi um erro ser tão aberto. "Pensei que mataria o monstro da curiosidade. Mas não, só o alimentei. Eu me dava muito mal quando dizia qualquer coisa. Logo se tornava público. Todo mundo achava que podia participar da nossa vida, que tinha direito de perguntar sobre Winona. Eu odiava isso."

Winona guardou o anel e outras lembranças, mas para Johnny seria muito mais difícil e doloroso se desfazer das recordações visíveis de seu amor por ela. Quando a tatuagem "Winona Forever" virou alvo de muitas perguntas em entrevistas e o tema preferido dos comediantes ao longo daquele ano, ele decidiu removê-la. "Vejo minhas tatuagens como um diário, e remover ou apagá-las é admitir que nada daquilo aconteceu. Ficamos juntos por três anos, e fiz a tatuagem porque achei que seria para sempre. Se eu modificar alguma coisa, deixá-la mais divertida, gravar o nome do atual namorado dela no alto – seria sincero da minha parte." No decorrer do ano seguinte, reconheceu que era melhor remover a tatuagem.

Mesmo que apagar seja muito mais dolorido que gravar? Ele confirma: "Principalmente quando eles não aplicam um anestésico. Mas vale a pena, porque a dor passa. O que é muito bom". Um jornalista viu a tatuagem quando a remoção começou. "Naquele momento, o que se lia era 'Wino Forever'." E assim está até hoje.

Quando perguntada, ela não teve muito a dizer a respeito. "O que você espera que eu diga? 'Ainda está lá? Tudo bem...' Se eu não gostasse dele, talvez dissesse algo mais forte, mas Johnny é muito legal e, por mim, tudo bem." Ele, é claro, foi mais reticente sobre o fim do relacionamento. Onde teria ido parar todo aquele amor? Ele não fazia ideia. "É um dos mistérios da vida. Ninguém diz de uma hora para outra: 'Sabia que não te amo mais?'. Ela é uma menina linda, cara, é cheia de mistério. A gente fazia tudo juntos, se divertia, se amava... Ao menos a gente se amou. Que sorte ter acontecido comigo!"

A revista *QG* também questionou se eles não seriam apenas um casal jovem e feliz que deveria ser deixado em paz. "Eles fazem aquelas todas coisas bobas e ridículas. Ela compra uma estrela para ele. Ele tatua o nome dela no corpo. Isso foi além de romântico. Foi ousado." Pode ser. O fato é que Johnny não quis saber de continuar sozinho depois de um relacionamento tão longo. E confessou que a solidão o assusta: "Fiquei só muitas vezes".

Enquanto isso, a *People Weekly* fez questão de noticiar que Winona não ficou só por muito tempo. "Fontes seguras garantem que Ryder está saindo com David Pirner, o vocalista da banda de rock Soul Asylum. Pirner teria desfeito um namoro de 11 anos para ficar com Ryder." Apesar da nova relação correr o risco de ser tão bem documentada quanto a anterior, e embora a atriz não alardeasse sua vida do alto das colinas de Hollywood, ela se sentiu muito mais à vontade para falar da sua história com Pirner do que jamais o fizera quando estava com Depp. "É uma relação muito diferente de outras que já tive", ela explicou. "É mais espontânea, é mais uma amizade, na verdade. O que quero dizer e que não tem tantos dramas."

Recuperado do sofrimento e da desordem causada pelo fim de sua história com Winona, Johnny foi filmar *Benny e Joon – Corações em Conflito* (*Benny and Joon*), baseado num argumento de Barry Berman e Leslie McNeil. Esse projeto já tinha sido discutido no início dos anos 1980, quando os dois roteiristas ainda eram uma promessa. Dez anos depois, a paixão deles pela história permanecia inabalável. Berman era a pessoa mais indicada para escrever o roteiro. Afinal, tinha estudado no conceituado Clown College da Flórida, dos Ringling Brothers and Barnun & Bailey, uma escola de circo mundialmente famosa, e era apaixonado pelas clássicas comédias-pastelão de Buster Keaton e Charlie Chaplin que assistia sob a grande lona entre um número e outro. Foi nesse ambiente que nasceu o personagem Sam de *Benny e Joon*.

O roteiro de Berman chegou às mãos de Susan Arnold e Donna Roth no final de 1989. "Alguém tinha nos falado desse roteiro de Barry Berman, que ainda era meio desconhecido", Arnold recorda. "Donna e eu o lemos e nós duas vimos que era uma joia rara. Ao mesmo tempo engraçado, romântico e comovente. A gente se apaixonou pelo projeto e decidiu realizá-lo."

E não apenas isso, mas Arnold identificou-se imediatamente com a personagem Joon. A produtora já tinha trabalhado na Imagination Workshop, um programa de artes da Califórnia que presta serviços a pessoas carentes e a pacientes psiquiátricos. "Minha experiência na Workshop só reforçou meu interesse pelo filme, que falava de alguém com dificuldades mais complicadas que a maioria de nós."

Esse era o tema central do filme. A história girava em torno de Juniper Pearl, a Joon, uma jovem inteligente, talentosa mas emocionalmente desequilibrada que mora com seu irmão, Benjamim, ou Benny, um mecânico de automóveis irrepreensível e aparentemente generoso, desde que seus pais morreram em um acidente de carro.

Joon gosta de pintar e de ler, tem paixão por fogo e não quer saber das empregadas domésticas, enquanto Benny trabalha em sua oficina, joga pôquer e abre mão de qualquer relacionamento mais sério porque não sabe como Joon se encaixaria nisso. A ordem natural e a banalidade às vezes áspera da vida dessas pessoas são repentinamente abaladas quando, em um jogo de pôquer, Joon perde a mão e ganha seu adversário, o primo Sam, um desajustado, mas que é bonito e divertido. Aos 26 anos, ele não sabe ler, passa os dias enxugando garfos de plástico e à noite fica acordado vendo filmes na TV. Quando dorme, é embaixo da pia.

Aos poucos, ele abre caminho para o coração de Joon com suas comédias-pastelão silenciosas, ajudando na casa e ouvindo rock'n'roll bem alto no rádio, mesmo que isso a deixe irritada. Joon o acaba expulsando, como ela mesma diz, "para pôr ordem na casa". É claro que ele volta com o apoio de Benny e a promessa de cuidar de sua irmã. É quando começa a surgir um romance entre Sam e Joon. Embora aos olhos das pessoas sejam dois rejeitados que fazem companhia um ao outro, eles levam essa amizade a sério. Sério o suficiente para que Benny fique sabendo. Afinal, para Joon, Sam lhe oferece o único amor estável e o carinho que ela jamais recebeu em toda sua vida difícil. A revelação cai sobre Benny como uma bomba, que imediatamente proíbe os dois de se verem e, num acesso de raiva, expulsa Sam de casa. Desta vez para sempre.

Para complicar ainda mais, Benny decide internar Joon em um hospital psiquiátrico. Ela briga com o irmão, sai de casa e vai ao encontro Sam. Os dois tomam um ônibus para fora da cidade e da vida de Benny. Mas Joon não se dá bem no mundo real, e menos ainda no claustrofóbico confinamento dos ônibus.

Consequentemente, ela entra num profundo estado de perturbação emocional e é levada às pressas para um hospital psiquiátrico, de onde jamais deveria ter saído. Benny fica tão revoltado, que dispensa a ajuda que Sam lhe oferece. Tudo piora quando o hospital nega alta a Joon e até proíbe Benny de visitá-la. Desesperado, sem saber o que fazer, Benny volta a pedir ajuda a Sam. Após mais algumas cenas de pastelão ao estilo Keaton para libertá-la, Joons volta para casa com Benny, que começa a entender não só as necessidades dela com também as suas próprias.

Por estranho que pareça, Johnny não foi a primeira escolha para intepretar Sam, embora, durante algum tempo, tenha achado que seria perfeito. Infelizmente, muitos críticos discordaram. Disseram que Depp corria o risco de ficar sempre preso a esse tipo de personagem esquisito que costuma interpretar, e que as tentativas de se livrar dessa tipificação tinham sido, na opinião deles, infelizes. O ator também se questionou sobre isso: "Será que só me identifico com personagens excêntricos e os aceito porque são o que encontrei de mais excêntrico?". Não, de jeito nenhum. "Só faço o que gosto. Mas admito que meu gosto sempre vai por esse caminho." E continua: "Me sinto bem mais confortável representando esses papéis. Eu me relaciono com eles melhor do que com personagens normais. Odeio coisas muito óbvias; simplesmente não consigo reagir ao óbvio".

Mesmo que não compartilhasse as dúvidas de seus críticos, eles ainda questionavam se o filme seria para ele. Seu personagem podia tranquilamente ter sido tirado de uma comédia-pastelão silenciosa de Buster Keaton. Talvez não surpreenda que o ator tenha flertado com a ideia de fazer Charlie

Chaplin no filme biográfico de Richard Attenborough, aquele que incluía Winona Ryder no papel de Paulette Goddard, a terceira esposa de Chaplin. E talvez por isso mesmo tenha recusado o papel, embora fosse uma experiência bem diferente daquela em que o casal atuou junto em *Edward Mãos de Tesoura*. Como a própria Winona diria, "eu trabalharia novamente com Johnny, mas naquele momento seria impraticável".

E o ator explica: "Eu não estava muito interessado em Chaplin. Fui me encontrar com Richard Attenborough já sabendo que eu não era a pessoa certa para o papel. Mas queria conhecê-lo. Desde o começo eu sabia que não era um papel para mim, não era fisicamente adequado. Robert (Downey Jr.) era perfeito. Ele até se parece um pouco com Chaplin e o construiu brilhantemente".

Não há razão para não concordar e, de qualquer maneira, Johnny não se arrepende de ter preferido o papel de Sam. Foi uma alternativa perfeita ao Chaplin. Mais importante foi a chance de trabalhar com Jeremiah Chechik, um diretor canadense que ainda não fazia parte da lista dos melhores de Hollywood. Era um daqueles que talvez não tivesse as mesmas restrições de um diretor já reconhecido. Depp tentava evitá-los desde que havia trabalhado com Oliver Stone em *Platoon*. Mas ele era também um daqueles diretores que o levaram a questionar sua própria atuação no filme.

Chechik se apaixonou não só pelo roteiro mas pelos personagens, desde o primeiro momento: "É simplesmente um romance entre duas pessoas estranhas que se conhecem e se apaixonam". E observa que a história "é universal porque o coração de todo ser humano tem potencial tanto para o sofrimento quanto para o prazer. Tem qualidade de fábula, mas é também bastante verossímil."

Ele também sabia que Johnny seria verossímil. Como poderia não ser? Quando os dois se conheceram, teve mais certeza ainda. Mas também "comecei a entender quanto ele contribuiu para o papel de *Edward Mãos de Tesoura*. Era tão expressivo emocionalmente, fazendo o que parecia ser quase nada. Era evidente que ele traria uma energia forte e original ao papel de Sam".

Johnny não foi o único membro do elenco a ser a segunda e até a terceira opção. A princípio, Chechik pensou em Tom Hanks para o papel de Sam e Julia Roberts para o de Joon. Só porque eram os nomes mais cotados da época em Hollywood. Mas quando Hanks e Roberts não deram certo, o estúdio, a MGM, aconselhou-o a escalar o casal Tim Robbins e Susan Sarandon, que tinha trabalhado com Kevin Costner no bem-sucedido *Sorte no Amor* (*Bull Durham*), de 1988. Mas eles também não deram certo. Por fim, definiram Johnny como Sam, Laura Dern como Joon e o meio novato Woody Harrelson, o afável barman da série *Cheers*, como Benny.

As filmagens deveriam começar em junho de 1993, quando duas pessoas do trio abandonaram a produção. Dern, que na época tinha sido indicada ao Oscar por seu papel em *Rose* (*Rambling Rose*), de 1991, não aceitou ser a terceira da lista sob dois nomes masculinos; e Harrelson estava negociando com o diretor Adrian Lyne para assumir o polêmico papel do marido de Demi Moore em *Proposta Indecente* (*Indecent Proposal*), estrelado por Robert Redford.

No que diz respeito à MGM, Harrelson estava rescindindo um contrato e atrasando a produção de um filme importante, e o estúdio não deixaria barato. O ator foi multado em 5 milhões de dólares e ameaçado com um processo se aceitasse qualquer outro papel no período em que deveria filmar *Benny e Joon*. Para complicar ainda mais, Harrelson contra-atacou, alegando que não podia trabalhar com Chechik.

Mas não convenceu a MGM, que incluiu no processo o que acreditava serem os reais motivos da saída do ator. "O sucesso súbito de Harrelson é o responsável pela tentativa de usar sua recente popularidade para descumprir compromissos atuais em favor de outro projeto que considera mais favorável." Por fim, Harrelson acabou fazendo o papel do marido arquiteto de Moore, David Murphy, no grande sucesso de bilheteria de Lyne.

Aidan Quinn, ainda alguns anos distante do *Lendas da Paixão* (*Legends of the Fall*) com Brad Pitt, e Mary Stuart Masterson de *Tomates Verdes Fritos* (*Fried Green Tomatoes*) foram convocados às pressas para preencher os papéis vagos enquanto o restante do elenco era reunido. Julianne Moore aceitou fazer a garçonete Ruthie, por quem Benny tinha uma queda. Outros papéis foram dados a C. C. H. Pounder, como a Dra. Garvey, conselheira de Joon, e Oliver Platt, Dan Hedaya e William Burch como os amigos de Benny.

A decisão definitiva de Chechik de convocar Quinn para fazer Benny, o irmão gentil e protetor, surpreendeu, mas deu certo. "Benny carrega o mundo nas costas", explicou Quinn. "Ele é a realidade nua e crua, enquanto os outros são os espíritos mágicos. Meu personagem é um homem muito correto."

Masterson, por sua vez, admite que o seu era um dos papéis mais interessantes que já fizera. E não só isso, mas no primeiro dia de filmagem "eu tinha acabado de me separar de meu marido e estava naquele estado de histeria que a gente fica quando tenta juntar os cacos. Quando Johnny chegou, a energia do lugar mudou. Ele tem algo de muito especial, é um espírito generoso".

Mais tarde ela confirmaria que foi "revelador fazer um personagem que tem a confiança em si mesmo abalada pela confusão mental que vive em seu dia a dia. Minhas próprias inseguranças vieram à tona. Mas o filme é basicamente uma história de amor. Algumas situações são universais, como amar uma pessoa e permitir que ela seja livre". É esse o tema, segundo ela, em torno do qual o filme se passa.

Mas nem para Johnny nem para Masterson foi fácil se preparar para os papéis. Tal como em *Edward Mãos de Tesoura,* Sam exigia que Johnny interagisse não só emocionalmente mas também fisicamente com seu personagem. O mímico, mágico e fã de filmes silenciosos Dan Kamin, foi recrutado para ensair e coreografar os trejeitos cômicos das lendas do cinema mudo que ajudaram a compor o personagem de Sam. Johnny confiava tanto em Kamin que o consultava nos mínimos detalhes. "Ele me deu dicas de movimentos", explicou. "Eu gostava das partes de comédia-pastelão, embora tenha me machucado um pouco."

Johnny enriqueceu sua pesquisa vendo muitos filmes da época, principalmente os de Keaton e Chaplin. "Como o estilo de comédia de Sam é mais físico do que verbal, parecido com o dos heróis dos filmes silenciosos, nos concentramos nesses movimentos", explicou Kamin. "Começamos com os truques de mágica, treinando destreza manual, e trabalhamos muito para imitar os tombos de Keaton. Os movimentos sutis foram os mais difíceis de captar, mas Johnny fez um trabalho excelente. Ele era muito corajoso e trabalhava com afinco os mínimos detalhes."

Em uma crítica memorável, Tom Hutchinson do *Mail on Sunday* resumiu a opinião geral ao definir o papel de Johnny como "o protetor pastelão de uma garota mentalmente doente; mais uma vez Depp define com sutileza seus personagens diferentes e excêntricos, que se tornaram sua especialidade. Deliciosamente bem representada, é uma fábula que emociona". O *Spectator* concorda, notando que Johnny é "curiosamente sério e não tão ingênuo e inocente quanto em *Edward Mãos de Tesoura* e *Cry-Baby*; ele é tudo isso neste filme, mas é também encantador. Um charme que não é forçado". É a mais pura verdade: *Benny e Joon* é um filme delicioso.

Embora o *Evening Standard* de Londres tenha dito que *Benny e Joon* é "excêntrico demais para ser traduzido em palavras", Johnny não ficou preocupado. "Não acho que eu esteja me limitando, porque só faço o que for verdade para mim. Esses personagens são muito mais normais do que as pessoas veem como normal. Esse tema está presente em tudo que faço porque tem a ver com essa gente que os ditos normais consideram 'maluca'. Talvez esses papéis me atraiam porque eu também sou um pouco anormal. Só não gosto de ser rotulado."

E ele ri, porque seu desabafo também justifica o trabalho que faria a seguir, o papel-título de *Gilbert Grape – Aprendiz de Sonhador* (*What's Eating Gilbert Grape?*), de Lassie Hallstrom, filme baseado no romance de Peter Hedges, de 1993.

É a história do personagem que cuida da mãe, do irmão e duas irmãs na casa que o pai deles construiu pouco antes de ser enforcado e "pendurado para secar" há 17 anos, em Endora, "onde nada acontece e nada acontecerá".

A mãe era "a garota mais bonita do lugar", mas agora é uma mulher imensa de 270 quilos, que não sai de casa há pelo menos sete anos e cujo excesso de peso ameaça a infraestrutura da casa em que eles moram. Arnie, o irmão caçula de Gilbert, tem problemas mentais; não se esperava que sobrevivesse à infância e pode morrer a qualquer momento. "Às vezes você não quer que ele morra. Às vezes quer." A irmã mais velha, Amy, cuida da casa e seu maior desejo é ter uma vida normal e ser feliz, e a mais nova, Ellen, tem 15 anos e acaba de tirar o aparelho dos dentes.

Os problemas de Gilbert, porém, vão muito além da família e se estendem aos amigos, empregados e fregueses. Ele trabalha na Lamsson Grosseries, que compete com o poderoso Foodmarket, na periferia da cidade, onde todo mundo faz compras. Ele tem um caso com Mrs. Betty Carver e seu melhor amigo,

Tucker, está animado com a chegada de uma famosa lanchonete que, segundo ele, é a melhor oportunidade de emprego em Endora desde muito tempo.

Esse universo fechado é invadido por Becky e sua avó, turistas que viajam em uma van e se veem encalhadas nesse fim de mundo com problemas mecânicos. Durante sua breve estada, Becky acaba se envolvendo na vida da comunidade e, é claro, com Gilbert. Na centro da trama, porém, está a indecisão de Gilbert: ou permanece leal às suas responsabilidades familiares ou corre atrás da liberdade e da felicidade – personificadas por Becky.

De um modo ou de outro, Gilbert está preso em Endora, explica Hedges sobre sua obra roteirizada. "Ele trabalha na mercearia e é sugado por todos: a família, os amigos e a amante. Mas nessa cidade chega uma moça que escancara tudo que está trancado dentro dele." O romance de Hedges tinha sido lançado havia poucos dias quando começou a receber telefonemas do diretor sueco Lasse Hallstrom, mais conhecido por *Minha Vida de Cachorro* (*Mitt Liv som Hund*), de 1985, e por ter se recusado a fazer o filme de Winona, *Minha Mãe é uma Sereia*, de 1990.

Hedges recorda que esse era "um dos meus filmes preferidos. Lasse daria um caráter muito mais humano aos personagens, enquanto outros diretores talvez os fizessem mais cômicos". E quando Hallstrom disse a ele quem gostaria que interpretasse o papel-título, Hedges ficou ainda mais entusiasmado. "Gilbert é um observador, ele reage ao filme, e Johnny Depp era o ator perfeito." E Hallstrom completa: "Ele tem a sensibilidade que Gilbert Grape exige". Hedges concorda. Johnny chamara sua atenção em *Edward Mãos de Tesoura* e em *Benny e Joon*, e imediatamente achou que era a opção certa. "Ele meio que não para de escolher personagens feios. Se, por um lado, é dono de uma incrível beleza física, por outro não faz a menor questão de ser bonito. A primeira vez que o vi, ele chegou para a reunião com os cabelos compridos, ficou quieto, muito tímido, e nos mostrou alguns truques de mágica. Daí eu pensei, ele pode ser Gilbert".

À medida que Johnny entrava no personagem, via que "Gilbert Grape tinha que abandonar seus sonhos em favor das circunstâncias. Ele não expressa sua agressividade porque tem deveres e responsabilidades para com a família. Para conviver consigo mesmo, vive meio entorpecido para não se deixar afetar por tudo". Muito mais importante para a criação do personagem, admite Johnny, foram "as coisas que aconteceram em minha vida e encontraram paralelo na vida de Gilbert".

Representar o rapaz de uma cidade pequena que cuida da mãe e do irmão deficiente mental era, em vários aspectos, voltar à sua própria infância: o divórcio dos pais, cuidar da mãe sofredora e receber do pai os cheques da pensão. "É muito pesado representar o que está próximo da sua realidade, mas às vezes não dá para evitar. Você se identifica com o personagem. Não quer dizer que você se transforme nele, porque não acredito nisso."

Não acreditava também na desordem emocional que a separação de Winona provocava. Embora não parecesse afetar sua atuação, foi uma de suas épocas mais difíceis no cinema: "Eu me envenenava o tempo todo: bebia, comia mal, não dormia, fumava muito. Foi uma fase péssima, muito solitária".

Mesmo assim, Johnny se jogou de cabeça no papel. Teve até os dentes lascados e reparados. Prometeu que no estúdio tingiria os cabelos de vermelho em homenagem ao amigo Bones, que corajosamente apagou as chamas que atingiram seu rosto, ainda na adolescência.

Johnny explica que "Gilbert parecia ser um sujeito como outro qualquer, mas o que me interessava é o que existia por baixo, a agressividade e a raiva que ele esconde e só às vezes consegue demonstrar. Sei o que ele sente por estar preso àquele lugar, que pode ser tanto emocional como geográfico. Entendo a vontade que ele tem de sumir, de tudo e de todos, e começar uma vida nova".

Desse ponto de vista, não é difícil avaliar a atração do filme e do personagem. Para Johnny, era como se "em determinado momento Gilbert começasse a morrer por dentro, um suicídio lento, martirizado pela família, por ser um pai substituto – até da própria mãe. Esse tipo de lealdade começa por amor, mas pode se voltar contra você quando o amor e a devoção se transformam em ressentimento, em culpa e na perda de si mesmo, que é a pior coisa que pode acontecer a alguém – porque você começa a odiar os outros pelo que faz a si mesmo".

Tão instintiva quanto a escolha de Johnny para fazer Gilbert foi a de Leonardo DiCaprio para o papel do irmão, Arnie, um deficiente mental. "Eu queria alguém que não fosse bonito", lembra-se Hallstrom. "Mas de todos os atores que testei, Leonard foi quem mais se destacou."

DiCaprio começou a trabalhar aos 14 anos em comerciais e anúncios de utilidade pública, antes de entrar no que Johnny denominava "a maldita televisão", para fazer o Luke, um menino de rua da série *Growing Pains*. Logo depois foi para o cinema, e embora ainda estivesse longe de se firmar em papéis românticos, como na versão de 1996 de *Romeu e Julieta*, de William Shakespeare, e dois anos depois no *Titanic*, de James Cameron, sua atuação em *O Despertar de um Homem* (*This Boy's Life*), ao lado de Robert De Niro, revelou-o como uma promessa.

DiCaprio saiu-se tão bem em *Aprendiz de Sonhador* que por pouco não criou outra tipificação, não só o adolescente problemático, mas o adolescente *muito* problemático. E foi indicado merecidamente ao Oscar de Melhor Ator Coadjuvante, em 1994.

Mas nada disso foi fácil. O próprio DiCaprio explica que "foi uma das coisas mais difíceis que já fiz. Tive que pesquisar muito e entrar na mente de quem tem esse tipo de deficiência. Passei vários dias num lar de adolescentes mentalmente prejudicados. Nós conversávamos, e eu observava o gestual deles. As pessoas tendem a achar que as crianças com problemas mentais são loucas, mas não são. É revitalizador estar com elas, porque para elas tudo é novidade. São muito espontâneas, focadas no que está diante delas, no que estão vivendo naquele momento. Foi divertido fazer o Arnie, porque tudo era muito espontâneo".

Hallstrom também percebeu o foco. Ele se lembra especialmente de um garoto autista que se tornou modelo de papel para DiCaprio. O ator confirma: "Roubei muitos gestos dele e os assumi como meus. E desenvolvi ainda mais o personagem acrescentando os gestos de outras pessoas que conheci".

O produtor-executivo Alan C. Blomquist concorda plenamente. "O Arnie de Leonardo tem aquelas qualidades infantis de liberdade, abertura e sinceridade. É o contraponto perfeito para o Gilbert de Johnny, que leva a vida tão a sério." Para alguns, Leonardo rouba todas as cenas do filme, as de Johnny, inclusive.

Depp e DiCaprio foram a combinação perfeita. Na locação em Austin, Texas, DiCaprio se lembra da relação fraternal tanto diante das câmeras quanto longe delas. Ele afirma que era importante "sermos unha e carne. Irmãos não precisam necessariamente conversar para se entender. Podem só estar juntos em uma sala, sentindo-se perfeitamente à vontade".

Johnny se parecia muito com Gilbert de várias maneiras, e DiCaprio explica como: "Não era nada que ele fizesse. Acontecia naturalmente. Eu não entendia direito o que se passava, porque não era um grande drama emocional que acontecia no *set* todos os dias, mas sutilezas que eu percebia nele. Há um elemento em Johnny que é extremamente belo, tranquilo, e ao mesmo tempo é difícil de se decifrar. Mas é o que o torna tão interessante".

Uma dessas coisas, DiCaprio explica, é que Depp "adorava ver minhas expressões faciais quando eu sentia o cheiro de alguma coisa podre, como favo de mel velho, um ovo podre ou salsicha em lata. Ele me dava para cheirar e eu fazia aquela cara. No fim, me enchi e comecei a cobrar por cada cheirada. Ganhei uns 500 dólares".

Uma vez, foi Johnny quem cheirou. Aconteceu quando ele sentiu o cheiro do controle remoto, que tinha ido parar dentro da vagina da namorada de Gibby Haynes, seu amigo e guitarrista da banda. "Ele fez uma cara muito engraçada", conta Haynes. Johnny admite abertamente que foi "um cheirador dos bons".

Aos poucos, o resto do elenco foi tomando forma ao redor de Johnny e DiCaprio. Juliette Lewis, mais conhecida na época por seu papel em *Maridos e Esposas* (*Husbands and Wives*), de Woody Allen, faz a moça por quem Johnny se interessa. Mas, diferentemente de Depp e DiCaprio, ela não se envolveu com ninguém durante as filmagens. Mesmo quando fazia as cenas com Johnny, não era diferente. "Nunca chegamos a conversar. Trabalhei com ele, mas não tenho a menor ideia de como ele é. Quando estou trabalhando, eu só trabalho. Tenho como objetivo fazer o melhor possível e não sair para dançar ou fazer aquelas bobagens todas."

No momento, isso significava se concentrar na personagem Becky, a turista da van que fica presa com a avó em Endora e se apaixona por Gilbert. "Eu quis fazer uma Becky muito tranquila. Não queria inventar nem fazer um monte de caretas ou enlouquecer, porque ela é assim no filme. Então decidi ser calma e lógica. Minha cabeça funciona como um computador. Leio as cenas e sei exatamente o que fazer. É automático. Não precisei fazer um monte de coisas para caracterizá-la."

Darlene Cates também não fez, embora por outros motivos. Ela pesava realmente 270 quilos e ganhou o papel quase que por acaso. Hedges a conheceu em um *talk show* sobre obesidade e problemas associados, e embora não fosse atriz profissional, era perfeita para o papel. Não só pela gordura, mas pela compreensão que teve do personagem.

Cates revela que, àquela altura, "eu não saía de casa havia cinco anos, então comecei a fazer cursos por correspondência para tirar o diploma do ensino médio. Foi quando soube que seria avó pela primeira vez e quis estar presente no parto. Só por isso, participei do programa. Pensei que seria só mais uma em um pequeno grupo de pessoas, mas há muita gente como eu por aí".

Sua cena mais difícil foi quando a mãe de Gilbert sai de casa, pela primeira vez, em sete anos e ele a leva de carro à delegacia de polícia, para tirar Arnie da cela. A última escapadela do garoto tinha deixado a polícia e o serviço de emergência numa situação difícil, por não saberem o que fazer com ele, e para sua própria segurança o prenderam numa cela. A mãe de Gilbert fica louca da vida e invade a delegacia, exigindo que o garoto seja solto imediatamente. É claro que ninguém discute. Nem mesmo Gerry, o policial em serviço. Com Arnie novamente com a família, eles saem como entraram – juntos, assistidos por curiosos que pararam tudo para ver espetáculo.

Cates garante que a cena "foi perfeita para mim. Depois precisei de um tempo, porque tive uma crise de choro. Mas muita coisa naquele filme tem a ver comigo. Uma parte essencial da história é mostrar às pessoas quanto preconceito e crueldade os obesos sofrem. Espero que o filme tenha ajudado a mudar essa atitude, a tornar as pessoas mais tolerantes".

Certamente, era o que ela esperava que acontecesse. "A mãe expressa um sentimento de todos os obesos: o de não ser aceito. Fico feliz por não me sentir mais assim. Descobri que tenho algo a oferecer, como qualquer pessoa. O segredo é ter paciência até Deus apontar o caminho."

No que diz respeito às críticas, muitas delas acharam que Johnny esteve perfeito no papel. Richard Corliss do *Entertainment Weekly* foi um dos mais elogiosos. "DiCaprio e Cates dão autenticidade aos respectivos papéis, e Depp, como sempre, é a estrela mais discreta. Aqui, como em *Edward Mãos de Tesoura* e *Benny e Joon*, ele está maravilhoso na tela."

Mas nem todos pensaram assim. Quentin Curtis escreve no *Independent on Sunday* que é uma "repetição de sua melancólica comédia *Benny e Joon*, desta vez num fim de mundo qualquer com um garoto perturbado para tomar conta". A crítica do *Sunday Times*, Anne Bilson, foi mais além, observando que Johnny "poderia ser o próximo Tom Cruise, não fossem suas escolhas intencionalmente não comerciais". A revista *Sky* acrescenta: "Johnny evitou um estereótipo, mas desta vez o perigo foi outro: será que ainda vai representar malucos aos 40 anos de idade?".

Mas nada disso o deixou preocupado. "Tenho muita sorte. Essas pessoas dizem que gosto de papéis esquisitos, mas por sorte não tenho nenhum tipo definido. É importante mudar. Não aceito muita coisa, como ser alguém que se leva tão a sério que se faz passar por um artista torturado. Acho que todo mundo tem seus sofrimentos, e o ator não sofre mais do que ninguém."

O fato é que ele não precisava desse inferno e se sentiria muito mal se fosse precisar dele. Mas o que Johnny ainda não sabia nessa época é que logo subestimaria a força de suas próprias emoções. Provavelmente mais do que jamais imaginou ser possível.

Pesadelo em Sunset Boulevard

Desde a adolescência temo ser um fracassado, um cara sem talento, sem ambição. Não importa quanto dinheiro eu ganhe como ator, não consigo me livrar dessa imagem de mim mesmo como um joão-ninguém.

Há momentos na vida de todos em que, de repente e sem motivo, tudo começa a dar errado. Na noite de Halloween de 1993, Johnny chegou mais perto disso do que nunca, quando um dos mais promissores jovens astros de Hollywood morreu de *overdose* na calçada de seu bar, The Viper Room.

Em pouco mais de 12 anos, River Phoenix havia se firmado como um dos mais importantes atores de sua geração e o menos provável de integrar o rol das celebridades mortas prematuramente. Sua infância ao lado de pais pouco convencionais tinha tudo para sugerir o contrário. Por várias vezes, as corajosas manifestações contra o perigo das drogas pesadas e suas atitudes em relação a elas só fizeram confirmar sua aversão a qualquer tipo de droga. Foi assim que conquistou o respeito e a admiração de fãs no mundo todo, deixando de ser um artista adolescente para se tornar um ícone cultural.

Phoenix passava o menor tempo possível em Hollywood. Da mesma maneira que seus amigos Keanu Reeves e Winona Ryder procuravam se preservar da excessiva publicidade na cidade do glamour, Phoenix fazia o mesmo, a ponto de deplorar, segundo suas próprias palavras, "as más influências e os valores superficiais".

Não só os fãs, mas toda a Hollywood, procuram entender até hoje a morte do ator. Nem mesmo um leitor ocasional das manchetes de tabloides imaginaria que Phoenix fosse alguém que se envolveria em problemas desse tipo.

Ninguém poderia imaginar que um filho de pais hippies – alguém com ideais tão utópicos que não comia carne, peixes ou laticínios, que fazia campanhas em prol do meio ambiente, como a preservação de florestas tropicais e o tratamento mais humano de animais, que não usava couro e tipicamente preferia fugir dos holofotes da fama – fosse morrer de *overdose*. Era simplesmente inadmissível.

Situado na esquina da Larabee Street com a Sunset Boulevard, o bar de Johnny, em sociedade com o astro do rock Chuck W. Weiss, existia desde o final de 1993. Os dois reformaram o pequeno local e o transformaram no que Johnny imaginava ser um bar clandestino da década de 1920, tipicamente decorado. Até as vendedoras de cigarros remetiam àquele período.

Assim como a pequena pista de dança, rodeada por compartimentos com mesas igualmente pequenos. Um deles estava sempre reservado ao empresário de Johnny, Tracey Jacobs, marcado com uma placa dourada onde se lia "Não Estrague". O pequeno palco acomodava Johnny e seus amigos músicos nas frequentes *jam sessions* informais. Várias delas, ele se lembra, foram com a banda de Phoenix, Aleka's Attic, que se apresentou na noite em que Phoenix morreu, vítima da mesma mistura de drogas que havia matado John Belushi 11 anos antes.

Para o jovem ator, a noite daquele sábado tinha começado muito antes, em sua suíte do Nikko Hotel, a oeste de Los Angeles. O serviço de quarto foi testemunha do caos em que se encontrava – música muito alta e Phoenix aparentemente intoxicado pelo excesso de drogas e álcool.

Mas ele não se preocupou. Como também não se preocuparam seus amigos, Samantha Mathis, a namorada e parceira em seu último filme *Um Sonho, Dois Amores* (*The Thing Called Love*); seu irmão Leaf, a irmã Rain e Flea, o guitarrista do Red Hot Chili Peppers. Phoenix talvez tenha se preocupado com o estado em que ficaria no dia seguinte, enquanto cruzava a cidade sacudindo no banco de trás de seu carro.

Aconteceu logo depois que ele chegou ao The Viper Room. Mal conseguia parar em pé, segundo uma garçonete, "tropeçando e caindo por cima das coisas. Ele enrolava tanto a língua que mal se entendia o que dizia". Mas as bebidas não paravam de chegar.

Embora ninguém saiba ao certo o que aconteceu em seguida, dizem que o ator foi para um quartinho atrás do palco e consumiu o que é conhecido como *speedball*, um coquetel letal de cocaína e heroína. Em seguida, voltou para a mesa e começou a vomitar. Foi quando os amigos o levaram ao banheiro para se limpar. Lá, jogaram água fria em seu rosto, para que ele parasse de tremer. Mas não funcionou. Quando voltaram para a mesa, ficou evidente que Phoenix estava prestes a se tornar mais uma vítima de *overdose*. "Ele estava completamente dopado", observou um dos presentes. "Tava na cara que ia ter alguma coisa. Ele esbarrava nas mesas e caía por cima delas."

Como se não bastasse, começou a ter convulsões, caiu por cima da mesa e escorregou para baixo dela. O que mais assustava era a dificuldade para respirar. Ele não parecia melhor quando passou por Johnny, que tocava no palco, em direção à porta, levado por Samantha, Leaf e Rain para tomar ar. Em alguns minutos estaria morto. Phoenix sofreu um ataque violento na calçada. Segundo um fotógrafo que estava por perto, ele parecia "um peixe fora d'água, sacudindo-se como uma alga gelatinosa".

O mais espantoso, continua ele, é que "as pessoas passavam e não paravam para ajudar". Afinal, era noite de Halloween, quando todo mundo desfilava pelas ruas fantasiado de vítima de atropelamento ou cortado ao meio por pranchas de surfe. A única diferença é que aquela cena na calçada do Viper Room era real, embora os transeuntes a ignorassem, como se fosse mais uma brincadeira de Halloween.

Foi então que Leaf entrou em pânico, voltou correndo para o Viper Room, pegou o telefone e chamou a emergência, suplicando que mandassem o serviço de resgate com urgência. Após a tragédia, a mesma mensagem foi repetidamente divulgada pelo rádio e pela televisão. "Meu irmão está tendo convulsões", Leaf soluçava. "Acho que foi Valium, não sei. Venham logo, por favor, porque ele está morrendo." Infelizmente, já era tarde de mais. Quando o socorro chegou, poucos minutos depois, River Phoenix já tinha sofrido um ataque cardíaco fulminante. Faltavam nove minutos para as duas horas da madrugada, apenas três horas depois de ele ter entrado pela porta do bar de Johnny.

"Não houve nada mais catastrófico e dramático desde a morte de James Dean e Natalie Wood", declarou a colunista do *Variety,* Amy Arched. Suas palavras foram endossadas pelos tributos que rapidamente se acumularam na porta do Viper Room. "O rio (River) flui eternamente", lia-se em uma aquarela pendurada no altar improvisado na calçada, com velas perfumadas. "Um ser humano especial, que será lembrado para sempre", dizia o cartaz empunhado por uma adolescente com olhar vago, cercada por pessoas chorando. "Que tristeza! Um rapaz tão novo!", comentou um senhor Glasgow acompanhado de quatro garotas com bonés de beisebol.

"Ele tinha a capacidade de observar tudo que se passava a sua volta sem participar de nada", disse alguém. "Conseguia se isolar do que o rodeava." Mas nem todos foram solidários, como Rush Limbaugh, a anfitriã conservadora de um *talk show* de rádio e televisão. Ela chegou a condenar o destaque que a mídia deu ao caso. "Pela maneira como se divulgou a morte dele, parecia até que o presidente dos Estados Unidos tivesse sido assassinado... que perdemos um grande benfeitor da condição humana e social. Esse moço – basta ver o nome dele! – era filho de um casal de hippies drogados."

Não apenas Johnny, mas muita gente ficou indignada com o comentário. Talvez tenha sido por essa razão que ele não se pronunciou sobre o incidente. Pelo menos não imediatamente. "Ele chegou ao bar com sua guitarra. De um lado a guitarra, do outro a namorada. Veio para tocar e não para morrer – ninguém imagina que vai morrer. Ele queria se divertir. Sei que é perigoso, e é por isso que fico tão triste – primeiro por ele ter morrido, mas também por ele chegado com a guitarra. Ele não era um cara infeliz."

E para o amigo, o fato de Phoenix ter consumido drogas não passava de um erro grave e fatal, mas que ele podia entender. "Ele era um grande ator, uma ótima pessoa, um excelente ser humano. Tinha uma família linda, uma bela filosofia de vida e um futuro promissor. É por isso que brigo tanto com a imprensa. Não bastaria dizer que 'ele era um cara normal, mas estava num momento difícil e cometeu um erro. Isso pode acontecer com qualquer um. Tome cuidado!' Mas ninguém disse isso."

Ainda mais graves que as investidas da mídia para prejudicar Johnny foram as alegações de que ele havia contribuído para a morte de Phoenix por ter um bar como The Viper Room. Pior ainda, por manter um quartinho nos fundos para o consumo de drogas, do qual, insinuaram os jornais, o proprietário tinha pleno conhecimento. Como era de se esperar, ele não vacilou: "As pessoas especulam demais".

"Muita gente resolveu bancar o detetive e sair investigando para encontrar furos e vendê-los a jornais e revistas. As manchetes eram a mais pura ficção. Eram só tragédia e tristeza. Quantas vezes teríamos que ouvir a gravação daquele telefonema feito para a emergência? Quantas vezes veríamos publicadas as mesmas frases? Por quanto tempo Leaf ainda teria que ouvir a repetição daquele diálogo? Nos tornamos uma sociedade de caçadores de ambulância. Todo mundo só quer saber do que é ruim, ninguém se interessa pelas coisas boas... Estou neste negócio há dez anos, e dizer que abri um bar para que as pessoas se droguem, até no banheiro... Essa gente acha que sou louco? Será que pensam que vou jogar tudo para o alto, o futuro dos meus filhos, para que as pessoas se droguem no meu bar? Não tem cabimento!"

E Depp insiste: "A imprensa quis manchar a memória dele para aqueles que o amavam. Phoenix era um cara maravilhoso, mas que cometeu um erro grande e fatal. Qualquer um pode fazer o mesmo. O que aconteceu foi tão ruim que as acusações contra mim nem merecem resposta. Sim, eu estava lá naquela noite. Estava no meu bar. E, realmente, eu disse, 'não vou participar desse circo mórbido armado pelos malditos caçadores de ambulância. Eles que se danem!'."

Sal Jenco, amigo de infância de Johnny e agora administrador do Viper Room, teve que abafar outro escândalo quando Jason Donovan, ator de novelas de televisão, namorado de Kylie Minogue e seu antigo parceiro no selo PWKL Records, sofreu um desmaio, menos fatal, claro, em frente ao bar, repetindo a tragédia de River Phoenix. A diferença é que Donovan não morreu. Mas Jenco não se deixou atingir pelas violentas manchetes que se seguiram. O jornal britânico *News of the World*, por exemplo, chegou ao ponto de chamar o bar de "antro de sexo, drogas e mortes de Depp".

No fim de semana em que pipocaram acusações tão graves, as matérias não surtiram efeito. Afinal, Johnny jamais havia dito que no bar tinha muita droga e gente transando nas mesas. Mas defendeu The Viper Room com as seguintes palavras: "Esta é uma casa noturna, um lugar decente. A recepção da prefeita de West Hollywood foi aqui, santo Deus, por que eles não publicam isso? Porque só venderão revistas se a prefeita for fotografada com uma seringa espetada na nuca..."

Johnny era mais direto quando se tratava da popularidade do Viper Room. "Fez sucesso desde a inauguração. Nunca imaginei que seria assim. Achei que fosse um lugarzinho *underground* agradável, e só. Ele não chama a atenção de quem passa, não tem placa na Sunset. É uma casa pintada de preto e a única placa está na Larabee, uma plaquinha pequena; imaginei um lugar muito discreto.

"O que me deixa mais tranquilo foi tudo o que aconteceu depois daquele Halloween, da triste morte de River. Fechei as portas por duas semanas, de luto, para que as pessoas pudessem escrever mensagens e deixar flores. Isso foi muito bonito da parte delas. Eu sabia que durante algum tempo o lugar atrairia curiosos, ficaria cheio de fãs e turistas, essas bobagens. Por isso sumi um tempo. Os curiosos também desapareceram, e tudo voltou ao normal."

Johnny já se sentia bem melhor. Era fevereiro de 1994, quatro meses depois da morte de River Phoenix, quando um amigo lhe apresentou Kate Moss, a modelo magérrima do perfume Obsession de Calvin Klein e dos anúncios de Saint Laurent.

Ela visitava Nova York e foi ao Café Tebac em Manhattan. O ator também estava na cidade e tomava café no mesmo bistrô. "Não foi nada muito romântico", ele se lembra. "Ela estava com alguns amigos na mesa, e eu conhecia um deles." Então se juntou ao grupo. "Assim nos conhecemos e não nos separamos mais. Era bem divertido. Kate é uma moça inglesa muito simples que não deixou eu ficar me achando."

Kate Moss e Johnny Depp – outro casal que fez a alegria dos tabloides. Tanto quanto – talvez até mais que – Johnny e Winona. Embora Kate não fosse atriz nem a namoradinha perfeita, ganhou destaque entre as *top models* de sua geração – as outras eram Claudia Schiffer, Cindy Crawford e Naomi Campbell.

Nascida em Addiscombe, Surrey, em 16 de janeiro de 1974, quando Johnny tinha 11 anos, e criada em Croydon, outro subúrbio londrino. Kate foi descoberta aos 14 anos no Aeroporto John F. Kennedy, de Nova York, por Sara Doukas, a caça-talentos da Storm Model Agency. A agente quis representá-la imediatamente. Seria uma súbita reviravolta em sua vida, mas Kate aceitou. "Eu já tinha visto Doukas no programa *Clothes Show* e acreditei nela."

Embora a fama não lhe tenha sido dada de bandeja, ao menos bateu em sua porta. Dois anos depois desse encontro com Doukas, o mesmo ano em que Johnny e Winona se conheceram, a agência já tinha produzido bons resultados. Naquele verão, a revista britânica *The Face* procurava uma garota que definisse o *waif look* (magra demais) para a capa da próxima edição. E Kate era de fato raquítica. Até hoje a palavra "raquítica" é a que melhor a descreve.

Alguns chegaram a sugerir que essa foto, tirada por Corrine Day, da figura esquelética de Kate, incentivou a anorexia nervosa e outros distúrbios alimentares em jovens adolescentes que tentavam imitá-la. Esse tema passou a ocupar toda a mídia. Muito diferente de Winona, que mesmo pequena e delicada, arrastava atrás de si um bando de seguidoras saudáveis.

De repente, via-se Kate por toda parte. Em revistas, passarelas e *outdoors*. Até nos aviões. Uma conquista e tanto para uma modelo que já incluía em seu currículo trabalhos para celebridades como Chanel e Gianni Versace. Kate lembra: "Corrine me ligou um dia e disse, 'você nem imagina como é famosa. Seus seios estão exibidos em todos os ônibus'". Kate, ainda muito discreta, levou um susto.

Sem dúvida, ela preferia que a imprensa sensacionalista estivesse menos atenta aos comentários críticos que se seguiram. Quantas vezes teria que justificar sua aparência? Quantas vezes teria de explicar que seu metabolismo era muito acelerado? Ela ficou irritada quando a apelidaram de "a super-raquítica". Por fim, perdendo a paciência, reagiu: "Essa história de anorexia me deixa muito mal. Vão me chamar de raquítica pelo resto da vida? Eu odeio isso".

Muito mais prejudicial é que os colunistas de fofoca a culpavam por tudo que acontecia, desde a baixa autoestima das mulheres mais velhas ao aumento do abuso infantil, à queda nas taxas de câmbio, ao aquecimento global, à violência nos estádios...

Mais adiante, Johnny também reagiu às insistentes críticas à magreza de Kate. "Ela come muito bem. E come rápido. Por que punir alguém só porque tem bom metabolismo? Por digerir os alimentos melhor que os outros? Isso não faz sentido."

Kate concorda: "Estou saindo para jantar", ela escreveu na introdução de seu livro de fotos; "vou comer um bife bem grande e batatas assadas com muita manteiga". Não que isso fizesse muita diferença para a imprensa. "Bem que gostaríamos de acreditar, mas não dá para imaginar como tanta coisa caberia dentro dela. Mesmo que suas pernas fossem ocas, não haveria espaço para muito mais que uma batata frita."

Mas talvez tivesse relação com as imagens que adornavam as páginas de seu luxuoso livro de fotos. Estava tudo ali, das caminhadas despreocupadas de Kate em uma praia do México a uma luta de boxe imaginária em Nova York. Kate com cara de anos 1970, assustada, interessada, inocente, despreocupada, perseguida, glamourosa, feliz, sonolenta. Kate em *closes*, Kate ao longe. De calcinha, com boá de penas, precisando de um banho.

Talvez por ter alcançado o estrelato de maneira tão meteórica, ela não tenha perdido as qualidades que encantaram a primeira especialista em moda que a viu. "Kate Moss possui um instinto *fashion* brilhante, consistente e acurado", escreveu o colunista de moda do periódico britânico *Guardian*. "Ela interpreta como ninguém as ideias dos fotógrafos, é uma *trendsetter** excepcional, excelente modelo-artista. Ao folhear o livro dela, são admiráveis sua versatilidade e capacidade infinita e mutante de vestir uma roupa. É um talento fantástico."

Dois anos antes de receber esse elogio, surgiu uma oferta que catapultaria Kate da condição de simples modelo a uma genuína *top model*. Calvin Klein quis mostrá-la de *topless* ao lado Marky Mark em sua última campanha publicitária. Kate aceitou.

E, novamente, outra alfinetada. Desta vez não foram as objeções à sua aparência que tanto a atormentavam. Kate também foi vítima da fábrica de boatos. Algo que ela atribuiu ao fim de seu relacionamento com o fotógrafo Mario Sorrenti, meses antes de ela conhecer Johnny.

Os tabloides então passaram a rondar o novo casal, que tinha acabado de tornar pública a relação. Mas Johnny ficou tranquilo. Àquela altura, disse ele, "a imprensa fala tanta merda que nem ligo mais. Desde que não ofendam minha família ou alguém que eu ame, podem até dizer que tenho fetiche por anões pernetas que nem me importo".

---

* *Trendsetter* é quem sempre experimenta e inova nos *looks*, tornando um novo estilo mais popular, e por isso se torna referência na moda. (N. T.)

No fundo, porém, ele tinha uma única defesa: "Eu não falo sobre nós, e nem ela fala, porque não é da conta de ninguém. Vivemos numa sociedade que se alimenta de boatos, e se as pessoas querem ficar falando por aí sobre com quem eu saí, é porque têm tempo de sobra e deviam pensar sobre outras coisas. Ou se masturbar".

Kate, por sua vez, fazia o possível para não chamar a atenção. Mas reconhecia que não era fácil disfarçar o entusiasmo quando o assunto era seu novo amor. Nem mesmo para o *Daily Mail*. Quando a compararam a Winona, ela reagiu com raiva: "Não acredito! É diferente de tudo o que já me aconteceu. Eu soube imediatamente, soube que era diferente. Nunca senti nada parecido antes. Eu sabia que o tinha encontrado". E não só isso, mas também "eu tinha fantasias com ele antes mesmo de conhecê-lo!".

Novamente, as colunas de fofoca não deram trégua. E a diferença de idade entre Johnny e Kate era o assunto favorito, como havia sido com Johnny e Winona. Só que, desta vez, a diferença era maior.

Como, a princípio, o casal focava o lado mais lúdico da relação, os eternos observadores de Hollywood comparavam a preferência mútua por parques de diversão ao fascínio por poesia e literatura *beat* que Johnny havia compartilhado com Winona. O ator confessou: "nós adoramos brinquedos velozes como a Montanha Mágica, mas precisamos chegar muito cedo, senão vamos passar o dia dando autógrafos".

"Eu sabia, desde a primeira vez que conversamos, que ficaríamos juntos", Kate admitiu mais tarde. O casal passou os primeiros meses sem se afastar um do outro. Quando ela completou 21 anos, Johnny deu uma festa surpresa no The Viper Room, decorado com rosas naturais e balões de ar. Gloria Gainor cantou "I Will Survive". Um clone de Elvis fez dupla com Thelma Houston, e Johnny subiu ao palco para tocar com o vocalista do INXS, Michael Hutchence.

Nascido em Sydney, em 20 de janeiro de 1960, Hutchence tinha três anos a mais que Depp. Filho mais velho de um comerciante e uma ex-modelo, também como o ator ele teve uma infância nômade. Aos 4 anos, mudou-se com a família para Hong Kong e só voltou a Sydney com 12 anos de idade. Aos 15, seus pais se separaram, e Michael foi com a mãe para Los Angeles, onde morou por um ano. Logo depois voltou para Sydney, onde reuniu seus amigos e montou uma banda chamada INXS. Isso foi por volta de 1979. Embora reconhecido como bom músico e vocalista, também ficou famoso pela declaração grosseira e tantas vezes repetida de que Kylie Minogue era a melhor foda do mundo.

A primeira aparição em público de Johnny e Kate foi na Smashbox Studios, em Los Angeles, onde o ator lançou seu curta-metragem sobre os perigos das drogas, para um público de 800 pessoas em evento beneficente patrocinado pela *Vogue* para o Programa de Resistência ao Abuso de Drogas.

Bunter tinha o mesmo formato de utilidade pública dos curtas promocionais que ele fizera na época de *Anjos da Lei*, e do documentário de 15 minutos de perguntas e respostas sobre AIDS em que ele aparecia com Winona, feito pela produtora de vídeo de sua mãe.

Essa foi mais uma oportunidade de usar suas experiências pessoais para pedir aos jovens que evitassem as drogas a qualquer custo. Segundo a *Esquire*, o filme era um "mergulho repugnante e perigoso ao mundo das drogas pesadas". E questionava o próprio Johnny por admitir já ter usado drogas. Com a tragédia de River Phoenix ainda fresca na memória, talvez ninguém imaginasse quanto essa morte o afetava até ele começar a falar.

"Isso já ficou para trás", ele garantiu. "Fui insultado pela imprensa e me vi na obrigação de me defender. Não fiz nada errado. Já tinha feito um filme antidrogas, e espero que os jovens tenham aprendido alguma coisa com ele, que as drogas não são uma libertação. Existem outras maneiras de se libertar, como ler livros, pintar ou escrever."

Algumas semanas depois desse evento, Johnny e Kate foram novamente vistos, desta vez em férias na ilha caribenha de St. Barts. Em outra ocasião, enquanto o ator escrevia o roteiro de *O Bravo* (*The Brave*), eles estiveram no Mustique com Noel Gallagher e sua então namorada e futura esposa, Meg Mathews. Antes disso, o casal foi visto no Fez Club de Manhattan, para assistir a uma apresentação de Johnny Cash. E no mesmo dia em que terminou de filmar *Don Juan DeMarco*, ele tomou um avião para Paris a fim de assistir ao desfile de Kate e a eventos de alta costura. Nessa ocasião, ela o presenteou com um chocalho redondo de platina e pérolas negras. E ganhou um colar de diamantes. O casal não conseguia, revelou um dos presentes, desgrudar as mãos, as bocas e as pernas um do outro.

Pode ser. Mas Johnny também confessou que uma preferência constante eram os os pés. Ao menos foi o que ele disse à revista *FHM*: "Os pés são muito, muito importantes. Estão lá no topo da lista, talvez ocupem a segunda posição. Para mim, um pé feio tem unha comprida no dedão. Me lembro das unhas dos pés da minha avó. Ela era uma Cherokee puro-sangue. Ela tinha unhas muito compridas e curvas como castanhas de caju. Unhas compridas são horríveis, não consigo nem pensar. A imagem é terrível. Os pés dizem muito. Uma garota que não cuida dos pés tem problemas em qualquer outra parte".

Com pés bonitos ou não, "Ela deve ser muito legal", disse Sarah Jessica Parker, a parceira de Johnny em *Ed Wood*, referindo-se a Kate. "Parto desse princípio porque não consigo imaginar Johnny perdendo tempo com alguém que não seja tão legal quanto ele."

"Ele é incorruptível", concorda Faye Dunaway, a protagonista de *Um Sonho Americano*. "Acredita no amor em sua forma mais pura. Johnny cultiva esses valores de uma maneira instintiva. Não foram elaborados em sua cabeça. Acho lindo que ele acredite no amor."

Mas nem todos concordavam. Tally Chanel, a atriz de filmes-B que Depp havia conhecido em julho de 1990, tinha um conceito muito mais negativo de Kate e a responsabilizava pelos ataques destemperados do ator. "Johnny precisa ter uma cúmplice para criar problemas, e é óbvio que Kate tem muito a ver com seu comportamento recente."

Uma dessas ocasiões foi no Mark Hotel, de Nova York, alguns meses depois de o casal se conhecer. "Eu diria que minha hospedagem nesse hotel não foi das mais confortáveis", foi como Johnny se expressou em algumas coletivas de imprensa para divulgar *Ed Wood*.

As dificuldades começaram já no *check-in*. Ele estava irritado porque não tinha conseguido se hospedar no The Carlyle, como sempre fazia. E não porque a suíte presidencial do Mark não estivesse disponível. Longe disso. Do ponto de vista de Johnny, o segurança noturno Jim Keegan foi o principal responsável por tudo que aconteceu. O que acabou se comprovando mais tarde.

"O sujeito parecia não suportar Johnny", lembra-se Jonathan Shaw, o amigo e tatuador. E talvez tenha contribuído o fato de "Johnny estar de jeans e casaco de couro, e não em trajes formais como todo mundo". Johnny concorda totalmente. "O sujeito já estava meio alterado e resolveu 'tirar uma da cara daquela celebridade'. Eu eu não lido muito bem com isso."

Kate também estava na cidade e se hospedou com Johnny nesse hotel desde a segunda-feira até as primeiras horas de terça. Era muito cedo ainda, nem tinha amanhecido, e algo aconteceu que mudaria o perfil público do ator – e sua imagem – para sempre.

Na suíte ao lado do casal estava Roger Daltrey, vocalista da banda The Who, que nos anos 1960 era tão famoso não só como cantor, mas também por destruir quartos de hotel. Isso não o impediu de ligar para a recepção reclamando do barulho no quarto ao lado. A única diferença, Johnny explicou mais tarde, é que o Who teria feito pior "e ainda seria aplaudido. E eu acabei sendo preso. A idade é mesmo uma coisa fantástica, não? Keith Moon teria sentido vergonha dele... Mas provavelmente não seria a primeira vez que se envergonharia dele".

Seja como for, a reclamação bastou para mandarem Keegan investigar. Johnny se lembra de que o segurança já estava muito nervoso desde o começo do confronto. O homem havia monitorado todos os seus movimentos, desde que chegou ao hotel. "O cara devia ter bebido muito café naquela noite", Johnny riu ao se lembrar. "Ele estava muito nervoso e resolveu me chamar a atenção de uma maneira que achei totalmente desnecessária."

Depp explica: "Se entro num antiquário, me abaixo para olhar um objeto e acidentalmente derrubo outro da prateleira, mesmo que ele custe 3 mil dólares, eu pago. Se derrubo um copo, quebro um espelho, seja o que for, eu pago. Eu assumo as minhas dívidas. Só isso".

Mas, de acordo com Keegan, não foi só isso. Ele reclamou do que viu na Suíte Presidencial e instruiu Johnny a deixar o quarto – e o hotel – imediatamente. Se não o fizesse, chamaria a polícia. Johnny se desculpou, disse que pagaria o prejuízo e certamente não viu necessidade de deixar o hotel. Keegan cumpriu sua palavra e chamou a polícia. Trinta minutos depois, Johnny saiu do hotel escoltado por três policiais do 19º DP – algemado.

Nas 48 horas que se seguiram, Johnny ficou detido em três celas diferentes da delegacia, e nos "túmulos" atrás do Quartel Central da Polícia de Nova York, onde logo foi cercado por um bando de policiais femininas. Todas menos uma. A policial Eileen Perez, que não ficou nada impressionada com sua presença. "Acho que ela não gosta de mim", ele brincou, "mas aposto que, se me visse num supermercado, pediria um autógrafo."

Talvez pedisse mesmo. E no boletim de ocorrência, Keegan enumerou dez itens quebrados: duas gravuras emolduradas do século XVII, uma lâmpada de cabeceira de porcelana, um vaso chinês, um vidro de escrivaninha, as pernas da mesinha de centro, as prateleiras de livros, um vaso, a cadeira vermelha da escrivaninha e o carpete queimado por pontas de cigarro.

O advogado criminal de Nova York e defensor de Johnny, David Breitbart, disse que "a indenização por danos que eles pediram incluía também o que ele deveria pagar por duas diárias antes e três depois do incidente". Até Marlon Brando se envolveu. Segundo Breitbart, "ele se preocupou com o bem-estar de Johnny e se ofereceu para ajudar no que fosse preciso". O mais interessante é que nem Keegan nem o gerente do hotel, Raymond Bickson, jamais comentaram o caso. Nem mesmo com a imprensa.

Johnny não nega o incidente, mas tem uma explicação. "Não foi uma boa noite para mim. Não quero justificar o que fiz nem nada disso, porque era propriedade alheia e é preciso respeitá-la. Mas a gente é humano e perde a cabeça."

É claro que a imprensa foi um problema a mais. As fotos da prisão de Johnny que ilustraram as primeiras páginas reforçaram a imagem do monstro vindo dos infernos. E, novamente, os fofoqueiros sabiam de tudo e jamais se enganavam. O ator justifica seu comportamento alegando que "estava estressado. Sou humano e sinto raiva como qualquer pessoa. Estava aborrecido e perdi a cabeça. Grande coisa! Foi só um móvel quebrado. De repente me vejo em todos os jornais, como se aquilo fosse mais importante que a invasão do Haiti. Em primeiro lugar, a gente tem o direito de ser humano. Em segundo, de ter emoção, e em terceiro, de ter vida privada". Parece que vida privada simplesmente não existe.

Betty Sue, a mãe dele, agora casada com seu terceiro marido, Robert Palmer, ficou indignada. "Ela não gostou de me ver algemado na televisão, porque me conhece e sabe que sou uma boa pessoa." Ela também não gostou de como Johnny estava vestido, muito menos do chapéu verde de tricô e dos óculos escuros. "Ela disse que tinha me ensinado a me vestir melhor." Mas John Waters, diretor de Johnny em *Quem não Chora...* discorda.

"Ele estava bem nas fotos da prisão. Adorei as algemas – elas sempre impressionam. O astro de cinema criminoso é uma excelente imagem para Johnny. O sucesso do quarto de hotel destruído pode ser calculado pelo número de coisas quebradas dividido pelos centímetros de colunas publicadas". Pior foram os comentários que seus sobrinhos adolescentes ouviram na escola. Amigos e colegas, todos comentavam: "Esse seu tio Johnny é um doido varrido".

Mesmo que, para Depp, "eles vão aprender a viver com isso", a pressão continuou após o incidente no Mark Hotel. Na verdade, aumentou. Seu suposto passado com drogas e álcool voltou a ser notícia. Agora mais que nunca, por ser incluído no rol das celebridades destruidoras de hotel, desde que Beethoven atirou uma cadeira pela janela de um hotel em Viena.

Sem falar na breve participação de Leonardo DiCaprio no filme *Celebridade*, de Woody Allen, de 1998, representando um ídolo adolescente que discute com sua namorada e destrói um quarto de hotel. Para muitos, essa cena foi uma representação do incidente no Mark Hotel.

Se foi ou não, para Johnny "agora eles podem dizer que têm uma materiazinha, uma migalha de matéria. Podem dizer 'pegamos Johnny Depp'. Os hotéis são a minha casa. Moro mais em hotéis do que moro em casa. Se fosse com você, não teria acontecido nada. Eles bateriam na porta do seu quarto e perguntariam: 'O que está acontecendo aqui?' e você diria: 'Sinto muito, eu assumo os prejuízos'".

Comentando o aspecto negativo do incidente, Faye Dunaway concorda: "Às vezes você perde a paciência e se revolta contra a autoridade, e o Mark se aproveitou disso para conseguir publicidade. Que vergonha! Se fosse comigo, eu teria destruído a recepção. Eles deveriam se dar por felizes por Johnny não ter feito isso".

Mais tarde, Depp acharia tudo um absurdo. Principalmente ao se dar conta de que "fui para a cadeia por quebrar uma moldura e um abajur!". Quanto aos jornais terem dito que ele estava bêbado e tinha brigado feio com Kate, "é mentira. Mas, sabe, digamos que aquele sujeito ali no bar teve um dia difícil e precisava descontar em alguma coisa. Ele dá murros na parede, chuta uma coisa, derruba outra. Pô, eu sou normal, eu quero ser normal. Mas não sei por que não me deixam. Por que não posso ser humano? Sou um sujeito cheio de amor para dar, mas também sinto muita raiva. Se eu amo alguém, amo de paixão. Se estou com raiva e quero ofender ou bater em alguém, faço isso sem me importar com o que possam pensar".

É claro que o episódio do Mark Hotel não foi a única vez que Johnny desrespeitou uma autoridade. Seu passado é recheado de lapsos de comportamento similares. Mas por que, ele se pergunta, "eu tenho de ser diferente do lixeiro ou do cara que vende sorvete na esquina? Por que não posso ser humano, ser emocional como qualquer pessoa?".

"Porque nós vivemos em uma sociedade de caçadores de ambulância. Onde prevalece essa mentalidade arbitrária de querer expor a sujeira de todo mundo. Você nunca vai ler num tabloide que Johnny Depp é uma boa pessoa, porque isso não é interessante."

Johnny tem razão. Todo mundo soube que ele foi retirado, totalmente alcoolizado, do alto de um estacionamento de cinco andares em Beverly Center, Los Angeles, junto com Nicholas Cage; que cuspiu fogo; que foi visto berrando com Kate no salão de jantar do Royalton Hotel, em Nova York. E quando filmava *Anjos da Lei* em Vancouver, em 1989, supostamente agrediu um segurança, mas a queixa foi retirada.

Johnny confirma que deve ter sido mesmo. Era tarde da noite quando foi visitar alguns amigos em um hotel onde já tinha se hospedado. Embora conhecesse os funcionários, o segurança resolveu impedi-lo de entrar. "Ele era um grandalhão com cara feia, e começou a gritar comigo: 'Sei quem você é, e só pode entrar aqui se for hóspede'. O erro dele foi ter encostado a mão em mim. Eu o empurrei, a gente se pegou e cuspi na cara dele."

Na mesma época, Johnny e Gibby Haiunes viram a moto de alguém estacionada na entrada da casa de Sherilyn Fenn, roubaram o capacete, lambuzaram-no de tinta, inclusive o visor, e devolveram com um recado irônico. Embora não tenha sido nada inofensivo, foi de muito mau gosto.

Mas de vez em quando ele perdia o controle. O ator se lembra de uma noite de bebedeira com Iggy Pop em que ele quebrou uma janela da Lone Star Roadhouse, na 52nd Street, em Nova York. Os cacos de vidro feriram uma mulher, que o processou. E também nesse mesmo ano foi multado duas vezes, uma por atravessar a rua fora da faixa em Beverly Hills, e a outra por discutir com um guarda de trânsito que o mandou apagar o cigarro. Ele não apagou, e o guarda o agarrou pelo punho até o cigarro cair da mão. Mas acendeu outro. "Depois disso, me lembro de ter sido algemado e trancado em uma cela por algumas horas. Essa gente não me assusta. Só me deixa irritado. Te deixam com aquela sensação de que você não pode fazer nada." Mas ele acredita que pode, sim. "Não dou a mínima pra eles." E acrescenta: "Conheci alguns policiais que acompanhavam os episódios de *Starky e Hutch*".

Em outra ocasião, quando Depp tomava um *drink* no Globe, em Londres, o fotógrafo Jonathan Walpode, descendente direto de Sir Robert Walpole, contou ao *Evening Standard* que, sem querer, pegou o copo de Johnny e bebeu um gole. "Ele agarrou minhas orelhas e puxou com força. Eu disse a ele que não era assim que as pessoas se cumprimentavam na Inglaterra. Então o macaco saltou nas minhas costas, me agarrou pelo pescoço e tentou bater minha cabeça no chão."

Mais tarde, a revista *Icon* publicou que o ator quase arrancou as orelhas de Walpole "que pediu várias vezes um cigarro ao amigo de Kate Moss e bebeu do copo dela". Não era a primeira vez que suas atitudes eram mal interpretadas. Segundo um amigo, "Johnny é como é".

Sarah Jessica Parker, sua parceira em *Ed Wood,* foi mais delicada. "Johnny é um espírito sábio e não dá atenção a coisas que não têm importância. Ele se volta para dentro para refletir, e não para se isolar. É uma pessoa gentil, delicada. E quando leio o que os jornais escrevem sobre ele, é como se falassem de uma outra pessoa totalmente diferente."

Desde o pesadelo do Mark Hotel e dos boatos que ainda circulavam em Hollywood sobre a morte de River Phoenix, há quem garanta que, por muito pouco, Johnny não tomou o mesmo caminho da autodestruição. Mas ele discorda: "Houve épocas em que eu não estava bem, não me importava com nada e bebia até perder a noção. Tudo bem fazer isso por um tempo, mas quando se torna um meio de vida, não é bom. Você tenta repetir aquele barato que sentia aos 14 ou 15 anos, quando tomava porres, queimava fumo e transava com as meninas, e era tudo ótimo – mas não vai encontrar nunca. Nunca mais tem a mesma sensação".

Foram mais difíceis os anos "que passei procurando uma saída e não encontrei saída nenhuma. Só os meus demônios. O álcool e as drogas libertam esses demônios, abrem as portas para que eles saiam".

Durante um tempo a imprensa só falava do escândalo no Mark Hotel. Isso até Johnny oferecer aos jornais uma variação do que tinha acontecido no interior da Suíte Presidencial, quando seu senso de humor e sua ironia falaram mais alto.

Ele teria dito ao *Sunday Times*: "Eu estava sentado no sofá do quarto do hotel quando um dachshund* saltou de dentro do armário. Achei que fosse meu dever pegar o animal. Corri atrás dele por 20 minutos, mas ele não cooperou. No fim, acabei saltando pela janela e fui pego em flagrante". Na entrevista que deu à revista *Empire*, a sequência de fatos foi ainda mais fantástica. "Acho que foi um tatu. Senti que era um tatu. Mas podia ser um elefante."

O que quer que tenha dito, Johnny sofreu outro revés quando foi buscar seus pertences no Mark Hotel para se registrar no habitual The Carlyle, agora com vagas, pelo resto de sua permanência na cidade. Mas ele não esperava encontrar a autobiografia de Marlon Brando, que estava lendo, toda rabiscada – e, segundo ele, por alguém do Mark Hotel.

"Vá se foder, Johnny Depp", foi a primeira mensagem que ele encontrou ao folhear o livro de 168 páginas. E havia muitas outras mensagens como "Seu babaca!", ou "Odeio você". Isso era o fim; a coisa tinha ido longe demais. É compreensível que Johnny ficasse furioso. Porém mais importante do que o incidente, ele decidiu, era preciso superar aquilo com o mínimo de estrago.

Até elaborou um plano para evitar a publicidade quando voltou a tocar com sua banda Pee, ou simplesmente "P". Os cinco integrantes – Shane McGowan, Gibby Haines, Bill Carter, Sal Jenco e Johnny Depp – deveriam assinar contrato com a Capitol Records da EMI, em meados de 1995, para

* Dachshund, raça do cachorro que é popularmente conhecido como "salsicha". (N. T.)

gravar o primeiro disco e lançá-lo exatamente um ano depois. A informação, embora prematura, prometia.

"Com títulos como 'Michael Stipe', 'White Man Sings the Blues' e 'I Save Cigarrette Butts', de Daniel Johnson, o álbum cimenta a estrada do rock'n'roll para o P com quatro faixas irreverentes, impetuosas, ásperas e vigorosas. Entre a irônica 'Dancing Queen' do Abba e a desafiadora 'Oklahoma', a competência musical de Carter e a impulsividade de Haynes se misturam à guitarra líquida de Depp e à percussão cinética de Jenco numa fusão volátil."

E contribuindo para o legado musical britânico, o amigo do ator, Noel Gallagher, do Oasis, convidou-o para participar de seu último disco, *Be Here Now*. Depp "é um dos melhores guitarristas que conheço", Gallagher declara até hoje: "Por isso o chamamos para fazer o solo de guitarra em 'Fade In-Out', porque eu não ia conseguir. Depois, quando ensaiamos para a turnê, levei seis meses para descobrir o que ele tinha tocado".

Se, acima de tudo, tocar com a banda P ou com o Oasis serviu para reforçar e até relembrar os dons musicais de Johnny, seus dois próximos papéis no cinema foram, simultaneamente, os mais polêmicos e desafiadores de todos os que tinha feito até então.

Papéis Arriscados

Os fracassados sempre me atraíram. Nunca entrei no jogo de Hollywood só para ganhar. Só faço o que quero e, se for bom para minha carreira, ótimo. Se não for, paciência. Não quero ser escravo do sucesso.

Esperava-se que Johnny voltasse a se unir a Tim Burton em um novo projeto de filme. E que Burton o escalasse para o papel-título. O diretor explica: "Me sinto muito próximo a Johnny porque acho que, de alguma maneira, temos reações similares, e foi uma chance de nos aproximarmos um pouco mais desde *Edward Mãos de Tesoura*".

Ed Wood, o fantástico filme biográfico de Edward D. Wood Jr., o charlatão otimista, o travesti ocasional apelidado de o pior cineasta do mundo, caiu como uma luva para a peculiar sensibilidade de Burton, da mesma maneira que o papel-título foi criado especialmente para Depp. Denise Di Novi, a produtora do ator desde *Edward*, concorda: "Como Johnny, Ed Wood também era um homem bonito e delicado. E Johnny é um ator que aceita correr o risco de dar a esses personagens excêntricos o tratamento especial e a dignidade que eles merecem".

Antes do início dos trabalhos, a Columbia, que já tinha dado andamento ao projeto, guardou-o na geladeira quando Burton exigiu total licença criativa para filmar... em preto e branco. Para o estúdio, foi a gota d'água. Um mês antes de as filmagens efetivamente começarem, Warners, Paramount e Fox se declararam interessadas no filme. Burton não deu importância e simplesmente cruzou a cidade em direção à Disney, que se dispôs a investir respeitáveis 18 milhões de dólares no projeto.

Não era a primeira vez que a Columbia desistia de um projeto de Burton. Antes de *Ed Wood*, Burton havia sido escalado para dirigir uma adaptação do romance de Valerie Martin, *Mary Reilly*, tendo no papel-título sua atriz favorita de *Beetlejuice* e *Edward Mãos de Tesoura*, a ex-noiva de Johnny, Winona Ryder. Era uma excelente versão do clássico de Robert Louis Stevenson, *O Médico e o Monstro*, narrada por uma criada da casa, mas a Columbia afastou tanto Burton como Winona do projeto.

"O que aconteceu é que o estúdio tinha pressa", lembrou Burton. "Antes eu podia decidir as coisas com calma, mas em Hollywood você é levado pela loucura comercial. Eles querem o filme e ponto final." O caldo entornou quando o estúdio, exasperado com o que interpretou como displicência por parte de Burton, disse que havia outros cinco diretores interessados no projeto e, se ele não começasse logo, algum deles o faria.

Talvez só quisessem pressioná-lo, mas acabaram afastando-o definitivamente. Burton se lembra de ter ficado muito aborrecido com o episódio e fez questão de deixar isso bem claro: "Bom, se vocês têm mais cinco pessoas para fazer o filme, vão em frente".

Hoje, Burton reconhece que "me tiraram do projeto porque eles o queriam de uma determinada maneira", e ele via de outra. Mas não foi essa a única razão para desistir de algo que lhe interessava tanto. "Eles também queriam Julia Roberts no lugar de Winona", o que acabou acontecendo quando Stephen Frears assumiu a direção.

Burton e Winona ficaram bastante decepcionados, mas ele não teve muito tempo para se lamentar: *Ed Wood* já estava ali à sua espera. O diretor abraçou imediatamente a ideia apresentada por Larry Karaszewski e Scott Alexander, roteiristas de *O Pestinha* (*Problem Child*), que pensavam em escrever um filme sobre Wood desde a faculdade de cinema, quando dividiam o dormitório da universidade, na Califórnia. Irritados por serem vistos somente como autores de filmes para crianças, eles escreveram um pré-roteiro e o mostraram ao diretor Michael Lehmann, de *Heathers*, com quem passavam muito tempo juntos na universidade. Lehmann, por sua vez, mostrou-o à produtora de *Heathers*, Denise Di Novi, que imediatamente redigiu um contrato para Lehmann dirigir e ela própria produzir o filme, em parceria com Burton.

Liberado de *Mary Reilly*, Burton passou a se interessar por *Ed Wood*, mas só se o filme fosse feito o mais rápido possível. Karaszewski e Alexander se debruçaram sobre o roteiro e em seis semanas o entregaram a Burton. Ele leu o primeiro rascunho e achou ótimo como estava; não quis que nada fosse alterado ou reescrito. Algo raro de acontecer.

Wood, o cineasta de clássicos cult como *Glen or Glenda, Bride of the Monster* e, o pior de todos, *Plan 9 from Outer Space*, morreu em 1978 aos 54 anos, pobre e esquecido. O mais triste é que só postumamente, no início dos 1980, ele ganhou o *status* de lenda. Quando as gravadoras de vídeo começaram a libertar os espectadores da tirania dos programas de televisão, os filmes de Ed Wood passaram a ser admirados como *cult*, e o diretor conquistou um lugar permanente nas páginas do livro de Michael e Harry Medved, *The Golden Turkey Awards*, onde recebeu a dúbia honraria de o "Pior cineasta de todos os tempos".

Nascido em Poughkeepsie, New York, em 1924, Wood aspirava ser o próximo Orson Welles, mas jamais chegou nem perto. Famoso por se vestir de mulher, por gostar de suéteres Angorá e ter uma personalidade envolvente, Wood reuniu um estranho grupo de admiradores e seguidores – sua namorada Dolores Fuller, a apresentadora de filmes de terror na televisão Vampira (nome artístico de Maila Nurmi), o lutador sueco Tor Johnson e o médium e místico Criswell. Todos acreditavam que um dia Ed os tornaria famosos.

Wood conheceu seu ídolo Bela Lugosi em 1953, o imigrante húngaro e famoso astro de *Drácula* na versão da Universal de 1930. Passados 20 anos desse clássico do terror, Lugosi caiu na obscuridade, tornou-se viciado em morfina e, quando Wood o descobriu, vendia caixões em uma funerária. Wood não desanimou e prometeu revitalizar a carreira de Lugosi através de seus filmes. Em seguida, encaixou-o em *Glen or Glenda*, um conto autobiográfico de um homem que se vestia de mulher, representado pelo próprio Wood, sob o pseudônimo de Daniel Davis, e em *Bride of the Monster*. Os poucos quadros filmados de Lugosi saindo de casa antes de morrer foram incluídos no pior filme de Wood, *Plan 9 from Outer Space*, com o qual ele pretendia firmar seu nome como cineasta. E foi o que aconteceu, mas por outras razões.

O roteiro de Karaszewski e Alexander gira em torno da vida de Wood através de três filmes e foca seu relacionamento com Lugosi. Burton reconhece alguma semelhança em sua amizade com Vincent Price, e explica: "Alguma coisa na relação de Wood com Bela Lugosi me agradava muito.

Wood o ajudou no final da vida e, sem saber por que, eu me liguei a eles no mesmo nível que me uni a Vincent Price, meus sentimentos por ele. Conhecer Vincent teve um impacto tremendo sobre mim, o mesmo que Ed deve ter sentido ao conhecer e trabalhar com seu ídolo".

O primeiro ator escolhido foi Johnny Depp, para quem Burton ligou no momento que soube da aprovação do projeto. Johnny se lembra que "Tim me pediu para encontrá-lo imediatamente no Formosa Café". Vinte minutos depois, eles conversavam sobre o filme bebendo cerveja no bar. E em cinco minutos, continua Johnny, "eu aceitei. Aceitei de olhos fechados. Já conhecia os filmes de Wood, e não existia ninguém melhor do que Tim para contar essa história. A paixão dele passou a ser a minha paixão. Já recusei alguns papéis e depois me arrependi, acho que me arrependeria muito se não aceitasse esse".

Não foi fácil para Johnny se preparar para o papel. Tanto que ele admite ter sido o mais difícil que já fez. "Nunca antes tinha representado uma pessoa real, e sabia que seria muito diferente das minhas atuações anteriores com personagens fictícios." E explicou: "É uma tolice um cineasta dizer que acertou 100% ao tentar mostrar a vida de alguém". Desde o início, "Tim e os roteiristas quiseram captar um ícone real de Hollywood, e conseguiram. Não é exploração, mas uma homenagem. Uma homenagem real e estranha, mas ainda assim respeitável".

Igualmente difícil foi a falta de material visual disponível que Johnny pudesse usar. Além da participação de Wood no filme *Glen or Glenda*, algumas raras tomadas mudas nos bastidores e poucas fotos em preto e branco, e só. Mais de uma vez Johnny precisou confiar na intuição e na imaginação de como seria Wood na realidade. Mas nada disso o impediu de se jogar de cabeça no papel.

"Eu lia tudo o que me caía nas mãos. Era perfeitamente compreensível que detalhes da vida de Wood fossem um pouco obscuros. Tim quis apreender o espírito dele, e foi o que tentei mostrar. Eu assistia aos filmes e depois juntava aquelas diferentes personalidades na minha cabeça. Quis mostrá-lo não só como uma pessoa otimista e inocente, mas também como um excelente *showman*. Um homem que adorava fazer filmes. Sua vida era fazer filmes; Ed não desanimava por nada deste mundo." Com Johnny, aconteceu a mesma coisa. Sua atuação como Ed Wood é considerada por muitos a mais completa e teatral.

Aos poucos, o restante do elenco foi tomando forma em torno de Johnny. Recrutaram Martin Landau para interpretar Bela Lugosi; Bill Murray foi Bunny Breckinridge, o amigo de Wood que se vestia de mulher; Jeffrey Jones, também presente em *Beetlejuice*, foi escolhido para o papel de Criswell; Lisa Maria, ex-modelo e na época namorada de Burton, fez a Vampira; e o lutador George Steele, o "Animal", tornou-se Tor Johnson, um lutador sueco; Sarah Jessica Parker fez Dolores, a namorada de Wood; e Patricia Arquette é Kathy, a esposa de Ed. Mais uma vez, Burton conseguiu reunir no elenco excelentes talentos.

Sem dúvida, essa é uma de suas especialidades. Com exceção de Johnny, "eu queria alguns conhecidos e outros desconhecidos. Procurei misturar todo tipo de gente, como se nota nos filmes de Ed Wood. Queria que o filme tivesse uma energia própria", como tinham *Beetlejuice* e *Edward Mãos de Tesoura*. Para Burton, a estranheza é boa, é aceitável e dá certo. Uma de suas convicções mais sólidas é que as convenções de Hollywood existem para serem quebradas, e a plateia adora vê-las quebradas, desde que se divirta. Nesse sentido, *Ed Wood* não foi diferente.

Fora do círculo dos colegas de trabalho, Johnny foi considerado inadequado para o papel. Circulavam boatos em Hollywood de que ele tinha levado sua pesquisa para o papel muito além do suportável. Mas Scott Alexander garante que ele usava roupas íntimas femininas e suéteres Angorá como parte de uma rotina diária de preparação para o papel. Johnny contou a Alexander que também arrancava pelos dos mamilos e os enrolava distraidamente, enquanto andava de um lado para o outro.

Para Burton, isso acontecia porque "Ed se vestia de mulher em algumas partes do filmes; quem se veste de mulher é sempre um alvo fácil, mas Johnny era tão convincente que perdia toda a graça quando tirava as roupas. A propósito, ele ficava ótimo de mulher".

Outros atores também tinham se vestido de mulher. Os mais notáveis foram Robin Williams em *Uma Babá Quase Perfeita* (*Mrs. Doubtfire*) e Dustin Hoffman em *Tootsie*, de 1982. A diferença é que ambos já eram artistas consagrados quando fizeram os filmes e provavelmente não se preocuparam com as possíveis consequências. Johnny também não se preocupou. Sua atuação, vestido de mulher ou não, agradou a plateias e críticos quando o filme foi lançado.

Landau foi outro que nada temeu. "Quando fiz um homossexual em *Intriga Internacional*, de Hitchcock, me perguntaram se eu não tinha medo que pensassem que eu fosse gay. 'É claro que não', respondi." Johnny também não se importava: "Você tem que se sentir confortável. Se não, não deveria ser ator".

Antes de começarem as filmagens, Johnny se lembra de ter recebido "uma caixa da Finishing School de Miss Vera, de Nova York, onde os homens aprendem a se vestir e se portar como mulher. Além de outras coisas, eram livros e fotografias. E uma carta onde se lia: 'Soubemos que você fará esse filme e podemos ajudá-lo a se tornar uma mulher'. Cheguei a pensar em ir até lá e investigar o que eles faziam".

Segundo a figurinista Collen Atwood, isso não foi necessário. Apesar do desafio de transformar o jovem ator do momento em atriz, ela soube exatamente o que fazer. "Quando Ed está vestido de homem, ele usa camisa, calça escura e gravata básicas. Então, quando se veste de mulher, a diferença é óbvia. Quando ele é mulher, usamos enchimento nos quadris e no busto. E Johnny fica muito bem assim. A primeira vez que ele vestiu o suéter Angorá, todo mundo achou o máximo!"

Mas o ator ainda não estava convencido quando comentou que estranhava representar vestido de mulher. "A primeira vez que me olhei no espelho, me achei a mulher mais horrível do mundo. Fiquei imenso naquelas roupas. Enorme!" Mas o que ele não esperava era que logo se sentiria tão à vontade que até pôde entender melhor o personagem. "Era confortável demais! Até assustador! Só fiquei mais incomodado quando tive que fazer um *striptease*, e não pelo que os espectadores poderiam pensar. Eu estragaria tudo se ficasse constrangido. E estou andando de salto alto cada vez melhor.

"Uso combinação, lingerie, cinta-liga e uns sutiãs incríveis. E adoro suéter Angorá. Rapaz, é muito macio! Eu saía com uma garota quando era adolescente que tinha um suéter Angorá. Quando terminamos, senti mais pelo suéter do que por ela."

Patricia Arquette deu algumas dicas de como ele devia se despir. "Ele não tirava a roupa na frente de qualquer um. Johnny energizava todo mundo no estúdio.

Ele e Tim eram uma força propulsora. Em nossas cenas mais íntimas, ele entrava no papel e não saía por várias horas. Eu não sou tão disciplinada. Tenho ataques de riso em cena, mas Johnny fica sério o tempo todo." Por fim, Depp admitiu que "era muito divertido ter 30 anos, vestir-se de mulher, entrar naquele estúdio, dar ordens a todos aqueles carpinteiros toscos e vê-los tão constrangidos".

A atenção aos detalhes foi essencial. Para o cenógrafo Tom Duffield, o maior desafio era criar estúdios rudimentares como os usados por Wood, embora cada um custasse muito mais do que Wood teria gasto em todos os seus filmes juntos. "A maior dificuldade é que nada podia ser bonito. O que não era possível encontrar, tinha de ser construído. Ed montava os cenários com objetos baratos que ele ia juntando, mas os nossos eram todos artesanais, feitos sob medida e muito caros."

Também não foi fácil para Burton enfatizar a natureza biográfica do filme e reunir elementos em 68 locações diferentes, muitas delas caminhos percorridos por Wood. "Foi uma loucura", lembra-se Johnny. "A gente filmava nas locações mais desconfortáveis, claustrofóbicas e mal ventiladas de Hollywood. Minha adrenalina ia a mil, e todos davam 200% de si nas cenas". Nesse sentido, foi a criação mais coletiva da qual ele já participou. "Não sei se já trabalhei em algum filme onde todos fossem tão unidos."

A segunda mulher de Wood, Kathy, não poupou elogios ao filme e, particularmente, à atuação de Johnny. Eles se conheceram no *set* de filmagem. Depp lembra que ficou muito nervoso quando soube que ela o assistiria representar seu marido. "Mas foi muito importante para o papel. Ela me deu a carteira e a agenda telefônica de Edward. Fiquei desconcertado e não sabia o que fazer com aquilo. Mas ajuda muito conhecer alguém que viveu com a pessoa que você representa no filme. A carteira e a agenda foram muito importantes para a composição do papel."

Com esse elogio tão caloroso, o ator ficou ansioso para ver o filme terminado. Pela primeira vez, gostou do que viu na tela. "Fiquei animado porque foi uma grande experiência. Todo o trabalho foi uma despedida das coisas ruins que eu já tinha feito".

O mais importante é que, mais tarde, Johnny admitiu que "Ed era uma pessoa que não tinha medo de aproveitar as chances e fez exatamente o que quis fazer. Fez o melhor que pode com o que tinha à mão e conseguiu criar imagens surreais em momentos geniais. Seus filmes são ele, são genuínos. Espero que Ed seja lembrado como um artista". E não só isso: "Gostei de fazer um filme que é uma declaração de amor a Ed, para limpar toda a sujeira com que mancharam seu nome". E foi com esse pensamento que ele representou o papel.

Alguns meses após o lançamento, Depp, a Disney e os demais produtores fizeram uma campanha por uma estrela para Ed na Calçada da Fama. "Acho importante que Ed tenha uma estrela". Quando soube que havia uma disponível ao lado da estrela de Bela Lugosi, comentou: "Melhor, impossível".

Ed Wood estreou nos Estados Unidos em outubro de 1994 com uma arrecadação medíocre, apesar das críticas excelentes. O crítico da *Entertainment Weekly,* Richard Collins, escreveu que Johnny era um "ator exemplar; ele sorri heroicamente diante de tanta humilhação". A revista *Première* concorda: "Depp faz um Wood inocente, iludido pelo cinema. É outro *Edward Mãos de Tesoura*. O filme inteiro ele exibe um sorriso petrificado". O *Village Voice* disse a mesma coisa e acrescenta que o filme é "impecável – mas tão chato quanto outras produções de Burton".

Ed Wood foi o terceiro filme que rendeu a Johnny Depp uma indicação ao Globo de Ouro, novamente como Melhor Ator Cômico. E em 1995, o filme recebeu dois Oscars, um de Melhor Maquiagem e outro de Melhor Ator para Martin Landau, pelo papel como Bela Lugosi.

Coincidência ou não, sete meses depois Depp compraria a casa de Lugosi, *O Castelo*, como é chamado hoje, por 2,3 milhões de dólares. A casa está em um terreno de 2,5 acres perto da Sunset Strip, em Hollywood, e tem mais de 800 metros quadrados de área construída entre muros e portões.

"É uma casa maravilhosa", Johnny festeja. "Lugosi viveu ali nos anos 40 e uma parte de *O Mágico de Oz* foi filmada lá – fica muito mais interessante conhecendo esses detalhes. Adoro a casa, que tem um design bem estranho, uma arquitetura muito diferente. É um castelinho no meio de Hollywood. Infelizmente, passo pouco tempo lá." Mas Mr. Pink está sempre presente.

"Ele é um amigo meu que mora na casa e cuida da propriedade. Não sei por que tem esse nome. É Mr. Pink há 25 anos. Talvez faça sentido, porque ele trabalhou para o Pink Floyd. É uma excelente pessoa. Se eu morasse lá sozinho, a casa estaria destruída. Teriam de chamar a vigilância sanitária. É impossível cuidar daquilo tudo sozinho. Mr. Pink é indispensável, um bom amigo que cuida de tudo."

Mas ele não mora sozinho. Mais adiante, o ator quis uma decoração diferente para o jardim, e em 1997 encontrou o que queria: um gorila amarelo com mais de 2 metros de altura. "Ele veio de *Medo e Delírio*", Johnny se diverte. "Na barriga dele está escrito: 'Você pode correr, mas não pode se esconder'. Me apaixonei assim que o vi; quem não se apaixonaria por um gorila daquele tamanho? E pensei: 'Tenho uma ideia. Vou espantar aqueles malditos vizinhos que vivem reclamando da obra e das folhas no jardim deles'."

E continua: "Eles são uns chatos, uns xeretas. A equipe de operários do filme tinha construído o gorila com o dedo médio erguido (conhecido sinal) e uma ereção gigantesca. Depois mandei instalar uma bomba d'água para ele mijar dentro de um balde. Os vizinhos não reclamaram porque sabiam o que ele estava fazendo lá. Agora não está mais virado para a varanda onde eles tomam café de manhã. Está no fim da entrada de carros, de modo que quem chega encontra um gorila enorme com uma ereção gigantesca – bem-vindo à casa do Johnny".

Além de Mr. Pink, há também o Moo, o pitbull terrier do ator, presente de Kate. "Ele não morde. Há muita propaganda contra pitbulls, mas depende do dono. E eu não mordo muito forte. Sinto falta dele quando estou fora. Tenho também dois rottweilers, o Red e o Black. Então somos Moo, Pink, Red, Black e eu. Ainda não tenho um nome colorido, mas estou procurando."

Depois de *Ed Wood*, Johnny filmaria *Don Juan DeMarco*, que prometia ser tão barulhento quanto o anterior havia sido afrontoso. A ideia era de Jeremy Levin, cujo roteiro de 1990 se baseava no personagem mítico de Lord Byron. Ele explica: "Eu queria fazer um filme sobre mulheres, amor, romance e sexo. Então procurei saber se já existia algum filme sobre Don Juan. Não havia nenhum".

E continua: "O livro de Byron é muito extenso, tem muita política, mas cenas absolutamente maravilhosas. Me apropriei livremente de algumas delas e as adaptei a um roteiro com outro foco". E esse outro foco eram suas experiências pessoais como psicoterapeuta e seu fascínio por Don Juan.

Nascido e criado em Woodbridge, Connecticut, a carreira de Levin se definiu já na escola primária, por gostar de escrever. Mais tarde, ele publicou dois romances, *Creator* e *Satan: His Psychotherapy and Cure, by The Unfortunate Dr Kassler, JSPS*, e fundou o grupo de teatro satírico The Proposition, que dirigiu em Cambridge durante dez anos, e mais quatro na Broadway. No anos seguintes, foi diretor de televisão, professor da Harvard, psicólogo em hospital público e em clínica até 1980, quando começou a escrever e dirigir filmes, adaptando para as telas seus romances *Creator* e *Playing for Keeps*.

No roteiro de *Don Juan DeMarco*, ele apresenta o psiquiatra Jack Mickler (Marlon Brando) como o catalizador da exploração da área cinzenta entre a fantasia e a realidade. Após passar quase 30 anos ouvindo, encorajando e desvendando o sofrimento alheio, pouco lhe restou para oferecer aos colegas e à sua sofredora esposa, representada por Faye Dunaway. Ele é um homem sem emoções à espera da aposentadoria.

Até *Don Juan DeMarco* lhe oferecer o caso mais instigante e fascinante de toda sua vida profissional. As histórias de amor e paixão que DeMarco relata são tudo o que Mickler precisa para resgatar sua ética profissional e o casamento desgastado.

A sequência inicial não perde tempo apresentando o personagem principal, um jovem que se equilibra precariamente em uma estreita passarela no alto de um *outdoor*, a 12 metros da rua. Com o rosto escondido por uma máscara, enrolado em uma capa esvoaçante e erguendo um sabre, ele se diz Don Juan (Depp), o maior amante do mundo e sedutor de pelo menos 1.500 mulheres. Mas ele está desolado, e tem motivos para isso.

Apesar de ter tido tantas mulheres, a única que ele verdadeiramente amou o rejeita. Convencido de que não lhe resta mais nada, o suicídio parece ser a melhor opção. Até que o dr. Mickler invade sua raiva contida e sua autopiedade, e consegue o que os policiais não conseguiram: convencer o maluco a desistir de sua mania suicida.

Embora esteja a um passo da aposentadoria, Mickler logo descobre que não tem nada a perder se dedicar dez dias de diagnóstico e tratamento ao paciente desiludido. Mas ele logo se vê envolvido pelas histórias de seu paciente, que nada mais são além de selvagens aventuras eróticas: desde a infância em uma pequena cidade do México a uma viagem à Arábia, onde ele é secretamente levado para um harém, e um naufrágio que o atira em uma ilha deserta para encontrar seu verdadeiro amor. Mesmo assim, ele é rejeitado por admitir abertamente seu passado promíscuo.

Não é preciso dizer que Mickler é levado pelo enredo de paixões, amores e romances de DeMarco – belamente fotografado em sequências de *flashback* coloridas – e, graças às revelações de seu paciente, restaura seu casamento já desgastado.

Levin confirma que *Don Juan DeMarco* é um filme leve, uma fantasia. E quem seria melhor no papel-título que Johnny? Na época em que o roteiro estava sendo finalizado, o diretor ainda não sabia quem faria o papel. "Eu soube que Johnny gostaria de fazer, e o Don Juan que Depp representa é perdidamente apaixonado pelo amor. Se Don Juan é real ou não, não tem a menor importância, mas ele provoca uma tremenda transformação em Mickler."

Imediatamente, muita gente concorda que o belo rosto de Johnny é bem latino para Don Juan. Mark Salisbury, da revista *Empire*, concorda plenamente. "É o papel feito para Depp; sua beleza e o olhar inocente são os ingredientes perfeitos para a sedução e a conquista".

Embora Johnny já tivesse se comprometido com *Don Juan DeMarco*, ainda havia um último obstáculo: ele só faria o filme se Marlon Brando fizesse o psiquiatra. Levin ficou preocupado. "Achei que o projeto tinha ido por água abaixo, mas levei um susto quando Marlon mandou dizer que estava, sim, interessado."

E soube também que Johnny tinha adorado o roteiro. "É um texto incrível", o ator declara até hoje. "Os diálogos de meu personagem são poéticos e belos. O desafio era criar um personagem que fosse nobre e orgulhoso, mas amável. Eu tinha que criar alguém com muita autoestima, mas que está perdido."

Outra coisa: se Johnny tinha que ter um herói, um deus pessoal, essa pessoa só podia ser Brando. Mais importante, o astro também era o ator preferido de Johnny, e ter a chance de trabalhar ao lado dele era a realização de um sonho. Isso não quer dizer que só o nome de Johnny não fosse suficiente para acender a luz verde para o filme. Longe disso. O que não se sabia é se ele teria força para atrair um ator da reputação de Brando para o que poderia ser considerado um filme tipicamente estereotipado do excêntrico Johnny Depp. Mas parece que teve.

Brando, sempre tão polêmico em seus 40 anos de carreira, tinha feito 35 filmes e influenciado grande parte do carisma de Depp, tanto quanto James Dean e Elvis Presley. Indicado sete vezes para o Oscar de Melhor Ator, ganhou duas vezes, uma em 1954, por *Sindicato de Ladrões*, e novamente em 1972, pela notável interpretação como Vito Corleone em *O Poderoso Chefão*, de Francis Ford Coppola. Com isso, criou uma obra que prima pela integridade, desde *Uma Rua Chamada Desejo*, *Viva Zapata!* e *Júlio César* até *O Selvagem*, *O Grande Motim*, o polêmico *Último Tango em Paris* e, certamente, sua participação de 15 minutos em *Superman, o Filme*, com Christopher Reeves.

Também inspirada foi a convocação de Faye Dunaway para o papel central de esposa de Brando. Ela também era apaixonada pelo ator. "Ele é um ídolo, um sonho. É um mito para os atores de todo o mundo. E Johnny vem logo atrás."

"Fiquei animadíssimo quando soube que trabalharia com Marlon e Faye", diz Johnny. "São atores incríveis. Tive o privilégio de atuar ao lado deles e aprender." Caso tenha se sentido inseguro por algum motivo, após algumas horas de tensão, o nervosismo e talvez o sentimento de garoto-estrela do Kentucky logo despareceram. "Me joguei de cabeça. Eu estava muito nervoso a caminho da casa dele, mas assim que o vi, no mesmo instante, como num passe de mágica, ele me deixou à vontade quando disse 'Olá!'. E então se transformou no cara maravilhoso com quem trabalhei. Ele é o maior de todos os motivos para eu ter feito o filme."

Isso também foi notado pelo produtor Patrick Palmer. "Vamos ser claros: nós tínhamos o ator mais talentoso com mais de 60 anos, o ator mais talentoso com menos de 30 e uma das atrizes mais elogiadas de Hollywood."

Ele tem razão. Tanto que as críticas ao filme não teriam sido melhores se Levin as escrevesse. "Eu queria que *Don Juan* fosse sobre muitas coisas – sobre o que é importante na vida, a ligação entre as pessoas. É uma história sobre um recomeço de vida, sobre humanidade e como todos nós vivemos. E o mais importante, é sobre estar vivo na vida."

Os críticos concordaram. O consenso geral foi que *Don Juan* era um filme delicioso: "Johnny Depp se equipara a Marlon Brando como o melhor jovem ator de Hollywood. O papel foi feito para ele, e Johnny o representa sem narcisismo ou exagero", escreveu Derek Malcolm no *The Guardian*.

Outro elogio: "Depp é sempre atraído por papéis à margem da sociedade e está perfeito como um homem que sente um prazer infantil nas oportunidades que a vida lhe oferece".

Era um grande elogio para mais um excêntrico desajustado de Johnny, mas talvez ele estivesse se cansando desse papel. Quem sabe já fosse hora de aceitar aquele filme de ação de grande bilheteria que ele tinha rejeitado com tanto orgulho por seu papel anterior. Não faltaram críticos para lembrá-lo disso de maneira dolorosa. Johnny, porém, não cedeu. "Não sou um garotão *blockbuster*. Nunca serei."

E continua: "Você nunca pode prever o que será comercial, mas tenho que me sentir estimulado pelo material para transformá-lo numa boa atuação. Não vou aceitar um personagem bobo só porque o cheque é gordo. É muito fácil ir por esse caminho, mas por aí você não vai encontrar nada. Tudo já foi feio zilhões de vezes e, se puder fazer alguma coisa diferente, por que não? Só quero fazer as coisas que quero fazer".

Tempo Esgotado

Jamais quis me expor publicamente. Não me sinto à vontade. Por isso gosto tanto de estar em Paris. Posso fazer o que quero sem ser analisado, julgado, perseguido. O glamour não me interessa. Prefiro viver ao máximo experiências diferentes.

Pouco antes de *Ed Wood* e *Don Juan DeMarco* estrearem nos Estados Unidos, em maio de 1995, Johnny e Kate viajaram para o Festival de Cinema de Cannes, onde estrearia seu próximo filme, *Dead Man*, de Jim Jarmusch.

Jarmusch, assim como Tim Burton, pode ser descrito como um dos poucos diretores visionários que conseguiram chegar aos altos escalões de Hollywood. Um ex-estudante de cinema, ele chamou a atenção do público pela primeira vez em 1984, com um filme de baixo orçamento em preto e branco, *Estranhos no Paraíso* (*Stranger than Paradise*) e dois anos depois com *Down by Law*. Mas se tornou mais conhecido por um estudo sobre turistas estrangeiros perdidos na Memphis de Elvis Presley, em *Mystery Train*, de 1989, e pelo chocante *Uma Noite Sobre a Terra* (*Night on Earth*) três anos depois. Este último mostra ao espectador cinco corridas de táxi em cinco cidades diferentes no curso de uma noite, interligadas pela interação de motoristas e passageiros, um deles interpretado por Winona Ryder. Curiosamente, talvez tenha sido um de seus filmes, e também de Winona, menos vistos.

Com esse *pedigree*, não surpreende que Johnny quisesse se unir ao aclamado diretor *cult*, mesmo que o filme causasse perplexidade generalizada. Era, segundo alguns, um faroeste extraordinariamente lento e hipnótico, que parecia ter muito mais em comum com *O Sétimo Selo*, de Ingmar Bergman, e o faroeste místico de Sam Shephard, *Silent Tongue*, de 1993 – o último filme de River Phoenix –, do que com um filme típico de Hollywood. Ao menos no que se refere à crítica, esse foi o pior balde de água fria que *Dead Man* recebeu. Derek Malcolm escreveu assim sua crítica no *The Guardian*: "O que poderia ser um conto intrigante, é cozinhado por Jarmusch em fogo lento e difícil acompanhamento por mais de duas horas, com um tipo de humor que convive lado a lado com uma extraordinária filosofia visual".

Da mesma maneria, sua gloriosa fotografia preto e branco – espetacularmente tirada por Robert Muller – transformou o filme em um épico faroeste contemporâneo intrigante e compassado, com pinceladas de *film noir* clássico bem dosadas.

Para Jarmusch e também para Johnny, e de acordo com a sinopse distribuída à imprensa, o filme conta a história da viagem, física e espiritual, de um jovem a um território muito familiar. William Blake (Depp) vai para o extremo oeste dos Estados Unidos em algum momento do século XIX. Perdido e muito ferido, ele conhece um índio, que foi expulso da tribo, chamado Nobody* (Gary Farmer), para quem Blake é o poeta inglês homônimo. Com a ajuda de Nobody, Blake passa por situações ao mesmo tempo cômicas e violentas. Contra sua própria natureza, as circunstâncias acabam transformando-o em um fora da lei perseguido, um matador, um homem cuja existência física vai desaparecendo lentamente. Jogado em um mundo cruel e caótico, seus olhos se voltam para a fragilidade que define os limites da existência. É como se ele atravessasse a superfície de um espelho e saísse num mundo até então desconhecido.

Johnny adorou o filme e mais ainda o personagem que representou. Contudo, queria que fosse "o último inocente que represento. Novamente, é um jovem ingênuo que tenta organizar sua vida. Ele se esforça tanto para ela dar certo que vai morrendo aos poucos. E sabe que está morrendo. É uma história muito bonita".

Jarmusch escreveu o papel de Blake pensando em Depp. O diretor e o ator eram amigos cinco anos antes, quando o filme estava sendo criado. "Ele é a pessoa mais objetiva e focada com quem já trabalhei", comentou o diretor sobre seu astro. "Conseguiu surpreender toda a equipe. Era um lado dele que eu não conhecia. Mais familiar para mim era encontrá-lo dormindo no sofá com a TV ligada durante toda a noite. Mas faz sentido: Johnny é cheio de paradoxos".

* Nobody, em português, é "ninguém". (N. T.)

"O que adoro nele como ator são seus recursos físicos sutis, interessantes e tão menosprezados. Ele tem olhos incríveis, e sabe usá-los muito bem. Eu não conhecia sua precisão até trabalharmos juntos. Johnny jamais faz movimentos falsos ou exagerados."

Assim como Robert Mitchum, um dos mais bem-sucedidos atores norte-americanos de faroeste, que quatro anos antes havia retornado às telas em uma participação em *Cabo do Medo*, de Martin Scorcese – uma aterrorizante versão do original de Mitchum, de 1962.

Johnny também se apaixonou por ele, e se lembrava de seus dedos tatuados com as palavras "amor" e "ódio" em *O Mensageiro do Diabo*, de Charles Laughton, filme que assistiu ao lado de Winona antes de ser restaurado pelo British Film Institute, em 1999. Até hoje ele dá grande valor a essa experiência. "Ele tinha mais de 2 metros de altura e estava em ótima forma. É um cara durão."

Isso era algo que Johnny compreendia bem, ao menos em relação ao passado. Ciente de seu perfil público, sabia que, infelizmente, primeiro vinha a celebridade e só depois o ator, e que sua carreira, seu trabalho e até mesmo sua personalidade eram julgados de acordo.

Sua imagem pública era influenciada por comentários aparentemente inconsequentes como esse e por seu interesse pela vida após a morte. Ele nunca revelou isso com mais clareza do que quando ficou hospedado na Mansão Mackay, em Nevada, durante as filmagens. Era uma casa vitoriana de três andares reconhecidamente assombrada por uma menininha que usava vestido de seda com faixa azul na cintura. "Eu quero ver esses espíritos", ele disse à revista *Première*.

"Eu sonhava com espíritos quando era criança. Mas não eram sonhos. Eu estava acordado e não podia me mexer. Não podia falar. Um rosto se aproximava de mim e dizia ser o espírito de alguém muito próximo que tinha morrido sem dizer o que queria. Eu acreditava." Mas não foi essa a única vez que ele admitiu abertamente essas experiências.

"Me hospedei em um hotel em Londres que já tinha sido hospital. Um rosto, o rosto de um cirurgião do mal, de repente se aproximou. Eu estava na cama, dormindo, e não tinha tomado nenhuma droga. Levei o maior susto, mas foi legal."

Nem tão legal foi a vez em que ele se hospedou no mesmo quarto em que Oscar Wilde tinha morrido, em Paris. "Eu não o vi. Mas ele morreu naquela cama. Não tenho certeza se o quarto era o mesmo, mas os móveis estavam todos lá. Fiquei paranoico achando que seria assombrado pelo espírito dele às 4 horas da madrugada."

Uma das grandes emoções que Depp viveu foi quando visitou a casa do famoso escapista Harry Houdini, situada sobre Laurel Canyon. Hoje ela está em ruínas, mas "os moradores de Canyon relatam que coisas estranhas acontecem no alto daquela montanha. A casa não existe mais. Aposto que era um lugar muito romântico à noite. Gosto de pensar que já fui Houdini". Tanto que Winona Ryder comprava cadeados antigos para incrementar sua coleção, que Johnny chamava de "Houdini".

Mas chegou o momento de ampliar sua galeria de papéis no cinema, algo que veio à tona já no final de *Don Juan DeMarco*. Johnny estava convencido de que o último projeto de John Badham seria ideal para suas pretensões. Badham queria fazer uma terceira versão de *O Homem que Sabia Demais*, de Alfred Hitchcock, de 1934. Curiosamente, o suspense mais apreciado de Hitchcock já tinha uma versão criada, atualizada e colorida pelo mesmo diretor 22 atrás.

No filme original, uma garotinha é sequestrada para que seus pais não denunciem um plano de assassinato político do qual eles têm conhecimento. Ao buscar um novo ângulo para sua versão de 1995, *Tempo Esgotado* (*Nick of Time*), Badham altera um pouco a trama, e o papel central passa a ser o de um jovem executivo que é obrigado a cometer o assassinato político para salvar a vida da filha. Ainda em pré-produção, o novo *Tempo Esgotado* prometia mais suspense do que o filme original. Tudo começa em uma tarde normal e rotineira para o contador Gene Watson (Depp). Mas não por muito tempo. Logo ele será envolvido em um daqueles dramas de alta voltagem que deixam toda a população em alerta quando é noticiado. O destino acaba de lhe dar um terrível empurrão.

Ao chegarem à Union Station, no centro de Los Angeles, Gene e sua filha Lynn, de 6 anos de idade, representada por Courtney Chase, são feitos reféns pelos falsos policiais Mr. Smith e Mr. Jones (Christopher Walken e Roma Maffia). Eles dizem a Gene que, nos próximos 90 minutos, ele deverá cometer um assassinato ou sua filha morrerá. Qualquer tentativa de Watson de procurar as autoridades é bloqueada pela certeza de que os sequestradores retaliarão e levarão a cabo a ameaça. Em sua frenética corrida contra o tempo, cada minuto tem consequências imediatas e mortais.

O fato de estar no lugar errado na hora errada está no centro da trama. Essa é a situação de Gene Watson, quando ele vive o momento mais grave e assustador que se possa imaginar. Um contador "como outro qualquer" e pai amoroso tem sua coragem e inteligência testadas numa tortura excruciante e sem precedentes. O plano insano e persuasivo dos sequestradores é implicar Watson através de um vídeo amador, no qual ele é mostrado como um desequilibrado solitário que planeja a terrível vingança.

Segundo John Badham, conhecido por *Embalos de Sábado à Noite* e *Trovão Azul*, "diariamente os jornais trazem fatos reais que são igualmente trágicos e insondáveis. Eles demonstram o tempo todo que a realidade é muito pior que a ficção. Diariamente as pessoas esperam que esses casos sejam solucionados como os anteriores também foram. E todos os dias alguém viverá algo inesperado e tão chocante que é difícil acreditar que possa acontecer, seja com quem for".

E continua: "Essa é a situação vivida pelo personagem de Johnny – um homem comum que se vê envolvido em circunstâncias extraordinárias terríveis e incontroláveis que podem acontecer a qualquer um de nós. *Tempo Esgotado* joga na cara do espectador a terrível questão: 'O que você faria se fosse você?'".

Dessa perspectiva, é possível entender por que Depp gostou tanto do papel. Não era somente uma chance de se distanciar dos personagens que havia representado nos últimos cinco anos – o esquisito, o maluco –, mas uma tentativa calculada de afastar os últimos vestígios do que os críticos chamavam de tipificação do "excêntrico". O produtor executivo D. J. Caruso concorda: "O papel de Johnny é bem diferente dos outros que ele fez no passado, e o espectador torcerá por ele, mesmo que não seja um herói".

Foi assim mesmo que o ator interpretou o papel. Os dublês não foram usados na maioria das vezes, das elaboradas sequências de luta à perigosa queda em um cabo de 27 metros. "Ator de ação", foi como o coordenador dos dublês Shane Dixon definiu a coragem e determinação de Johnny.

Houve, contudo, outro fator que influenciou seu interesse pelo papel: ajustava-se perfeitamente ao intenso desejo que ele tinha de formar sua própria família. Esse era um aspecto de sua vida particular que causou problemas na relação com Kate Moss e também com Winona Ryder.

Johnny confirma que "para representar o papel, me apeguei ao que estava mais próximo. Família é muito importante para mim. Tenho sobrinhos e sobrinhas que simplesmente adoro. Se acontecer alguma coisa com eles, vou ficar louco e fazer de tudo para ajudá-los".

Também foi muito interessante reunir Johnny Depp e Christopher Walken num mesmo trabalho. A ideia de Badham era genial, e uma das razões para Depp aceitar o papel, além da chance de provar a si mesmo que era capaz de representar um herói de ação. Até aquele momento, ele se achava "um tonto como homem de ação, a menos que eu use uma camiseta com a frase 'Homem de Ação'. Só assim eu convenço".

As filmagens começaram em 2 de abril de 1995, no Hotel Westin Bonaventure, no centro de Los Angeles, a poucas quadras da Union Street, onde foram rodadas várias cenas. Construíram uma banca de engraxate, uma floricultura com vidros transparentes e relógios estrategicamente colocados, para lembrar que o tempo do protagonista estava se esgotando.

Badham se lembra de que Depp chegava ao *set* às 7 horas da manhã, nem sempre com uma cara boa. "Começávamos a ensair uma cena, e então eu queria que ele fosse sustentado por cabos. Ele ficava ali tremendo, mas totalmente concentrado." O diretor nem lhe perguntava o que tinha feito na noite anterior. "Pra que perguntar o óbvio? O que aprendi muito rápido é que, se ele nem tivesse chegado perto da cama, ainda assim faria tudo o que eu quisesse." Prova suficiente de que esse jovem ator extraordinário era também instintivo.

Sua parceira no filme, Gloria Reuben, concorda, mas por outras razões. "Ele é geminiano. É sensível, um pouco tímido e muito divertido. Se ele quisesse quebrar um quarto de hotel comigo dentro, eu toparia."

Johnny estava sendo desafiado a filmar a história em ordem cronológica, o inverso de uma técnica cinematográfica muito mais comum de filmar os *takes* separadamente e montar as sequências depois. Badham filmou como se seguisse aquelas pessoas e o que acontecia com elas. Os atores não usaram maquiagem e foram filmados com câmeras manuais, para dar uma impressão mais realista, mais crua.

Ele explica: "Quando você filma um documentário, sabe que tem um só *take* para acertar e nem sempre pode pôr a câmera onde quer. Não é sempre que consegue foco. Às vezes você está muito longe ou muito perto da ação. A iluminação também não é sempre perfeita nem favorável ao tema. Nós tentamos criar essa lusão".

Para Johnny, o processo foi inspirador e instrutivo. "Fizemos muitas cenas que envolveram duas ou três câmeras, o que reduziu o número de *takes* e permitiu que o frescor e a espontaneidade da ação fossem mantidos. Você não está limitado às linhas do quadro e pode ir a qualquer lugar, fazer qualquer coisa."

Badham concorda: "Não se pode dar saltos ou pegar atalhos nas transmissões e nos aspectos corriqueiros de uma história, como quando o sujeito é visto saindo do escritório em uma cena e logo em seguida entrando em sua casa. Nessa situação, temos que ficar com o personagem de Johnny aonde quer que ele vá e filmar sem parar".

O entusiasmo na representação e os desafios que enfrentou durante as filmagens de *Tempo Esgotado* provaram que Depp se daria bem na companhia de quem quer que fosse e em qualquer filme. Era natural que, uma vez dentro da liga dos filmes de ação, ele não saísse mais dela.

Por isso causou surpresa e até um certo espanto a notícia de seu novo projeto. Curtindo sua liberdade entre um filme e outro, Johnny voltou a atenção a um lado de sua carreira que ainda era pouco desenvolvido: dirigir um longa-metragem. Há muito tempo ele queria fazer isso. E não havia melhor lugar para expressar esse desejo do que no âmbito dos vídeos musicais, que ele já tinha dirigido, e com seu próprio círculo de amigos e conhecidos.

Por exemplo, Johnny dividiu a direção com Gibby Haynes do primeiro álbum de John Frusciante, do Red Hot Chili Peppers; dirigiu outro álbum para Shane MacGowan e os Pogues; apareceu ao lado deles em *Top of the Pops*; e ainda encontrou tempo para dirigir dois curta-metragens, um deles um *tour* de 12 minutos por uma casa cheia de lixo com trilha sonora de rock'n'roll, e o outro, um documentário antidrogas de oito minutos. Todos eles ainda podiam ser vistos quando Johnny planejou seu novo projeto como roteirista, diretor e ator de *O Bravo*.

Bem, não exatamente *o* roteirista. O roteiro foi escrito com seu irmão Dan, numa adaptação do romance homônimo de Gregory MacDonald. Ele explica: "É sobre um homem que se sacrifica pela família. Eu faço esse homem, e como já tinha assimilado muita coisa dos cineastas com quem tive a sorte de trabalhar – Tim Burton, John Waters, Emir Kusturica, Lasse Hallstrom, Jim Jarmusch –, achei que estava na hora de dirigir meu próprio filme. Não sei dizer por quê. Só estava com vontade".

Infelizmente, muita gente discordou radicalmente. Embora Johnny já fosse um ator com *pedigree* respeitado, esse foi seu primeiro grande projeto de direção. E embora fosse um olhar pessoal sobre a triste condição da cultura indígena americana contemporânea, Johnny recebeu sua parcela justa de críticas.

Segundo um desses críticos, se a ideia "era expor o problema, ele faz isso sem dourar a pílula uma única vez. Em outras palavras, *O Bravo* põe o espectador sentado sobre uma almofada de agulhas – por mais que a gente se mexa e tente se acomodar, não se livra dos pontinhos doloridos".

É a clássica, e eterna, fábula da redenção de um índio americano, Raphael, representado por Johnny, que sem trabalho e precisando de dinheiro, vende a vida a um produtor de filmes "*snuff*", representado por Marlon Brando, cujo trabalho é filmar cenas reais de assassinatos brutais, pelas quais ele paga um bom dinheiro. Raphael aceita o "papel" para dar um futuro melhor a sua mulher (Elpidia Carillo) e seus filhos. Ele tem uma semana para retornar ao *set*, onde será torturado até a morte diante das câmeras. O filme gira em torno desses sete dias que Raphael passa com a família, os primeiros e últimos que está junto deles.

Com alguns poucos dólares no bolso e poucos dias de vida, Raphael surpreende a família de várias maneiras. Uma das melhores cenas é o parque de diversões que ele constrói no meio da noite, descaradamente copiado de *Um Sonho Americano*. A única diferença é que, nesse filme, é construída uma máquina de voar.

Em outra cena, Raphael enfrenta o assistente vilão, numa interpretação memorável de Marshall Bell, que sem pestanejar enfia uma picareta na mão dele. Apavorante também é a sequência inicial, quando Raphael entra no barracão abandonado para ser entrevistado por esse mesmo personagem, que o leva a um porão onde uma cadeira elétrica, e Brando tocando gaita em uma cadeira de rodas, esperam por ele.

O que Johnny vê é assustador, e o desconforto do espectador é multiplicado no desenrolar da história. Há, por exemplo, a inevitável brutalidade da "atuação" final de Raphael. Como se a única coisa que restasse a um índio americano expulso de sua tribo fosse morrer em um filme "*snuff*", para dar uma vida melhor à sua família. Esse é o tema central do filme. Raphael bebe, é preso e não tem dinheiro para manter um carro. Sua família mora em um vilarejo miserável, ao lado de um lixão, no meio do deserto. Ali, com outras pessoas miseráveis, eles constroem suas casas com pedaços de madeira e diariamente vagueiam pelas montanhas de lixo recolhendo o que conseguem encontrar.

Mais uma vez, Johnny Depp adorou trabalhar com Marlon Brando, mesmo que fosse uma mera participação. Mais importante foi a demonstração de amizade que comoveu Johnny. "O fato de Marlon se dispor a fazer o filme comigo foi uma bênção. Foi mais que um sonho. Tive muita sorte de trabalhar com ele, de ter sua amizade, mantermos um relacionamento; quando voltamos a trabalhar juntos, deu tudo certo. Nos divertimos muito."

Mas, quanto mais Brando se afastava da direção, menos Johnny não se preocupava. "Ele não precisa ser dirigido. Basta virar a câmera para ele e filmar o que estiver ali. O que fez por mim foi muito mais do que eu poderia esperar. Ele realmente tocou fundo."

Apesar da presença de Brando, o filme acumulou poeira na prateleira do distribuidor. Dois anos depois, em maio de 1997, foi selecionado para estrear internacionalmente em Cannes. Diante de tanta conspiração, as primeiras críticas após a estreia não foram só ruins, mas decepcionantes. "É o filme preferido de um adolescente mórbido", escreveu um crítico dos Estados Unidos.

Outro disse que, de tão excêntrico, era "um assombro". "Há muita coisa errada em *O Bravo*; o ritmo pretende evocar o langor do deserto, mas é pesado como chumbo. Não é um filme narcisístico de alguém que dirige e é também a estrela."

Outros foram mais gentis. O crítico do *Guardian*, Jonathan Romney, escreveu que Johnny Depp "quis criar um estilo cinematográfico próprio. As vaias em Cannes não foram justas; ele precisa dirigir outro filme".

O próprio ator reconhece que "fui ingênuo. Achei que seria fácil dirigir, mas é insano. Completamente insano. Você não dorme quando tem de dormir, e quando está trabalhando, morre de sono. As pessoas fazem perguntas como 'Que cor você quer que seja o sapato vermelho?', quando só 'vermelho' bastaria. É a coisa mais maluca que já fiz na vida".

Certamente, houve algumas tentativas de compará-lo a Kevin Costner em seu *Dança com Lobos*. Se Costner recebeu elogios por usar imagens ecológicas, Johnny fez algo similar. Os índios norte-americanos, que vivem de material reciclado, usam transporte público, dão a seus filhos brinquedos que eles próprios fabricam, são uma tragédia evidente, principalmente porque, há apenas 200 anos, eram ecológicos por opção e tradição. Hoje, vivem nessa condição forçados pela miséria.

A ex-noiva Winona Ryder entendia isso tão bem quanto Johnny. Ela cresceu em uma comunidade da Califórnia que tinha como vizinhos índios californianos. Segundo Winona, as duas culturas eram tão semelhantes – ambas davam ênfase à comunidade, à simplicidade e ao respeito ao meio ambiente – que a linha que separava uma da outra se confundia.

Winona acredita que "a cultura dos nativos norte-americanos é a cultura dos Estados Unidos. Todos nós podemos aprender com ela. É muito importante preservar todas as culturas do nosso país". Foi por essa razão que ela abraçou a campanha de arrecadação do American Indian College Fund, cujo interesse é preservar essa herança cultural.

Ela pediu a Johnny para ver o filme. Segundo a revista francesa *Première*, de dezembro de 1997, na última vez em que os dois se encontraram, Winona pediu isso a ele. Mas não foi possível, porque o filme estava trancado em um cofre. Winona sabia que esse filme tinha um significado especial para Johnny: "Para mim, o filme mostra o que aconteceu com os índios norte-americanos há mais de cem anos". Todos os elementos refletem a necessidade de Johnny de mostrar os Estados Unidos como uma sociedade voltada para o sucesso e os resultados. E de acusar Andrew Jackson, o presidente que ilustra a nota de 20 dólares, de genocídio, responsável pela morte de milhões de nativos norte-americanos.

A presença de Johnny em Cannes, naquele ano, foi a confirmação pública do que os fofoqueiros de Hollywood já vinham insistindo havia algumas semanas: ele e Kate Moss tinham rompido. Nesse mesmo mês, o jornal britânico *Sun* publicou que "a *top-model* Kate Moss finalmente se separou de Johnny Depp. O casal tomou rumos diferentes após quatro anos de relacionamento tumultuado. Segundo fontes, eles continuam amigos e Kate estará presente nas estreias do filme de Depp. Kate declarou que se casaria com o astro de *Edward Mãos de Tesoura*. No começo deste ano, Depp mudou-se para o apartamento dela em Nova York. Mas, em vez de solidificar a relação, o casal descobriu que um não suporta o outro".

O *New York Post* publicou a mesma coisa. "Já em maio deste ano, no Festival de Cinema de Cannes, as coisas não andavam bem entre o casal. Eles ficaram em casas separadas. Kate alugou uma com seus amigos do Oasis. Eles nunca se visitaram. Segundo alguns amigos, ela gostaria de manter o relacionamento, mas ele não mudaria nada para agradá-la. Há pouco tempo, quando Johnny esteve na cidade, o casal não se encontrou nenhuma vez." O porta-voz do ator não sabia de nada: "Que eu saiba, não houve rompimento".

Verdade ou não, nada impediu que a revista *People* sugerisse que "amigos de Kate afirmam que ela pretende se encontrar com Johnny de vez em quando, mas ele não parece querer um relacionamento aberto". E na revista *New York*: "Kate estava muito triste quando contou aos amigos que o casal se separou porque brigava muito. Eles se afastaram outras vezes, mas agora parece definitivo". Muito mais dúbias foram as revelações de Janety Charlton para a revista *Star*, de que Winona andou ligando para Johnny porque sentia falta dele. Winona não se manifestou, e a insinuação não surtiu efeito.

Outra matéria do *New York Post* noticiou logo depois que Kate não passou muito tempo sozinha. "Moss foi vista com Tarka Cordell, 32 anos. Fontes revelam que no ano passado Cordell se hospedava no apartamento de Moss quando ia a Nova York... 'Pelo que sei, eles são amigos já faz algum tempo', diz Paul Rowland, dono da agência de Moss, 'mas não acho que estejam tendo um caso'."

Johnny não fazia nenhuma questão de revelar detalhes pessoais de sua vida. Apesar de Jennifer Love Hewitt, da série *Party of Five,* confessar seu interesse por ele, nunca se soube que tenham estado juntos. Nem mesmo quando ele apareceu de surpresa no *set* do seriado. Teve mais a ver com a carta que ela tinha escrito para ele alguns anos antes, quando ainda era sua fã.

"Aconteceu num dia em que eu estava toda suada e sem maquiagem... um horror! Eu estava no meu *trailer* quando de repente minha camareira gritou: 'Johnny Depp está aí fora'. Eu não quis me encontrar com ele naquele estado. Então apareci na porta e pedi para ele ir embora. Me senti tão humilhada..."

Quanto a Kate, Johnny confessa: "Estaríamos juntos até hoje se eu não fosse um idiota. Ela foi a melhor coisa que me aconteceu, e eu estraguei tudo porque estava mal. Eu estava me odiando, e ela não aguentou. Ela não tem culpa de nada. Eu faria qualquer coisa para tê-la de volta na minha vida. Tive até problemas de estômago. Quem já se separou da mullher que ama sabe o que estou dizendo. Você deita na cama, fica olhando para a TV, fuma um maço de cigarros inteiro e se perguntando por que foi destruir uma coisa tão boa".

"É como ainda me sinto em relação a Kate. E ela sabe disso. Mas nós dois sabemos que não há volta. Se eu tivesse feito tudo com mais tranquilidade e não ficado tão depressivo com meu trabalho e outras bobagens, ainda estaríamos juntos. Talvez eu não consiga lidar com o fato de que fui um idiota e acabei perdendo Kate."

Assim que terminou de fazer *O Bravo,* Johnny começou a trabalhar em um novo filme, novamente com Marlon Brando, Debra Winger e John Hurt, seu novo amigo de *Dead Man.* Johnny viajou para County Cork, na costa irlandesa, onde Thom Eberhardt filmaria *Divine Rapture,* uma sátira melancólica aos milagres religiosos.

Ironicamente, Johnny faria o jornalista que investiga uma série de milagres nos quais o personagem de Brando, um padre, está envolvido. Winger recebeu o importante papel da esposa de um pescador que morre e ressuscita, e Hurt seria o médico local.

Mas o clima no *set* nunca foi dos mais tranquilos. Já se iam oito semanas de filmagens locais quando surgiu o primeiro problema com a Igreja Católica irlandesa. Eberhardt havia escolhido duas igrejas por terem uma ressonância sociológica essencial ao realismo do filme. Infelizmente, o clero local não pensou da mesma forma. Muito menos o bispo de Clyne, que não deu permissão para as igrejas Estrela do Mar e Imaculada Conceição de Ballycotton serem usadas no filme. E o personagem de Brando, o padre, era, na opinião do bispo, um insulto ao catolicismo.

As locações não foram os únicos problemas que Thom Eberhardt teve de enfrentar em *Divine Rapture*. "Eu já estava lá fazia umas oito semanas", queixa-se ele. "A maior parte do tempo, os dias eram lindos. Mas bastou começarmos a filmar para não parar de chover."

Nem todos podiam ser responsabilizados por ser tudo tão difícil. Muito pelo contrário. Os moradores locais receberam muito bem a equipe do filme. Para eles, a presença de artistas de Hollywood só significava uma coisa: dinheiro no bolso. Eles acreditavam que o cachê de 4 milhões de dólares de Marlon Brando ajudaria na economia local. Ajudou, mas não por muito tempo.

O ator começou a procurar um lugar para se hospedar. Com a produção já em curso, em meados de julho de 1995, foi encontrada uma mansão na vizinha Shanagarry pela qual pagariam 4 mil dólares por semana. "Nunca fui tão feliz em toda a minha vida." Mesmo quando ele desembarcou do avião, "senti aquele arrepio de emoção. Chegar àquele lugar foi como chegar em casa. Estou pensando seriamente em me tornar um cidadão irlandês".

Com as filmagens caminhando aos trancos e barrancos, Johnny conseguiu fazer algumas de suas cenas. Entre um *take* e outro, ele dava autógrafos ou ficava em seu quarto na exclusiva Ballymaloe House, onde se hospedou enquanto estiveram lá. Kate deveria ficar com ele, mas não ficou. Já no final, quem se encontrou com o ator foi seu amigo Val Kilmer, que no momento era a estrela de *Batman*.

Mas não ficou por muito tempo. E, por acaso, Johnny também não. Três dias depois, e com apenas 20 minutos de cenas filmadas, a produção do filme foi totalmente suspensa. O que se dizia no *set* é que o modesto orçamento de 16 milhões de dólares tinha se esgotado. Ou isso ou a Cinefin, financiadora do filme, decidiu cancelar o projeto.

Brando tinha recebido um milhão de dólares adiantado, mas Johnny e o resto do elenco e da equipe técnica tiveram menos sorte. Eberhardt ficou preocupado: "Basicamente, só o que tínhamos eram pontos de interrogação, e no andar de cima uma sala cheia de produtores tentando resolver o problema".

Os trabalhos em *Divine Rupture* foram suspensos por uma semana enquanto os responsáveis discutiam os problemas. Infelizmente, foi uma batalha sem vencedores. Os cheques pagos na semana anterior não foram compensados e os sete anos que Eberhardt dedicou ao desenvolvimento do filme desapareceram em apenas uma semana. Uma declaração foi divulgada:

"Lamentamos, mas a produção de *Divine Rapture* está encerrada. Apesar de o dinheiro estar garantido, ele não chegou até nós. Assim como o elenco e a equipe técnica, também nós estamos decepcionados e tristes por não podermos dar prosseguimento a esse maravilhoso projeto. Agradecemos aos moradores de Ballycotton pelo apoio recebido e faremos o que estiver ao nosso alcance para recompensá-los."

Mas não foram apenas o elenco e a equipe técnica que ficaram no prejuízo. Pescadores, hoteleiros e fornecedores de comida também tinham suas contas penduradas. O Bay View Hotel, por exemplo, hospedou a maior parte da equipe e esperava receber diárias de pelo menos 20 quartos.

Foram ainda maiores os prejuízos quando os atores voltaram para casa. "Esperávamos lotar os hotéis e as pousadas quando o lugar ficasse famoso por causa do filme", explicou o hoteleiro John O'Brien. Adrian Knowles, dono da mansão Shanagarry, também ficou desapontado. Não só isso, mas ele também sofreu financeiramente: "Me deram um cheque que não tinha fundos, embora me garantissem que seria pago". Foi uma promessa feita pelo próprio Brando antes de partir, muito depois de Johnny já ter perdido as esperanças de que a produção continuasse. Ele foi passar o fim de semana com Kate na França e não voltou mais.

Hoje, Johnny dá risada quando se lembra de *Divine Rapture*. "Quer saber qual foi a minha experiência? Marlon me mandou o roteiro e disse: 'Ei, venha se encontrar comigo na Irlanda. Vamos fazer este filme. Vai ser divertido'. Eu fui. As filmagens começaram e tudo ia muito bem. Então recebemos a notícia: 'Acabou'. Foi assim. Foi como estar no meio de um ótima trepada, as luzes se acenderem e 15 pessoas apontarem uma arma para você: 'Pare ou você morre'."

Enquanto isso, o produtor Barry Navidi previu uma longa ação penal entre produtores e financiadores pelo fracasso do filme. Muito mais importante, ele lembra, foi a tragédia de tudo aquilo: "Temos ótimos trechos do filme com atuações incríveis". Mark Crowdy, outro produtor, concorda com ele.

Depois de *Raptures*, o próximo papel chegou quando Johnny já se acostumava à liberdade entre um trabalho e outro. Sua empresária recebeu o roteiro de *Donnie Brasco*, baseado no livro de Joseph D. Pistone, e adorou. Depp também gostou muito.

Johnny Be Good

Não há nada pior do que alguém que se diz um ator sério. Porque o ator é naturalmente um mentiroso. Eu ganho a vida. Não digo que sou um astro de cinema. Estou muito mais "nas trincheiras" do que no glamour!

Em menos de uma semana, em fevereiro de 1997, estrearia o mais recente filme de Johnny Depp. Ao saírem as primeiras críticas, ele deve ter se sentido aliviado que o teste de audiência e as críticas do mercado de massa reagiram favoravelmente ao filme. O crítico de cinema do periódico britânico *Daily Star* fez um dos resumos mais concisos, compartilhado pelos outros críticos: "*Donnie Brasco* de Mike Newell foi o melhor filme de gângster desde *O Poderoso Chefão*".

Era a história real de um agente do FBI disfarçado, Joe Pistone, apelidado Donnie Brasco, que no final da década de 1970 se infiltra na Máfia e desencadeia o que é considerada uma das mais bem-sucedidas operações contra o crime organizado do governo norte-americano. Ainda assim, a missão cobrou um preço altíssimo do homem que foi atraído pela inesperada e reveladora amizade com o criminoso que seria destruído, e assim quase destrói a si mesmo.

Foi difícil acreditar que Mike Newell retomaria o mito das gangues americanas em um exame dramático da essência moral e emocional de um homem frio, cuja lealdade era praticamente inquestionável. É como se Quentin Tarantino anunciasse uma adaptação de Danielle Steel. Explica-se o choque porque, em nenhum momento da carreira de Newell – desde *Quatro Casamentos e um Funeral* até *Um sonho de Primavera* e *No Limite da Inocência* – ele demonstrou qualquer interesse em filmar uma história real baseada na vida de Brasco na Máfia. Só que o interesse existia.

Mais curiosa ainda foi a atração do produtor Lou DiGiaimo pelo projeto. Ele conheceu Pistone no colégio e continuaram se encontrando quando adultos, mas o produtor jamais soube o que o amigo fazia até seu nome aparecer na manchetes.

"Eu não podia imaginar que ele trabalhasse para o FBI. Nós jogávamos basquete duas ou três vezes por semana, e então, de repente, ele desapareceu. Seis ou sete anos depois, todos os jornais de Nova York trouxeram uma matéria de capa sobre um agente do FBI infiltrado na Máfia chamado Pistone. Primeiro achei que fosse piada. E pensei, será que é Joe? Dias depois ele me ligou e nós jantamos juntos. Disse a ele que essa história podia dar um ótimo livro e talvez até um filme. Embora nunca tivesse pensado nisso, ele disse: 'Bom, vamos ter de esperar que o julgamento termine'. Isso foi há quatro anos."

O filme levou mais ou menos o mesmo tempo para entrar em produção. O produtor Mark Johnson lembra: "Estávamos no meio de *Rain Man* quando Lou DiGiaimo nos mostrou o livro. Imediatamente achei que poderia dar um ótimo roteiro". A primeira pessoa que Johnson escolheu como coprodutor foi seu parceiro Gail Mutrux; ligou para ele quando terminou de ler o livro, e Mutrux ligou para Paul Attanasio, mais conhecido por seu roteiro de *Quiz Show*, de 1994. Ele não teve dúvida: aceitou imediatamente a oferta.

Recrutar Mike Newell como diretor também foi uma escolha instintiva. "Todo mundo concordou imediatamente", disse Johnson. "Mike iria entender o que havia de mais importante na história, os personagens vibrantes e as situações tragicômicas em que eles se metiam. Achei que daria mais certo ter um inglês na direção desse filme, porque é mais fácil para alguém de fora enxergar e revelar algumas coisas sobre o estilo de vida norte-americano que passariam despercebidas a um nativo. Quando estive com Mike no Brooklyn para fazer uma sondagem de locação, me senti em uma expedição sociológica."

Mas tudo poderia ter sido diferente. Newell explica: "Passei algum tempo no Brooklyn, onde essas pessoas continuam fazendo as mesmas coisas que sempre fizeram: bancam apostas, emprestam dinheiro a juros altos e assim por diante. Eu saía com eles nos fins de semana, bebíamos e comíamos juntos, íamos às boates que eles frequentam. É claro que muita coisa eles não me mostraram, mas vi o máximo que pude. Eu diria que entrei no coração de uma tribo. Eles foram muito generosos comigo e acabei gostando tanto deles que o tempo todo eu tinha que me lembrar de que eles faziam coisas horríveis, que aqueles homens com quem eu estava me divertindo tanto... bom, eu não queria nem saber".

Newell trabalharia com a mesma atenção quando selecionou o elenco. Embora muitos possam ter ficado em dúvida sobre a escolha de Johnny, ele provou ser a melhor delas. "Esse papel o interessou de maneira particular, porque o personagem parecia ser uma coisa, mas por baixo era outra", Newell disse mais tarde. E, mesmo que os críticos dissessem que ninguém jamais poderia substituir Marlon Brando e Al Pacino como chefes mafiosos, foi Johnny quem chegou mais perto disso. Na verdade, os dois veteranos de *O Poderoso Chefão* consideraram Depp o melhor ator de sua geração.

Newell completa com entusiasmo: "Ele é muito gentil, delicado, mas acho que, por dentro, existe também um demônio. Por trás da placidez, nota-se uma violência reprimida. E então uma imensa energia mental interfere para manter esses dois lados antagônicos em equilíbrio. É o que o faz voltar a si".

Quando lhe perguntaram por que escolheu Johnny e não alguém como Keanu Reeves, Newell não teve dúvida: "Bom, para início de conversa, eu quis alguém que representasse. E Johnny é um ator que representa, digamos, no longo prazo. Você fica com as caracterizações dele durante todo o filme, porque ele conta a história dele no seu próprio tempo, e mais importante, você fica esperando por ela".

É verdade. E Newell continua. "Johnny não tolera bobagens. Ele sempre escolhe materiais que lhe interessam intelectualmente e, para ele, a carreira vem em segundo lugar."

Denise Di Novi, produtora de *Edward Mãos de Tesoura* e *Ed Wood*, concorda: "Eu não via a hora de ver *Donnie Brasco* porque achava que era um outro nível de filme para Johnny. Um personagem diferente, sabe. Ele criou um nicho representando caras excêntricos, e os Donnie Brascos da vida não são pessoas comuns. Acho que filme e personagem definiram um contexto um pouco mais amplo".

Depp, por sua vez, ficou espantado com o que Brando e Pacino disseram: "Eu não sei por que disseram aquilo, mas me fez muito bem. Que bom poder dizer que, além de meus amigos, eles também são meus heróis. Tenho muito respeito por eles".

Quem estava no *set* de *Donnie Brasco* sabe o que ele quis dizer. Todos sabiam o que significava para Johnny filmar na Flórida, o lugar onde ele passou a infância. Jefferson Sage, o diretor de arte, comentou que era a terra prometida, indissociável das filmagens. "É um lugar iluminado, colorido, onde os rapazes do filme podem recomeçar a vida. É um mundo totalmente novo, aberto à exploração. É exótico, quente e fácil. Mas de repente tudo isso acaba e as duas vezes em que eles voltam para o Brooklyn não podem ser piores, porque é inverno, faz muito frio, e tudo mais."

A decisão de recrutar Al Pacino para o papel do matador veterano Lefty Ruggiero também foi instintiva. Tão instintiva quanto sua aceitação. Como se poderia errar com um ator que era o arquétipo do criminoso, assim como Bela Lugosi era o arquétipo do vampiro?

Johnny revela que trabalhar com Al "foi muito mais do que eu esperava. Um verdadeiro presente, uma honra. Aprendi o máximo que pude, mas é difícil pegar as particularidades. Pensei que ele fosse muito sério, mas era tão relaxado e brincalhão. O tempo todo contava piadas e fazia as pessoas rirem".

O sentimento parecia ser mútuo. Newell explica que "Al fica muito à vontade e não precisa competir com ninguém. Na filmagem de uma das primeiras cenas, Johnny e Al estavam dentro do carro. De repente, todo mundo ouviu um peido longo, e Johnny dizendo: 'Me desculpe, me desculpe mesmo'. Um breve silêncio e outro peido mais alto ainda. E Johnny disse: 'Nem sei o que dizer, eu sinto muito mesmo'. Al abriu a janela. Quando veio o terceiro, Al olhou para Johnny e viu uma almofada de pum. Al achou aquilo o máximo".

Foi, na verdade, o relacionamento central do filme entre Pistone e Ruggiero que mais atraiu Newell para o projeto. E só por isso o diretor focou nesse elemento com intensidade maior do que em qualquer outro. Eles são o agente do FBI disfarçado que adota a identidade de Donnie Brasco, um ladrão de joias da Flórida, e Ruggiero, o mafioso humilde e amargurado que involuntariamente é o responsável por abrir as portas da Máfia para ele. Essa amizade será traída no final.

Johnny conviveu com o ex-agente do FBI, alguns meses antes de começar a filmar: "Conversei sobre isso com Joe. Ele disse que era impossível você conviver com alguém durante seis anos e não criar nenhum laço afetivo. Por um lado, você odeia e despreza o cara, mas por outro, acaba amando".

E ele continua: "Não se pode dizer que Joe o tenha traído. Se ele fosse um cara da Máfia desde o começo e tivesse se voltado contra os amigos, isso sim seria traição. Mas John era um agente do FBI e só estava fazendo seu trabalho. Ele fez um enorme sacrifício. Não viu seus filhos crescerem, corria perigo de vida todo dia e a família tinha sempre de se mudar para se proteger. Acho que foi a pessoa mais forte que conheci na vida".

Pistone também se encantou com Johnny, principalmente porque "tudo o que eu sabia dele era o que saía nos jornais. Você fica sabendo que ele destrói quartos de hotel e esse tipo de coisa. Mas passamos muito tempo juntos, fizemos ginástica juntos, eu o levei à academia do FBI na Virginia. Ele queria conhecer tudo".

"Ele ligava para minha mulher e fazia perguntas. Dizia que queria fazer benfeito, porque eles teriam de conviver com o filme o resto da vida e ele queria fazer justiça. Pois fez. Me entendeu por completo. Ele absorve, não experimenta. Simplesmente acontece. E ele se lembra de tudo. É uma verdadeira esponja. Johnny só viu o filme quando pude assistir com ele. A maioria dos atores não se importa. Ganha seu dinheiro e vai embora. Johnny é excelente pessoa."

Newell concorda. Mas explica que foi também "essa nova visão da Máfia" que o atraiu, a ideia de que Brasco é "um sujeito bruto e durão" atuando em uma história que não lhe dá nenhuma brecha conveniente, nenhuma forma de mudar seu destino que seja suave e tranquila. Como em qualquer outra coisa, Newell se concentrou em criar um épico do sofrimento que desafia a vontade até do mais frio dos espectadores de apenas agarrar o personagem-título pelo pescoço e dizer na cara que ele é um imbecil!

Ele é obrigado a abandonar sua família verdadeira pela família da Máfia, a paciência de sua mulher com suas ausências finalmente se esgota, e ele trai seu único amigo verdadeiro no clã criminoso pelos burocratas da lei e da ordem, que não demonstram um pingo de compreensão, e muito menos compaixão pela alma que Brasco torturou a serviço deles.

Essa capacidade dá a Donnie Brasco um limite moralmente marginal, uma lâmina que pode cortar ao meio a amizade e a confiança. No mínimo, o filme retrata a discrição, a cautela, o perigo, a duplicidade e o disfarce.

Mesmo com um propósito tão bem focado, houve momentos em que Pistone não concordou com o que foi filmado. Uma dessas ocasiões, lembra-se Newell, foi quando "filmávamos a cena em que seu personagem agride a esposa. Pistone estava no *set* e o que se ouviu foi um protesto fantástico. O produtor levou uma manhã inteira para conseguir acalmá-lo. Ele disse que jamais tinha agredido sua mulher, e acreditei nele. Mas insisti que aquilo era ficção".

Outra vez foi quando o elenco e a equipe técnica filmavam em Nova York, uma das quatro locações em que se passavam várias cenas. Newell se lembra de que "uma mulher se aproximou de mim na rua e disse na minha cara: 'Você acha que é brincadeira, mas não é. O canalha acabou com meu marido. Ele apostou todas as fichas contra ele. Mentiu diante do juiz!'. Eu perguntei a Pistone se era verdade e ele respondeu: 'É claro que não. Eu provei todos os meus casos'".

É bom lembrar que as provas reunidas por Donnie Brasco foram responsáveis por mais de 200 acusações formais e mais de 100 condenações, e que Pistone ainda vive ao lado de sua mulher, com nome falso e em local desconhecido, e que existe um prêmio de 500 mil dólares por sua cabeça.

Mas Pistone não acredita que corra perigo. Segundo Newell: "Ele acha que não porque as pessoas que poderiam matá-lo ou estão na cadeia ou já são muito velhas. E porque a liderança da Máfia não é mais a mesma. Mas o que ele considera perigoso – e por isso anda disfarçado e armado o tempo todo – é que algum maluco se aproxime e atire nele no meio da rua, por nada, só para se vangloriar".

Afinal, aqueles mafiosos do Brooklyn ainda existiam. Eram os mesmos que Johnny conheceu quando se preparava para o papel. "A maioria deles era boa gente – todos cavalheiros, homens de família, bons pais, bons maridos. Eu tinha o maior respeito por eles. Não é nada daquilo que a gente vê no cinema, eles são muito legais." E Newell acrescenta: "São como crianças sem modos. Fazem coisas encantadoras e, num piscar de olhos, ficam mais violentos".

E Depp conclui: "Não acho que eles sejam assassinos seriais. Eu diria que vivem dentro de um círculo, e que ali é um jogo de sobrevivência. Mas isso se aplica a qualquer um, basta estar vivo. Eu não consigo ser mais claro. É assim que é. Se alguém quer te pegar, dê um jeito de pegar primeiro".

Esse era um conselho que Betty Sue, a mãe de Johnny, costumava dar a ele quando criança. "Quando eu era bem pequeno, ela me dizia que, se eu brigasse com alguém muito maior que eu, que encontrasse uma pedra bem grande e atirasse para acertar. Nunca vou me esquecer disso." Embora ainda não tivesse idade para entender o que a mãe lhe dizia, hoje ele entende. É por isso que "minha mãe é a minha melhor amiga".

A outra tática de autodefesa eram as armas. "Tenho algumas em casa, caso aconteça algum pesadelo. Às vezes gosto de atirar. No deserto, em latas de cerveja cheias porque, quando faz muito calor e você acerta, acontece uma enorme explosão. É legal. Mas nunca atiro em alvos móveis. E jamais em coisas vivas." Johnny conta que seu pai tentou levá-lo para caçar várias vezes. "Ele caçava javalis. Mas eu não queria matar um animal. Posso comer a carne, mas jamais atirar neles".

Talvez Pistone concordasse com isso, mas não lhe agradava a sugestão de que ele traiu as pessoas entre as quais se infiltrou. Ele argumenta que "era o meu trabalho". Quando Pistone viu o filme pela primeira vez, Newell conta que "ele chorou a ponto de soluçar. E eu podia imaginar o que ele estava sentindo. Nós apresentamos o lado ético e emocional desse caso o mais fielmente possível, e isso o pegou. Se você convive com esses caras durante sete, oito anos, e todos têm morte violenta, isso acaba com qualquer um, mas Pistone foi brilhante quando nós conversamos sobre essa convivência".

Karen Schoemer da *Newsweek* disse que a performance de Johnny foi brilhante, principalmente por ele ser "alguém que admitiu ter usado drogas na adolescência e ter sido preso três anos antes por destruir um elegante quarto de hotel em Nova York".

Todo mundo foi pego de surpresa quando Johnny Depp e ninguém menos que Al Pacino foram completamente ignorados pelos comitês do Globo de Ouro e do Oscar, mesmo que Hollywood inteira considerasse Pacino o grande favorito ao Oscar. Não era possível que o filme tivesse passado despercebido nos dois espetáculos de premiação.

Mas não era a primeira vez que o trabalho de Depp era depreciado. A *Newsweek* reconheceu que ele não era "considerado um dos melhores atores da sua geração por representar o garoto bonito, normal, que todo mundo gosta e mora na casa ao lado. Jovens como Brad Pitt e Keanu Reeves podem ter melhores resultados nas bilheterias, mas Depp tem algo a mais. Ele aproveitou as chances e tem um trabalho que pode ser considerado coerente".

"O fraturado garoto de conto de fadas em *Edward Mãos de Tesoura*, o assediado cuidador da família em *Aprendiz de Sonhador* e até o moralmente alienado agente do FBI em *Donnie Brasco* têm um vínculo comum: todos são pessoas boas que não conseguem se aproximar daqueles que amam." Isso é uma coisa que seus personagens fizeram muito bem.

Paixão pela Loucura

Talvez um dia eu faça um filme que realmente mexa com as pessoas. Um filme que eu possa apontar, quando já estiver muito velho, assistindo à TV, e dizer a meus netos: "Ei, meninos, não acham que o vovô estava bem nesse filme?". Sim, quero um dia poder dizer isso sobre mim.

Hospedado há cinco dias na casa de Hunter S. Thompson, Johnny só queria dormir. Thompson, autodenominado rei do jornalismo gonzo e famoso autor do livro *Fear and Loathing in Las Vegas* (no Brasil, *Las Vegas na Cabeça*), não é um homem de horários regulares. Como um vampiro noturno, ele vivia durante a noite e só no final da tarde se deitava por algumas horas. Naquele momento, Johnny se refugiou no quarto do porão, conhecido como "a masmorra", no isolado retiro de Thompson em Aspen. Embora se sentisse exausto com os incansáveis excessos de Hunter, sabia que não demoraria muito para o escritor esmurrar a porta, gritando para ele se levantar.

Johnny se lembra de que "nunca dei tanto valor ao sono. Eu estava hospedado na masmorra, o lugar mais tranquilo da casa. Quando precisava descansar, descia para fumar um cigarro e ler um pouco. Eu precisava de um tempo para recarregar as energias e enfrentar Hunter outra vez. Graças à sua generosidade, ele me deixou ficar no porão. Passei a primeira semana ali, confinado, assimilando o máximo que podia, na companhia dos livros dele e das minhas coisas. No sexto dia, percebi que o lugar guardava barris de pólvora e eu estava fumando. Felizmente não explodi a casa inteira. Hunter riu muito quando lhe contei".

Isso aconteceu dois anos depois de eles se conhecerem na Woody Creek Tavern em Aspen, Colorado, o refúgio preferido de Thompson e que passou a ser também o de Johnny. No intervalo das filmagens, durante o feriado de Natal, Depp viajou com Kate, sua mãe e mais algumas pessoas para passarem alguns dias em um *resort* de esqui. Só não esperava que Thompson fosse aparecer "com uma arma de eletrochoque na mão direita e uma aguilhada na esquerda, girando-as de um lado e de outro para que as pessoas abrissem caminho".

Também não esperava que ele se sentasse à sua mesa e contasse histórias sobre as raízes de ambos no Kentucky; as de Depp em Owensboro, as de Thompson em Louisville. E se surpreendeu mais ainda quando eles e seus amigos foram convidados a continuar bebendo no "complexo fortificado". Nesse complexo Thompson guardava explosivos, armas de fogo de pequeno porte, comida enlatada, água e álcool engarrafados para garantir sua sobrevivência após a guerra nuclear.

Foi quando o interesse de Johnny pela espingarda niquelada pendurada na parede virou puro prazer. Para sua surpresa: "Thompson tirou a espingarda da parede e me levou para a cozinha. Lá dentro havia dois bujões de gás, e ele me deu uns cartuchos de nitroglicerina. Nós saímos com os cartuchos e fomos atirar. Atiro com armas desde os meus 8 anos de idade, então sabia que acertaria em alguma coisa. O alvo, um tubo de nitroglicerina, era bem pequeno, mas como o projétil se espalha eu sabia que em alguma coisa eu acertaria. Mesmo assim, torci para não errar. Dei o primeiro tiro: Bangue! Boing! Na mosca! Foi um explosão enorme, um rastro de fogo. Muito divertido! Fiquei preocupado com os estilhaços, mas graças a Deus ninguém foi atingido. A srta. Moss ficou um pouco assustada, mas estava tudo bem. Ela continuou por ali. Quando fomos embora, ela comentou: 'Mas que homem é aquele?!'."

Era o homem que serviria de base para o próximo personagem de Johnny nas telas, o alterego de Thompson, Raoul Duke, numa adaptação para o cinema de *Fear and Loathing in Las Vegas*, o livro de Thompson que era também o favorito de Depp. O livro se baseia em uma viagem que Thompson faz com seu amigo, o advogado Oscar Zetz Acosta, para cobrir uma corrida de carros no deserto, a Mint 400, para a *Sport Illustrated*. Mais tarde, Thompson explicou: "Eu pensei em comprar uma agenda bem grossa, registrar tudo ao vivo e publicar integralmente, sem editar. Mas como isso é muito difícil de fazer, acabei definindo uma estrutura essencialmente ficcional para o que tinha começado como um jornalismo careta/doido. Não ia funcionar como um autêntico jornalismo gonzo (estilo de reportagem baseado na ideia de William Faulkner de que a boa ficção se aproxima muito mais da verdade do que qualquer outro estilo de jornalismo) e, mesmo que funcionasse, eu não admitiria que fosse. Só um maldito lunático escreveria uma coisa daquelas e diria que foi verdade".

Publicada inicialmente na *Rolling Stone* e assinada por Raoul Duke, a revista abriu logo o jogo e revelou que seu autor era Thompson. O material inicial e o livro que se seguiu foram um marco. Uma análise sombria e idiossincrática do que Thompson chamava de "O Abominável Ano de Nosso Senhor, de 1971".

A década de 1960 tinha terminado havia pouco. Nixon estava na Casa Branca, o massacre na guerra do Vietnã continuava, o choque pela separação dos Beatles se prolongou em um dos terremotos mais destruidores da história do sul da Califórnia, e o espírito do pensamento livre, do amor livre e das drogas livres, que havia sido a bandeira de toda uma geração, parecia morto e enterrado.

A década de 1970 começava a desfazer tudo o que a década anterior tanto lutara para conquistar. A morte do espírito de paz e amor foi decretada no autódromo de Altamont, na periferia de San Francisco, durante um show dos Rolling Stones onde um negro foi esfaqueado até a morte pelos Hell's Angels ao som de "Sympathy for the Devil", e exibido em *Gimme Shelter,* documentário que estrearia naquele ano de 1971 "em um cinema perto de você". A paz, o amor e a inocência de Woodstock eram história. Também estavam mortos Jimi Hendrix, Janis Joplin e Jim Morrison, ícones do rock'n'roll, aos 27 anos de idade, todos no intervalo de um ano, por *overdose* de drogas. E num encontro particular com o presidente Nixon, Elvis Presley se ofereceu para ser um agente disfarçado da polícia de narcóticos.

A boa notícia foi a condenação à morte de Charles Manson e três de suas seguidoras pelos assassinatos de Tate–La Bianca, que em 1969 previra o fim apocalíptico do poder da flor. O idealismo da década de 1960 se transformou em cinismo, e o sonho americano rapidamente virou um pesadelo.

Johnny concordava com os temas do livro de Thompson. "O que os Estados Unidos foram, o que poderiam ter sido e o que são hoje. Embora seja um livro histericamente engraçado, é escrito com muita seriedade; é uma espécie de melancolia. É sobre o fim do sonho americano, a morte da esperança.

Naquela época, Martin Luther King tinha sido assassinado, Robert e John F. Kennedy também, e um gângster ocupava a Casa Branca. Foram tempos muito difíceis. E ficaram mais ainda quando o mundo todo soube em detalhes o que o novo presidente tinha feito com seu pênis."

Johnny tinha razão. Assim como também estava certa a única direção lúcida que Thompson poderia tomar, e realmente tomou: ir direto ao ponto e chamá-la de "gonzo". Sem dúvida, foi esse o caminho que ele escolheu quando escreveu *Fear and Loathing in Las Vegas*, em 1971. "Tudo começou quando saí de Las Vegas sem pagar a conta do hotel, dirigindo aquele conversível vermelho, completamente bêbado e doido, voltando para L. A. Foi precisamente o que senti: medo e delírio.

Aclamado pela crítica como sucesso editorial por quase 25 anos, não se sabe por que Hollywood ignorou o livro. O que se sabe é que Hollywood se interessou por inúmeras obras importantes, mas é possível que os homens do dinheiro considerassem *Fear and Loathing* de Thompson muito difícil de ser transposto para a tela. Como traduzir, em imagens, páginas e mais páginas de loucura e paranoia alimentadas pela droga? Ainda mais difícil era encontrar um cineasta que aceitasse realizar a tarefa.

Quase 25 anos depois, o diretor britânico Alex Cox, mais conhecido por *Repo Man – A Onda Punk* e *Sid e Nancy*, pensou ter a resposta. Com um roteiro nas mãos e um respeitável orçamento de 5 milhões de dólares, ele começou procurando Johnny para saber se estava interessado em fazer o papel de Duke/Thompson. Ele estava. Para Johnny, era muito mais importante obter a aprovação do próprio Thompson. E Cox também conseguiu.

Cox chamou ainda Benicio Del Toro, conhecido por seu papel em *Os Suspeitos*, para fazer o companheiro de viagem de Thompson, Dr. Gonzo. Em seguida, o diretor foi para Aspen conhecer o escritor. Esse encontro, porém, não deu em nada. A ideia de Thompson de passar um dia muito divertido, que incluía colocar uma boneca inflável toda ensanguentada na estrada para indicar o caminho da sua casa, não convenceu Cox. E muito menos as salsichas que Thompson preparou, ou o jogo de futebol que ele quis ver na TV. O autor se lembra: "Nossa! Aquilo foi um exemplo clássico de como um diretor não deve agir com os autores. Primeiro, ele detestava futebol e não quis assistir ao jogo, e quando assei aquelas salsichas ótimas, que eu adoro, ele me disse que era vegetariano".

Não demorou muito tempo para Cox abandonar a direção, por razões que a indústria classificou como diferenças artísticas de opinião, embora uma das versões atribua a ação bem-sucedida a Johnny. As coisas só começaram a melhorar quando Terry Gilliam assumiu a cadeira de diretor.

Gilliam parecia perfeito. Sua escolha também se explica pela credibilidade que sua própria carreira só fazia reforçar. Ele foi o audacioso intérprete de personagens do século XX, e de outros, desde *Os Doze Macacos* até *O Pescador de Ilusões*, de *As Aventuras do Barão de Münchausen* até *Time Bandits*, além da trilogia de Monty Python. Mais que isso, tinha habilidade para criar coisas impossíveis na tela e uma visão que se assemelhava aos desafios à lógica de Tim Burton. Só por isso não surpreende que Gilliam quisesse trabalhar com Depp, e vice-versa.

Na verdade, o ator foi o principal motivo para o diretor aceitar o projeto. "Na minha opinião, Johnny é o melhor ator da sua geração. Foi essa combinação de inventor e invenção que me levou a aceitar o trabalho. Não existe nada que ele não possa fazer. É criativo, rápido, engraçado e trabalha com seriedade."

O sentimento foi mútuo: "Terry chegou e abafou. Ele fez tudo certo. Foi um dos melhores diretores com quem já trabalhei, uma das experiências mais criativas, puras e orgânicas que já tive. Ele te dá uma direção, acende alguma coisa em você e... *boom*! Acontece uma forte explosão, um surto de criatividade".

Ainda assim, foi curioso como tudo aconteceu. Gilliam lembra que "basicamente, eles tinham 5 milhões de dólares para fazer o filme com Alex Cox na direção. Então Johnny chegou e decretou: 'Esse dinheiro não dá para fazer o filme'. E os recursos saltaram para 7 milhões. Então eles tinham o roteiro, tinham Johnny e tinham 7 milhões de dólares, mas não tinham um diretor. Foi quando me procuraram, e eu disse: 'Ok, vou aceitar. Mas vamos escrever um novo roteiro e dobrar o orçamento'". O filme acabou custando 18,5 milhões de dólares.

Depp estava animado: tinha um filme que lhe interessava e um diretor com o qual queria trabalhar. Então decidiu observar Thompson em ação, passando três meses em sua casa em Woody Creek, no Colorado. Em uma ocasião, foi "Ray", o *road manager** e o chefe de segurança de Thompson em uma viagem de divulgação do livro. Não era muito agradável, porém, providenciar o litro de uísque e gelo, entre outras coisas que ele exigia em todas as paradas. Mais tarde, Johnny admitiu: "O que eu não desejaria ao meu pior inimigo era tentar acordar Hunter Thompson".

Mas nem por isso Thompson deixou de se apresentar no The Viper Room, como outros heróis de Johnny já tinham feito em algum momento: Johnny Cash; Timothy Leary, que foi padrinho de Winona Ryder; e o luminar da contracultura Allen Ginsberg, que era amigo de Michael Horowitz, pai de Winona.

"Foi uma pressão tremenda", Johnny confessaria mais tarde. "Eu não queria de modo nenhum decepcionar Hunter. Então dei o melhor de mim para assimilá-lo. Meu objetivo era roubar a alma dele. Eu queria extrair dele o máximo possível e colocar dentro de mim. Sei que pode parecer ridículo e tudo mais, mas me sentia como ele, especialmente quando estávamos trabalhando. De certa forma, era difícil encontrar Johnny porque eu me sentia mais como Hunter. Mesmo nos fins de semana, quando não estava trabalhando, eu era Hunter."

Mas não hesitou em aceitar o papel. Mais tarde, Johnny não se cansava de dizer como tudo, do começo ao fim, tinha sido hilariante. Tanto que continuou apaixonado por Thompson quando as filmagens já estavam concluídas e ele se preparava para entrar no *set* de seu próximo filme.

E mais uma vez, não tinha certeza de como seria. "Talvez eu tenha passado muito tempo com ele. Talvez tenha ido fundo demais. Não sei. Era estranho. Hunter é um ser incrível, algo que vale a pena observar. Se por um lado ele é o próprio cavalheiro do sul, tão sensível, tão cuidadoso, por outro é ácido e sarcástico. E um excelente observador. Sabe, o fato de Hunter estar vivo até hoje é um milagre. A maneira como ele vive, a vida que ele construiu, é diferente de todas as pessoas que conheço."

É provável que não tenha servido para muita coisa o fato de Johnny ligar para Thompson diariamente durante as filmagens e eles conversarem

* "*Road manager*", "gerente de viagem", em tradução literal. (N. T.)

por horas a fio. Gilliam se lembra: "Sou muito diferente de Hunter. Ele tem uma energia fantástica e é muito inteligente. Mas também é muito louco. Eu tinha vontade de mandá-lo para bem longe. Eu queria fazer tudo certo, mas não queria me preocupar com o que ele poderia estar ou não pensando. Queria fazer do meu jeito!".

A maior pressão era, certamente, não passar uma impressão errada sobre o uso de drogas. No livro, Duke e Dr. Gonzo usam quantidades cavalares de todas as drogas conhecidas pelo homem e contracenam com personagens reais e imaginários ao longo daquela viagem surreal e alucinógena para Vegas. Alguns críticos perguntaram a Johnny se *Medo e Delírio* não seria uma apologia ao uso de drogas. "De jeito nenhum. Sabe, quem assiste a esse filme e vê o que aqueles caras ingerem, e sentem, e passam, e depois expelem do corpo, não vai sair por aí dizendo 'Boa ideia! Vou ficar louco e vomitar' ou 'Quero ver gente com seis tetas cabeludas nas costas'. Ah, por favor, é mais um pesadelo alucinógeno. O que as pessoas esperavam? *Peter Pan*? Isto é *Medo e Delírio.*"

No outro extremo, alguns críticos ficavam ansiosos para saber se Johnny sentiu necessidade de conhecer os efeitos daquelas drogas quando se preparava para o papel. "Algumas pessoas não precisam delas; eu acho muito mais divertido representar."

Mas Johnny sabia exatamente aonde eles queriam chegar. Muito se devia ao fato de ele ter falado abertamente à imprensa sobre seu passado. É claro que "provei muita coisa na minha juventude. Experimentei de tudo. E sei bem o que algumas drogas fazem". Infelizmente, ele admite que "houve uma época que eu era autodestrutivo. Minha cabeça funcionava a mil por hora, e eu não sabia se era por causa da fama ou por eu estar crescendo. Não era mais anônimo e não me acostumava com isso – ninguém se acostuma".

A produtora Laila Nabulsi sugere que talvez tenha sido por causa dessas experiências que "ele viu em Hunter uma sensibilidade que muitos não conseguem ou não querem ver. A imagem básica de Hunter, toda aquela loucura, aquela piração, aquele machismo, faz parte da ficção. Hunter é também uma pessoa sensível, profunda, atenta, e Johnny tem todas essas qualidades. Ambos têm o mesmo olhar, a mesma profundidade de alma".

Mesmo assim, deve ter sido muito estranho para Johnny representar alguém que, em outra vida, pelo menos em outro filme, poderia tranquilamente ter sido ele. E explica que "vinha pedindo para ser filmado desde que foi publicado há 27 anos. O livro saiu quando o sonho americano estava terminando. Mas Hunter ainda estava procurando, buscando desesperadamente, desejando que o sonho ainda existisse, e só o que ele encontrou foi loucura, tragédia e ganância por todo lado. Para Hunter, o livro representou uma grande indagação, mas também uma espécie de exorcismo. Ele fala de esperança, de insanidade, de encontrar alguma coisa para acreditar".

É possível imaginar o que os pais de Johnny teriam pensado se o vissem representando Raoul Duke perseguindo o mesmo sonho.

O ator afirma que "é uma ótima história, faz as pessoas rirem e pensar, mas também se assustar e sentir medo. Algumas verão Duke e Dr. Gonzo como uma dupla de malucos que se entopem de venenos químicos. Mas não por curtição, e sim por necessidade".

Existe também uma relação direta entre Johnny e Hunter. "Me lembro de que eu me divertia muito", Johnny comentou. "Ele dá a mesma atenção às faltas e aos pontos válidos. Eu estava com Kate, e é possível que ele tinha mirado a veia romântica quando perguntou se eu batia muito nela. E eu, provavelmente, respondi: 'Sim, ela apanha muito'." Johnny confirma que "li tudo o que foi publicado de Hunter e muita coisa que não foi. O que facilitou muito nosso encontro inicial talvez tenha sido o fato de sermos ambos do Kentucky. Hunter é, sobretudo, um cavalheiro do Sul".

Mas o maior desafio foi se ligar fisicamente, e não apenas emocionalmente, ao personagem. "Tentei ficar o mais parecido possível com ele. Raspei o cabelo no alto e deixei bem curto dos lados. As orelhas de Hunter são maiores que as minhas, então usava pequenos truques para puxá-las um pouco mais para cima. E Hunter tinha uma linguagem corporal única que logo tentei assimilar desde o começo."

A bem da verdade, foi essa linguagem corporal que permitiu a Johnny encontrar mais facilmente a semelhança física. A cabeça e o corpo em constante movimento, por exemplo, e a sempre presente piteira, que funcionava quase como uma antena, compunham um gracioso, embora totalmente fora de ritmo, dançarino que o tempo todo corre o risco de cair do palco. Johnny captou isso com perfeição.

Mas poderia ter sido diferente. "Fiquei intimidado quando Hunter apareceu pela primeira vez no *set*" – a mesma coisa que ele sentiu quando a esposa de Ed Wood visitou o *set* de filmagem. "Tive medo de deixá-lo constrangido, mas ele foi ótimo", e mostrou-se muito prestativo durante todo o projeto. "Ele permitiu que eu fosse sua sombra, em casa, nas viagens, 24 horas por dia, durante um mês. Tive muita sorte por merecer isso. Me transformei nele, até com algum exagero. Hunter é o que eu gostaria de ser: sensível, mordaz, sarcástico, observador. Na época em que morei com ele, procurei absorver seus pensamentos e emoções. O ator Bill Murray (que também representou Thompson em *Uma Espécie em Extinção*) me ligou antes de as filmagens começarem e disse: 'É só um aviso: Hunter nunca mais sairá de perto de você. Levará anos para você se livrar dele'. Bill estava certo."

Medo e Delírio seria lançado em maio de 1998 nos Estados Unidos e em setembro no Reino Unido, após estrear no Festival de Cinema de Cannes e participar da competição, cujo júri, presidido por Martin Scorcese, incluía também Winona Ryder.

A reação da crítica foi silêncio e perplexidade. O consenso era que o filme, assim como o livro, não tinha enredo, embora os elogios à atuação de Johnny no filme excedessem às expectativas. Houve, porém, um resultado inesperado: sua atuação, não importa se boa ou má, foi considerada "mais um daqueles papéis esdrúxulos numa carreira que foge à regra intencionalmente".

Mas por que, perguntavam esses mesmos críticos, ele evitava ser convencional? Johnny também buscou uma explicação: "Talvez por ignorância". E novamente: "Talvez porque eu seja burro e insensível. Mas tenho que me envolver. Eu me envolvi com os personagens que escolhi fazer porque me interessei por eles. Além de ser estimulante, quero fazer uma coisa diferente. Seria bem mais fácil pegar uma estrada já conhecida, mas é muito monótono".

Johnny também atribuía ao envolvimento o término com Kate Moss. O romance "vai e volta" parecia definitivamente terminado, e Johnny sabia de quem era a culpa. "Deixei minha carreira correr solta e não dei a atenção que deveria ter dado a ela. Era bom demais, e eu fui muito burro. É terrível conviver com isso. Acredite, às vezes sou mesmo um imbecil. Nós fomos morar separados e só nos falávamos por telefone duas vezes por semana. Eu estraguei tudo. Sinto muita saudade dela e não sei por que não ficamos juntos, não pensamos em formar uma família."

Talvez tenha sido outro o motivo pelo qual a relação com Kate não deu certo, como não tinha dado com Winona. As duas tinham carreiras promissoras em suas respectivas áreas, e talvez filhos não fossem prioridade para elas, como eram para Johnny. Mas isso não impediu Kate de se encontrar com Johnny em Cannes e depois na *première* do filme em Las Vegas. Encontros que geraram especulações sobre uma reconciliação. De nada adiantou Depp continuar usando o anel de caveira de prata que ela tinha lhe dado: eles eram agora apenas bons amigos. "Ela estava na cidade e queria ver o filme. Todo mundo pensou que fôssemos reatar, mas não reatamos", ele se lembra.

Três meses antes do festival de Cannes, a aparição de Johnny e Kate no concerto dos Rolling Stones em 1998, no Madison Square Garden, acompanhados de Ethan Hawke e Uma Thurman, causou a mesma expectativa. "Johnny Depp e Kate Moss reataram", gritou o *New York Daily News*. E continuou: quando eles saíram do concerto, "Depp estava bem animado. Quando o *paparazzo* John Barrett deixou cair seu chaveiro, Depp se abaixou para pegá-lo e pediu que Barrett 'provasse' que era dele. Barrett provou, e Depp jogou o chaveiro de volta na calçada".

O próximo papel de Johnny chegou quando ele já finalizava os trabalhos em *Medo e Delírio*. Para seu empresário, Tracy Jacobs, era o papel ideal. Se não isso, ao menos seria uma boa oportunidade para mudar. *Enigma do Espaço* (*The Astronaut's Wife*), de Rand Ravitch, começaria a ser filmado em 14 janeiro de 1988, com lançamento previsto no final do mesmo ano. Ainda em pré-produção, o filme já prometia. Imagine "Johnny Depp perseguido por alienígenas", escreveu um dos muitos jornalistas presentes na locação em Nova York. "Sombras, casaco preto, cigarrilha na boca, cabelo muito curto – é assim que Depp corre pelas ruas de Nova York. No alto da escada do metrô, ele para rapidamente para pegar uma pasta preta deixada sobre o corrimão por uma jovem, alguns segundos antes. Com os documentos explosivos debaixo do braço, ele desaparece na multidão."

Era, de acordo com as informações divulgadas pela produtora New Line, um apavorante suspense psicológico sobre uma mulher que beira a loucura pela terrível suspeita de que o pai dos gêmeos que ela espera não é o homem com quem ela se casou – e talvez nem seja humano.

Jillian e Spencer Armacost, representados por Charlize Theron e Johnny Depp, são um casal perfeito que vive o sonho americano até que, num dia fatídico, Spencer, astronauta do ônibus espacial em missão de rotina, perde misteriosamente o contato por dois minutos com a sala de controle. O que aconteceu nesse apavorante intervalo de tempo Jillian jamais saberá.

Embora Spencer retorne são e salvo e seja condecorado como herói pelo próprio presidente, Jillian começa a presenciar uma terrível metamorfose. Quando Spencer lhe comunica que abandonará o programa espacial para ser um representante de equipamentos de defesa em Nova York, cidade que ele detesta, Jillian reluta, mas concorda.

Uma vez em Nova York, Jillian e Spencer retomam a rotina – aparentemente. Quando Jillian descobre que está grávida de gêmeos, Spencer se emociona. Mas a boa notícia é ofuscada por visões assustadoras e sons estranhos que invadem os sonhos de Jillian. Ela não sabe o que está acontecendo e fica assustada – os sonhos são quase reais, e sua vida com Spencer se transforma em longos dias de solidão e confusão.

Medos e suspeitas aumentam quando Sherman Reese, o oficial da Nasa que tinha sido despedido por suas "ilusões paranoicas" sobre o incidente no espaço, a procura para lhe contar que algo realmente aconteceu naqueles dois minutos sem comunicação, algo terrível que mudou Spencer e fez dele um participante involuntário de uma tentativa de invasão do planeta por seres de outro mundo. Spencer está cada vez mais perturbado, o que ele faz e por onde anda permanece no mais completo mistério. Jillian corre contra o tempo para conhecer a verdade sobre seu marido, antes que ele mude o futuro da humanidade para sempre.

Quando o trabalho em *Enigma do Espaço* terminou, Johnny queria dar um tempo, mas já tinha se comprometido com outro filme. A revista *Empire*, em contagem regressiva de futuros filmes, sugere que em *O Último Portal* (*The Ninth Gate*) "Depp permanece em território similar ao de *Enigma do*

Espaço, ainda a ser lançado. Aceitando um cachê menor pela oportunidade de trabalhar com Roman Polanski, o filme, baseado no livro *The Club Dumas*, de Arturo Perez-Reverte, traz Depp como um especialista em livros raros que, ao procurar duas cópias de um demoníaco texto antigo, se vê envolvido numa conspiração sobrenatural sobre a qual não tem nenhum controle. O elenco multimilionário, uma das características de Polanski, inclui Frank Langella, Emmanuelle Seigner e Lena Nolin, além de pitorescos cenários continentais onde ocorrem os fatos inexplicáveis. O resultado é promissor – especialmente para quem gosta de um terror mais inteligente".

E foi em Paris, onde o filme estava sendo rodado, que Johnny viu Vanessa Paradis pela primeira vez, embora não soubesse quem ela era. Fazia 12 anos que o primeiro single de Vanessa, "Joe Le Taxi", tinha estourado nas paradas internacionais. Na ocasião, ela tinha apenas 14 anos.

Naquela época, ela estreava no cinema francês com o filme *Boda Branca* (*Noce Blanche*), de 1989, e nos dez anos seguintes atuaria em outras quatro produções, das quais a mais elogiada foi *La fille sur le pont*, de 1998. Com sua aparência de Lolita, ela marcou presença também no mundo da moda e da fotografia como o novo rosto do perfume Coco de Chanel e o novo corpo das fotos de Jean-Paul Goude.

Johnny não sabia nada disso quando a viu no bar do Hotel Costes. Mas nada o impediu de lhe oferecer um drinque e, repetindo o gesto com Kate Moss, sentar-se à sua mesa. Embora ainda não se sentisse pronto para embarcar em outro relacionamento, a emoção falou mais alto. Alguns meses depois desse primeiro encontro, eles já dividiam um apartamento no alto de Montmartre, em Paris, e logo depois ela engravidou do primeiro filho do casal. E, se tudo corresse conforme planejado, a filha de Vanessa e Johnny, Lily-Rose Melody Depp, nasceria em 27 de maio de 1999, em Paris. E ela nasceu.

"Eu quero conceber uma criança, tomá-la nos braços e alimentá-la", ela havia dito em um entrevista no ano anterior. Johnny teria dito a mesma coisa em Cannes exatamente na mesma época. "Tenho muita vontade de sossegar, ter dois filhos, uma esposa, um peixe dourado e ver televisão até às 11 da noite. E quero envelhecer com uma barriga de cerveja, sentado numa poltrona. Parte de mim vai adorar se isso acontecer, mas outra parte ainda precisa rolar na lama."

Os pais de Vanessa ficaram encantados. "Ela apresentou Johnny à família e todos gostaram muito dele", revelou um amigo. "Está na cara que ele é louco por ela." Alguém disse que a notícia foi devastadora para Kate Moss, que nessa época se recuperava de uma estafa na clínica Priory de Londres, onde são tratados pacientes com depressão, distúrbios alimentares e abuso de álcool e drogas.

Foi onde Kate, pouco antes de receber alta, quase pôs fogo no lugar, assim como Winona havia feito cinco anos antes no quarto de hotel em Portugal, quando adormeceu com um cigarro entre os dedos. De acordo com Jess Hallett, da agência Storm Models onde Kate trabalhava: "Com apenas três extintores o fogo foi apagado. Terminou rápido e não foi nada sério. Kate ficou bastante envergonhada. Mas também deu muita risada".

É bem provável. Ao mesmo tempo, a imprensa não titubeou em responsabilizar Johnny pelo incidente. Ele teria presenteado Kate com uma BMW e um bilhete: "Fique boa logo". Ela ficou tão feliz, observou o *Daily Post* de Nova York, "que pediu ao motorista que a levasse para dar uma volta no carro". Ele levou. O problema é que Kate deixou suas velas de meditação muito próximas do lenço que ganhara de sua mãe, e o lenço pegou fogo. E o quarto também. O *Evening Standard* de Londres lembrou que era a segunda "namorada de Depp que provoca um incêndio acidental após romper com o ator".

O incidente também deu margem a boatos de que o casal teria reatado. Dominic Dohan escreveu no *Sun* menos de um mês depois: "Eles foram vistos em atitude romântica em uma festa em Notting Hill, West London. Minhas fontes garantem que eles conversaram durante horas. E, embora tenham deixado a festa separados, o carro e o motorista de Johnny foram vistos minutos depois na frente da casa de Kate, apesar da gravidez de Vanessa Paradis".

É claro que Johnny não dava importância às especulações, mas era impossível não ficar perturbado com essas invencionices. Outro jornal, desta vez o americano *National Enquirer*, foi ainda mais longe, ao sugerir que "não há mais dúvida: Johnny continua apaixonado por Kate, e ela por ele". E o mesmo jornal continua: "Quando Vanessa leu nos jornais ingleses que Kate e Johnny reataram, ela enlouqueceu". A mesma coisa aconteceu quando Johnny e Winona estavam juntos. Não cessavam rumores de que tanto um como o outro saíam com outros jovens astros. E, da mesma maneira, Johnny, Kate e Vanessa ignoravam a provocação e se recusavam a alimentar os boatos com respostas.

O ator, agora com quase 36 anos, só pensava em ter filhos. "É a hora certa. Se ficar mais velho, acho que não consigo mais tê-los. Estou pronto para ter um. E também sou conservador em relação ao casamento: quero uma casa no campo com cerca de estacas e um casal de cachorros. Esse é meu maior sonho."

Ainda não tinha se passado um mês desde o término de *O Último Portal* quando Johnny embarcou para Londres. Seu velho amigo Tim Burton, de *Edward Mãos de Tesoura* e *Ed Wood*, estaria esperando por ele e, por já ter trabalhado com Johnny em dois filmes, sabia exatamente o que esperar: um dos atores mais respeitados dos Estados Unidos.

Não é surpresa que Johnny tenha aceitado unir forças com Burton, desta vez para uma adaptação de Andrew Kevin Walker da clássica história de Washington Irving, *The Legend of Sleepy Hollow*. Com o longo título original resumido para *Sleepy Hollow (A Lenda do Cavaleiro sem Cabeça)*, o filme, de acordo com a *Entertainment Weekly*, se distanciava muito da história original. Em vários aspectos, ele termina onde a história clássica começa e dá muito mais destaque a sangue e vísceras. Era uma espécie de homenagem direta aos filmes de terror da Hammer, do final dos anos 1950 e começo dos anos 1960.

Embora a Hammer fosse uma pequena produtora britânica que, desde a década de 1930, só produzia filmes B, no final dos anos 1950 os seus *A Maldição de Frankenstein* e *Drácula* inauguraram uma nova fase de filmes de terror estilosos e elegantes, que deram fama e prestígio à Hammer Films. Com mais de 70 filmes de terror, ficção científica, aventura pré-histórica e suspense nos 20 anos seguintes, a produtora conseguiu se estabelecer como a melhor nos gêneros acima.

Diante disso e dos inúmeros fãs de qualquer coisa que a Hammer fizesse, pode-se dizer que o membro mais inspirado do elenco, tanto para Burton quanto para Johnny, era Christopher Lee, o ator inglês que até hoje é um dos vilões favoritos das telas, principalmente pelos primeiros filmes de terror que fez para a Hammer e por seu papel mais famoso como Conde Drácula. Somando-se à sua recente atuação em *Senhor dos Anéis*, ele não só aterrorizou como encantou plateias em 66 anos de carreira e 300 créditos nas telas. Mas foi *A Lenda do Cavaleiro sem Cabeça* que o tirou da aposentadoria e o trouxe de volta para a linha de frente. Para o jornal *The Guardian*, Lee é hoje o ator mais talentoso do planeta.

Em sua autobiografia lançada em 2003, Lee conta que Burton queria que ele fizesse apenas uma aparição de cinco minutos no início do filme. Isso bastou para lhe "dar muita sorte", que nunca mais o abandonaria. Na cena inicial, na Prefeitura, a missão de Lee como o Burgomestre de Constable Crane é ir até uma cidade distante chamada Sleepy Hollow, nas montanhas, onde várias pessoas tiveram a cabeça cortada, e oferecer seus conhecimentos científicos para solucionar o mistério.

"É uma história gótico-cômica", prossegue Lee. "E Johnny, de quem me tornei amigo, fez um excelente trabalho para desvendar o estranho mistério do cavaleiro sem cabeça que sai de dentro do tronco de uma árvore para aterrorizar os moradores de um vilarejo holandês. A lenda gira em torno do cadáver atormentado de um soldado hessiano que morreu na Guerra Revolucionária e foi deixado para trás. Na cabeça encontrada, vê-se que os hessianos afilavam os dentes em pontas, algo tão assustador quanto a falta da cabeça."

Ainda que o filme fosse um tributo pessoal de Burton para a Hammer, o local das filmagens, segundo um observador, incorpora a marca registrada do diretor, aquelas inesperadas esquisitices que se veem em seus filmes. "Lembra-se daquele bosque onde você costumava brincar na sua infância? Imagine-se cavando toda a mata – árvores, morros e tudo mais – e transplantando para o estúdio. Bem, era mais ou menos assim. Mas melhor. Me convenci de que era real, mas havia algo de irreal nela.

"Lembra da abertura de *Beetlejuice* – como alguma coisa parece fora de lugar? Bom, lá acontecia a mesma coisa. As árvores não têm folhas e são fantasmagóricas. As paisagens são todas impressionistas e principalmente monocromáticas. Quanto mais você olha para aquela floresta, mais desordenada ela é."

Os atores recrutados para os outros papéis tinham a mesma opinião. Johnny Depp aceitou fazer Ichabod Crane muito antes de o resto do elenco ser reunido. Christopher Walken faz a aparição sem cabeça que galopa em seu cavalo. Michael Gambon e Miranda Richardson são Baltus Van Tassel e a Velha Crone. Embora não apareça nos créditos como o assustado passageiro da carruagem que é perseguida pelo cavaleiro sem cabeça, Martin Landau, o respeitado ator norte-americano que deu vida a Bela Lugosi em *Ed Wood*, e é considerado por muitos o verdadeiro e único Conde Drácula, também se tornou um veterano nos filmes de Burton (e de Johnny).

Michael Gough, outro contratado da Hammer e um pouco mais velho que Christopher Lee, também saiu da aposentadoria para fazer uma ponta no filme. A decisão de convocar Christina Ricci, que contracenou com Johnny em *Medo e Delírio*, para fazer a heroína, Katrina Van Tassel, também foi instintiva. Ela se lembra de ter visto Johnny pela primeira vez no *set* de *Minha Mãe é uma Sereia* e que, na época, ele estava com Winona.

"Eu tinha nove anos de idade e não sabia o que era *gay*. Perguntei a Winona, e ela me disse: 'Não sei te responder isso, pergunte para o Johnny'. Johnny explicou que havia várias teorias sobre a existência dos *gays*, o que era ser *gay* e – isso eu não consegui entender –, como os *gays* faziam sexo. Johnny foi ótimo. Oito anos depois, cheguei para o ensaio de *Medo e Delírio* e ele se lembrou de mim, das nossas conversas, e da minha mãe, Sarah. Ele perguntou dela e dos meus irmãos, se eles estavam bem. Johnny é sempre delicado e atencioso."

Enquanto trabalhava com Tim Burton e aguardava o lançamento de um filme de 1998, *Absolutamente Los Angeles* (*LA Without a Map*), em que fizera uma participação como ele mesmo em uma galeria de arte francesa, alguns tentaram ligar seu nome ao de sua ex-namorada Winona Ryder no mais recente filme de Michaelangelo Antonioni, *Just to Be Together*. A assessoria de imprensa de Johnny nem tinha ouvido falar nisso. Muito menos a de Winona. Mas, segundo a revista *Now*, Matt Damon, namorado de Winona na época, ficou seriamente preocupado.

Johnny adora Winona, confidenciou um daqueles "amigos" convenientes que estão sempre dispostos a comentar a vida amorosa do *showbiz*. "E ela reserva um lugar especial em seu coração para ele, por ter sido seu primeiro grande amor." Não se faz uma afirmação dessas pelo bem de alguém, muito menos nos tabloides. Winona afirma: "Johnny e eu não somos unha e carne, somos apenas bons amigos. Mas prefiro me lembrar dele sem sentir aquela coisa ruim na boca do estômago, o coração apertado, ou pensar que ele me odeia. Quando a gente termina uma relação, passa por tudo isso".

Terminar uma relação, Winona continua, é "difícil para qualquer um. E fica muito mais sofrido quando sua vida é documentada e você vê a foto da pessoa em todo lugar. A maioria das pessoas não tem esse problema. Nosso rompimento foi uma história sem fim porque se tornou público. Não sabíamos como lidar com isso. Meu primeiro relacionamento de verdade foi com Johnny. Foi um amor muito profundo que não sei se vou sentir outra vez... O primeiro amor é assim, não é? Foi uma época muito intensa".

Não tão intenso foi o fato de as duas estrelas serem envolvidas em projetos que nunca deram em nada. E até hoje isso continua. O mais recente foi o boato de que ela faria o principal papel feminino em *A Lenda do Cavaleiro sem Cabeça,* protagonizado por Christina Ricci. Se fosse verdade, e se Winona tivesse realmente passado o papel adiante, não teria sido por outra razão senão por estar comprometida como estrela e produtora de *Garota Interrompida,* e não quisesse que nada interferisse num projeto que, segundo alguns, tornou-se sua obsessão.

Outro boato que circulava em Hollywood desde que Johnny e Winona fizeram *Edward Mãos de Tesoura* é que eles fariam a versão filmada de *Dream Lovers,* a história real de Bobby Darin e Sandra Dee, baseada no livro de Barry Levinson, filho de Darin. De acordo com a internet, passados oito anos Johnny ainda era cotado para o papel. Curioso é que Winona estava lendo esse livro enquanto filmava *Boys,* dois anos depois.

Outro filme biográfico, *Empire: The Life, Legend and Madness of Howard Hughes* (*Império: a Vida, a Lenda e a Loucura de Howard Hughes,* em tradução livre) também atribuiria a Johnny o papel-título e chegou a ser considerado o mais difícil que ele teria feito. Milionário desde os 18 anos de idade, Hughes era um playboy e celebridade, e produziu filmes como *Hells Angels* e *O Proscrito* (*The Outlaw*). Mas tornou-se ainda mais famoso por sua paixão por aviões. Tanto quanto Charles Lindberg, senão mais. Seus casos com algumas das mais belas mulheres de Hollywood tornaram-se igualmente notórios, entre elas, Jean Harlow e Katharine Hepburn. Do lado mais trágico, sua fama também se devia ao crescente isolamento. Tudo começou quando ele sobreviveu a um acidente aéreo e se tornou dependente de drogas, tal como Elvis Presley mais tarde.

Quando morreu, tinha os cabelos e as unhas longas, e estava confinado em seu quarto havia muito tempo. Não só isso, mas tinha verdadeiro pavor de doenças e contaminações. Segundo o livro no qual o filme se baseou, em seus braços foram encontradas agulhas hipodérmicas com as pontas quebradas, enfiadas na pele.

Também existiam planos de que Johnny voltasse a trabalhar com Terry Gilliam, seu diretor em *Medo e Delírio*, numa versão filmada do clássico de Miguel de Cervantes, *Dom Quixote*. Ele faria um homem moderno que volta ao século 17 e Quixote o confunde com seu escudeiro Sancho Panza. Com título provisório de *The Man Who Killed Don Quixote* (*O Homem que Matou Dom Quixote*), a produção recebeu luz verde, no início de 2001, da sucursal francesa da inglesa Studio Canal Plus, com orçamento declarado de 32 milhões de dólares.

Mas, infelizmente, o primeiro filme em que Johnny e Vanessa apareceriam lado a lado nos papéis centrais estaria fadado ao fracasso desde o início. Não significava apenas a oportunidade de trabalharem juntos, mas a facilidade de poderem cuidar pessoalmente de Lily-Rose enquanto trabalhavam. Embora não tenham feito nenhuma cena juntos, Vanessa reconhece hoje que "teria sido muito difícil trabalharmos no mesmo filme". Ela não queria decepcionar o homem a quem mais queria impressionar com sua atuação. "Ele tem muito mais experiência do que eu. E quero que ele se orgulhe de mim em todas as áreas."

Com orgulho ou sem orgulho, foram muitas as similaridades práticas com *Divine Rapture* de seis anos antes. Novamente, a produção foi interrompida e suspensa apenas cinco dias depois de começarem as filmagens. O ator francês Jean Rochefort, que faria Quixote, abandonou os trabalhos após uma crise de hérnia de disco e, aparentemente, não foi substituído. Além dessa, havia inúmeras outras razões, como a questão financeira que adiou o projeto por tempo indeterminado. Embora muitos garantissem que as filmagens seriam retomadas em dois meses, com ou sem Rochefort, pelo que se viu no documentário de Keith Fulton e Louis Pepe sobre as idas e vindas do filme *Lost in La Mancha*, parecia improvável. Com as ideias sobre o filme já solidificadas, Gilliam passou anos levantando o dinheiro necessário em fontes europeias, mas preferiu repassá-lo a Hollywood para não ficar de fora do processo ou descobrir que o filme estava todo cortado quando fosse lançado. Experiência que muitos diretores haviam enfrentado no passado.

Um deles foi Gillian Armstrong, diretora de *Fires Within*, de 1991, filme que resultou num grande fracasso. Hoje, Armstrong filosofa ao falar do projeto: "Foi a história de sempre em Hollywood. Faz parte do jogo. Eles dão o dinheiro e depois dizem à diretora, que fez um sucesso de cem milhões de dólares para eles, que a versão final não é dela. É mera questão de sorte, você não tem controle de nada". Mas ela decidiu correr o risco.

Se Johnny e Vanessa ficaram tão decepcionados quanto Gilliam com todos esses revezes, não tiveram muito tempo para lamentar. Roman Polanski, o diretor de Johnny em *O Último Portal*, presenteou-o com o Cesar, o equivalente francês do Oscar, por sua contribuição às artes. Johnny ficou imensamente agradecido e leu um breve agradecimento previamente providenciado, porque seu francês, segundo ele, não era muito bom.

"Não consigo entender muito bem o conceito de homenagem em geral, e detesto a ideia de competição. Só compito comigo mesmo, para avançar cada vez mais em meu trabalho. Ninguém é melhor, somos apenas diferentes. Mas é uma grande honra receber este presente da França porque adoro e respeito este país, por permitir que a arte se mantenha viva. A todos que me acompanharam nesta estrada, muito obrigado."

Aproveitando os fins de semana longe das filmagens, Johnny e Vanessa nem imaginavam o que aconteceria naquela noite de fevereiro de 1999, quando saíram do restaurante Mirabelle, em Londres. Ninguém esperava ver tantos fotógrafos do lado de fora, prontos para fotografá-los.

Um dos fotógrafos presentes conta que "alguém deu a dica de que Depp estava no restaurante. Quando a gente chegou, ele já estava lá. Saiu pela porta lateral, pegou uma das câmeras e avisou que não queria ser fotografado. Ameaçou quebrar a cabeça de quem fizesse isso. Disse que ia matar um de nós. A gente achou que fosse só exagero. Logo depois, a namorada dele saiu com a cabeça coberta e um fotógrafo tirou várias fotos dela".

"Depp berrou: 'Você tá querendo confusão? Eu vou te matar'. Ele saiu com um pedaço de madeira que segurava a porta. Acho que pegou do lado de dentro. E ameaçou acertar a cabeça da gente, avançou pra cima, perseguiu a gente, nos ameaçando com aquele pau. E correu atrás de nós no meio da rua. Ninguém conseguiu tirar nenhuma foto."

"Cinco minutos depois, alguém chamou a polícia. Então o cara que estava com ele veio, bateu a minha câmera no meu rosto e fez um corte na minha testa. Eu estava recuando, voltando para o restaurante, quando a polícia chegou. Depp veio atrás de mim com o pedaço de madeira embaixo do braço, me ameaçando. Em seguida, um policial saltou sobre ele e o agarrou. Ele não soltou a madeira, nem quando foi enfiado atrás do camburão. E continuou me ameaçando até o policial tirá-la da mão dele."

Seja qual for o motivo para tamanha explosão, e provavelmente tinha a ver com sua resposta à exposição na mídia, Johnny nunca fez nenhum comentário sobre esse incidente. Ele deixou isso para seu porta-voz e para a Scotland Yard. "Um homem de 35 anos foi detido e solto sem acusação formal. Ele não está sob fiança e não tem que nos dar satisfação de sua vida."

Infelizmente, muitos insistiam em criticar o comportamento de Johnny. Manchetes como "A noite vergonhosa do selvagem de Hollywood" não ajudaram em sua defesa. Piores ainda foram as fotos da prisão que adornaram os tabloides na manhã seguinte e puseram ainda mais lenha na fogueira.

Mas Winona Ryder insiste em dizer que "ele é uma pessoa muito legal. Certas coisas que dizem dele não são verdade, como esses boatos que circulam por aí. Essa história de *bad boy*. Ele não é mau, é um bom rapaz, incapaz de machucar alguém. Na verdade, é uma pessoa maravilhosa".

Provavelmente ela tinha razão. Embora Johnny tenha se juntado a Dawn French para fazer um quadro para o Comic Relief de *Vicar of Dibley*, e também uma participação no último episódio do seu programa favorito na televisão britânica, *The Fast Show*, ele decidiu ser mais discreto do que vinha sendo ultimamente. Apesar de seu comportamento recente com os *paparazzi* londrinos provocar uma onda de críticas de quem não gostava de celebridades mal-humoradas, ao menos serviu para que ele pensasse melhor sobre o sucesso. Mesmo trabalhando em Hollywood, não precisaria viver lá.

Carreira Novamente em Ascensão

Quero continuar trabalhando. Ainda me assusta um pouco ter que fazer aparições, fazer alguns bicos. Mas tenho muita, muita sorte que as pessoas continuem me contratando.

Quando Winona recebeu a sentença de 480 horas de prestação de serviço comunitário, três anos de *sursis*[*] e multa de milhares de dólares em outubro de 2002, quase um ano depois de ser pega furtando em uma loja Saks da Fifth Avenue em Beverly Hills, Johnny, velho conhecido dos tabloides, ficou horrorizado com o tratamento que a mídia deu a ela e ao caso durante o julgamento, que foi amplamente noticiado no mundo todo. Ele não conversava com ela havia um bom tempo, já a considerava "página virada", mesmo assim Johnny tinha certeza de que sua ex-noiva se recuperaria rápido. "Ela é uma boa pessoa e também muito forte. Vai conseguir sair dessa."

Embora ela ainda não tivesse saído, Johnny se mostrou reticente sobre incluir seu nome na luta de Winona pela soltura de três assassinos confessos só porque ela estava convencida da inocência deles. Ela chegou a usar uma pulseira em homenagem ao trio. Conhecidos como Os Três de Memphis, Damien Echols, Jason Baldwin e Jessie Miskelley eram adolescentes quando foram presos pelo assassinato ritualístico de três meninos de 8 anos de idade em West Memphis, no Arkansas, em 1993. Isso aconteceu no mesmo ano em que Winona iniciou uma cruzada para encontrar o matador de Polly Klass, a criança sequestrada. Parece que o documentário para a televisão *Paradise Lost: The Child Murders at Robin Hood Hills* (*Paraíso Perdido: Os Assassinatos de Crianças em Robin Hood Hills*), de 1996, levantou dúvidas sobre a culpa

* *Sursis* (ou Suspensão Condicional da Pena) é um dispositivo legal que permite ao condenado não ficar na cadeia, mas em liberdade por um período de observação, caso não pratique nova infração durante esse tempo. (N. T.)

dos três homens, o que mobilizou vários artistas, Johnny entre eles, a aderirem à campanha de Winona.

Nessa época, Johnny desfrutava a mais bem-sucedida temporada de seus grandes sucessos. Tudo começou no Festival de Cinema de Veneza, em 2000, quando o primeiro deles, *Antes do Anoitecer* (*Before the Night Falls*), estreou no cinema e ganhou o Grande Prêmio do Júri. Era o segundo longa-metragem do artista e realizador nova-iorquino Julian Schnabel, cujo nome se firmou em 1996 na direção de *Basquiat*, filme sobre o grafiteiro de Manhattan que saiu das ruas para a fama, mas não sem mergulhar na loucura.

Antes do Anoitecer é baseado nas memórias póstumas do poeta cubano Reinaldo Arenas, um exame episódico da vida do autor exilado, desde a infância até sua morte na cidade de Nova York. Arenas nasceu na mais completa miséria na Cuba pré-Castro e, desde pequeno, segundo um professor, exibiu o dom da poesia. Quando o avô soube disso, espancou o menino, que mais ou menos transferiu esse padrão para sua vida adulta. Apesar de ele exercitar seu dom de poeta e romancista, a sociedade o jogava constantemente para baixo. Talvez por ser homossexual.

No filme e na vida real, Arenas culpa Fidel Castro por toda sua desgraça. Ainda na adolescência, ele se junta aos revolucionários nas montanhas, e quando Castro toma o poder e espalha sua campanha anti-intelectual e anti-homossexual, é tratado como marginal em seu próprio país. Por fim, ele é jogado em uma prisão cubana, onde fica por sete anos, até 1980. Só então aproveita o barco que transporta criminosos, *gays*, doentes mentais e outros incapacitados, considerados indignos de serem cubanos. Dez anos depois, em Manhattan e morrendo de aids, ele comete suicídio ingerindo pílulas e, para que não haja erro, enfiando na cabeça em um saco plástico no qual se lê "Amo NY".

O crítico de cinema Roger Ebert escreveu que *Antes do Anoitecer* conta a história da vida de Arenas através de suas palavras e das imagens de Schnabel. "Schnabel é um pintor que transporta para a tela imagens minuciosas de sequências de sonhos, memórias de infância fragmentadas e do submundo cubano habitado por Arenas e outros não conformistas. Não há sequência mais impressionante do que a de Arenas chegando cambaleante a uma colônia miserável de dissidentes e descobrindo que, nas ruínas de uma antiga catedral, eles constroem um balão de ar quente com o qual esperam chegar até a Flórida."

No filme, Arenas é representado por Javier Bardem, ator espanhol especializado no macho heterossexual. "Mas ele não faz Arenas como *gay*, e sim como um homem cujo corpo lembra o de alguém que usa roupas um número menor", continua a crítica. "O espectador, por sua vez, aceita Arenas como *gay* só porque a história diz que é e porque não há regras sobre como um homossexual deve ser ou se comportar. A sensação que se tem é que o Arenas do filme não é *gay* de dentro para fora, mas escolheu esse caminho pela compulsão de desafiar Castro de todas as maneiras possíveis."

O filme tem mais dois personagens homossexuais convincentes, ambos representados por Johnny: o tenente Victor, um militar janota de calças muito justas, e "Bon Bon", um travesti extravagante que circula livremente pela prisão de Castro e contrabandeia poemas de Arenas para fora do presídio, escondendo-os num lugar que a maioria de nós consideraria o mais inconveniente para um romance.

Segundo notas da produção do filme, Bardem gostou muito de trabalhar com Depp. "Ele fez um trabalho incrível, foi muito generoso e colaborativo. Entrou completamente no personagem Bon Bon, e jamais me esquecerei daquela cena dele com o tenente Victor. Eu o admiro muito, como ator e ser humano."

Apesar de ter uma participação secundária ao lado de um Sean Penn quase irreconhecível e do galã francês Olivier Martinez, mais conhecido por contracenar com Diane Ladd no *Infiel*, de Richard Gere, Schnabel se emociona por contar com Johnny no elenco. Ele revelou a Christopher Head, anfitrião do programa de televisão *Reel to Real*, que "Johnny poderia não ter levado com tanta tranquilidade a situação. Eu disse o que eu queria que ele fizesse, e ele fez. Eu o admiro muito por isso e sou bastante grato a ele por ter cedido seu tempo para fazer o que fez".

Embora sua participação tenha sido relativamente pequena, não foi a única. Antes de filmar *Antes do Anoitecer*, Johnny fez um pequeno papel em *Por que Choram os Homens* (*The Man Who Cried*), talvez o filme menos visto até hoje.

Passado em Paris às vésperas da Segunda Guerra Mundial, o filme é um drama romântico sobre os caminhos diversos de quatro estrangeiros que se cruzam em consequência das escolhas que são obrigados a fazer para sobreviver. O enredo gira em torno de Suzie, a jovem cantora judia representada por Christina Ricci, que encontra sua voz com a ajuda de um glamouroso bailarino russo, que por sua vez a conduz pela mágica cidade-luz. Encontra o amor ao se deixar cativar pelos modos misteriosos de um cigano enigmático, representado por Johnny, e se decepciona com um voluntarioso cantor de ópera. Suzie é obrigada a escolher entre ficar com seu único amor ou fugir de Paris, sua única chance de sobreviver. Nessa dúvida que a atormenta, ela encontra forças para realizar seu sonho de chegar a Hollywood.

Johnny gostou tanto de fazer participações que decidiu repetir a experiência em seu próximo filme, *Chocolate* – uma parábola sobre pessoas, relacionamentos e um vilarejo que mudam radicalmente quando descobrem o prazer de viver, nem que seja uma única vez. É uma história de tentação, repressão e poder libertador dos sentidos. É sobre uma pequena cidade que vira de pernas para o ar quando paixões e temores são despertados pela chegada de uma misteriosa loja de chocolates.

No centro da história está Vianne Rocher, mulher com poderes especiais que chega ao vilarejo francês de Lansquenet e abre uma chocolateria cujos doces deliciosos, além de estimular o paladar, curam esperanças perdidas e despertam emoções inesperadas. O efeito da sua chegada a esse lugar é imediato e extraordinário. Os mais velhos revivem amores da juventude; casais desgastados reacendem a fagulha e vizinhos em guerra tornam-se bons amigos.

Mas os suntuosos doces de Vianne também provocam um embate entre a paixão e a indignação moral. Enquanto alguns começam a se soltar, outros se fecham, estes liderados pelo moralista conde de Reynaud, que declara Vianne inimiga pública número um. Quando ela está prestes a erguer a bandeira branca, um romance inesperado com um estranho a obriga a escolher entre abandonar o lugar hostil ou fazer algo de realmente bom por seus amigos.

Baseado no romance de Joanne Harris, de 1999, *Chocolate* é também a história das lutas enfrentadas pela liberal Vianne para aceitar o que a vida lhe reservou. Tal como no romance, leitores e espectadores são conduzidos pelo uso dramático do chocolate como uma metáfora da libertação dos poderes do prazer.

A história de Harris encantou o diretor sueco Lasse Hallström, o primeiro a ser escolhido para dirigir Cher e Winona no filme *Minha Mãe é uma Sereia*. Antes, ele tinha feito *Minha Vida de Cachorro*, de 1985, e mais recentemente o elogiado *Regras da Vida*, com Michael Caine, com várias indicações ao Oscar. Entre um e outro, Hallström dirigiu Johnny Depp em *Gilbert Grape – Aprendiz de Sonhador*.

Mas o que importa é que ele ficou encantado com a exploração dos bons momentos da vida e como eles podem brotar do amargo, do escuro e do meio-amargo. De várias maneiras, o enredo defende não só a tolerância aos bons prazeres, como o chocolate, mas convida a uma compreensão mais profunda das fraquezas e peculiaridades do ser humano. "Para mim, é uma fábula divertida sobre a tentação e a importância de não se dar as costas às boas coisas da vida. É o eterno conflito entre tradição e mudança. E no centro de tudo estão a tolerância e as consequências de impedir as pessoas de viverem suas próprias vidas e crenças."

O que mais deixou Hallström intrigado foram os vários matizes, que têm a essência mágica dos contos de fadas, presentes em uma série de personagens cujas emoções e interesses, dos erros conjugais às desonestidades familiares, são palpáveis e em geral comicamente reais. Mas o que mais interessou foram os "múltiplos elementos da história; o drama, a comédia, às vezes ridícula, a poesia, a parábola que não simplifica seus personagens, mas tem raízes na realidade."

"Há um fio condutor em todos os meus filmes, que é a preocupação em representar a irracionalidade humana em todas as suas formas adoráveis, maravilhosas. Em *Chocolate* eu tive a oportunidade de explorar ainda outro conjunto de especificidades dos personagens, que são suas contradições. Por isso eles têm vida própria e nos conquistam. A heroína Vianne é um espírito realmente livre e, ao mesmo tempo, prisioneira de seu destino. Sua nêmesis, o conde de Reynaud, pensa que controla, mas é prisioneiro do seu conervadorismo. Ele olha para a cidade e só vê pecadores e fracassados. Vianne vê apenas seres humanos cujas faltas merecem perdão."

A produtora Kit Golden sabia que só havia um candidato para dirigir o filme, e era Hallström. Na verdade, foi a primeira pessoa em quem ela pensou. Golden se surpreendeu quando perguntou a Juliette Binoche se estaria interessada no papel de Vianne. Ela estava, e aceitou-o imediatamente. Para Golden, foi "um sonho que se tornou realidade".

Coincidência ou não, Hallström também tinha pensado em Binoche. "Juliette sempre foi a primeira escolha, e foi um privilégio trabalhar com ela. Seu personagem está no centro da história; Vianne representa a gentileza, a tolerância, a liberdade do amor. Juliette passa isso com perfeição porque sua forma de trabalhar é estar emocionalmente presente em cena. Ela respeita a câmera e sabe que é preciso muito pouco para transmitir uma emoção profunda. Eu acho que ela pode se expandir neste papel, por ser tão diferente de qualquer outro que ela tivesse feito."

Outra primeira escolha foi Johnny para o papel de Roux, o vagabundo itinerante, ainda que raramente tivesse feito papéis românticos. Mas Depp gostou tanto da história de amor iconoclasta como de trabalhar com Halström pela segunda vez. "Eu faria qualquer coisa que Lasse me pedisse. Era um roteiro bem escrito e combinava muito com Lasse e seu jeito de contar histórias envolventes, divertidas e diferentes que têm algo a dizer."

O roteiro permitiu que Johnny criasse um vagabundo apaixonado por *blues* e guitarras elétricas, como um Django Reinhardt, que tinha tudo a ver com ele. Para explicar por que o personagem lhe agradou tanto, Johnny disse: "Roux era apaixonado por *blues* antigos, e foi a primeira vez que toquei guitarra em cena". Mas ele admite que Juliette Binoche foi outra inspiração. "Ela é uma mulher linda, verdadeira, por quem a gente se apaixona imediatamente. É uma atriz intensa e, se é possível fazer arte no cinema, ela chegou mais perto disso que qualquer outra pessoa."

Embora o ator apareça na tela por apenas 17 minutos, tem uma presença impressionante. O diretor elogia: "Sempre me encanta o que ele faz. Suas escolhas são de muito bom gosto, são precisas, e ele é uma pessoa maravilhosa, delicada".

Outra escolha de bom gosto e a prova de que Johnny é um ator sério, que sabe apostar em projetos interessantes, foi *Profissão de Risco* (*Blow*). O filme, que estreou em Londres em maio de 2001, para onde Johnny viajou da França pelo Eurotunnel, é a história real de George Jung, um jovem de classe média do interior do país que persegue o Sonho Americano como o primeiro importador de cocaína em larga escala nos Estados Unidos.

Em poucos anos, durante a década de 1970, a cocaína em pó deixou de ser uma droga ilegal relativamente desconhecida para se tornar um negócio internacional bilionário, com poder de criar e destruir países. Todo mundo sabe que, por trás da popularidade da cocaína, estavam os poderosos cartéis da droga colombianos, dispostos a ganhar dinheiro a qualquer custo. Mas o que muitos não sabem é que os narcotraficantes colombianos tinham uma conexão norte-americana que tornou tudo isso possível.

De uma hora para outra, Jung passou a dormir, respirar e comer dinheiro, levando a vida fantástica e desregrada que tanta gente deseja ter. Mas, por mais que fizesse, jamais teria a única coisa que realmente desejava: um amor que não o abandonasse.

Como o típico garoto do interior consegue ser o braço direito de Pablo Escobar, o homem-chave da importação da cocaína nos Estados Unidos nas décadas de 1970- 80? *Profissão de Risco* busca uma resposta para essa pergunta. E revela a interessante história da ascensão e queda de George Jung, um homem que usa sua inteligência, ambição, coragem e esperteza para alimentar seus sonhos de ganância. Ao olhar bem de perto as travessias de fronteiras, as lutas ilícitas, as rudes negociações, as execuções brutais, a extensa lavagem de dinheiro e a intensa guerra no sistema judiciário que permite ao grupo seguir em frente, o filme revela o lado escuro do brilho e do glamour dos anos 1970. Num momento em que a droga e o vício ocupam as manchetes dos jornais norte-americanos, *Profissão de Risco* lança um olhar humano e comovente de como chegamos ao que vemos hoje e o preço que pagamos por isso.

Quanto a Demme, o diretor, ele transpôs para a tela a combinação de um retrato íntimo da ambição humana com a história épica do crime e da cultura norte-americana nos últimos 30 anos. "É uma história trágica, e ao mesmo tempo excitante, sexy e divertida, porque o pano de fundo é sempre sexo, drogas e rock'n'roll. É sobre um período em que o país passa por grandes transformações, da inocência ao cinismo, da maconha à cocaína. Mas, para mim, é também uma história pessoal, porque muitos amigos meus sentiram os efeitos do tráfico de drogas na vida de George Jung, numa fase tão intensa de sua vida."

No filme, Jung é mostrado não só como traficante de drogas, o primeiro a reconhecer o potencial lucrativo da cocaína como passatempo recreativo, mas como um homem de seu tempo. Traçando um paralelo com o país, é a trajetória percorrida pela inocência dos 1960 em direção à decadência dos anos 1970 e à desforra e libertação nas décadas de 1980 e seguintes. Para representar um papel tão versátil, Demme queria um ator que fosse original, capaz de sondar intimamente a experiência humana. Só havia uma pessoa.

E esse ator era Johnny. Demme comenta: "Não importa o que aconteça, ele nunca faz um *take* desonesto; desde o primeiro dia foi George Jung, personagem cujas nuanças nunca deixaram de me surpreender. Ele tem um instinto impecável, não só como ator, mas como ser humano".

O produtor Joel Stillerman concorda: "Sabíamos que o sucesso de George Jung dependia da sutileza e da inteligência do ator. Alguém teria que fazê-lo muito maior do que um mero traficante de drogas, e foi exatamente o que Johnny fez. Seus papéis têm uma qualidade cerebral que os conduz por direções inesperadas.

Depp fala com entusiasmo do personagem: "Ele se via como um pirata moderno. Não acreditava no sistema, nos políticos, nas regras e nos patrões. Só queria sair por aí e viver. Não queria terminar seus dias atrás de um balcão como todo mundo, porque tinha uma noção real de liberdade. Ele fazia o que queria, que era sair por aí e viver intensamente. Mas subiu tanto que acabou despencando e perdendo até as pessoas que amava".

Talvez, e sobretudo, Johnny se identificasse de alguma maneira com a vertiginosa ascensão de Jung à fama e à fortuna. Representá-lo "me fez lembrar quando comecei no cinema, porque eu não esperava nada. Mas o dinheiro começou a entrar como eu nunca tinha visto. Acho que aconteceu a mesma coisa com George. Ele só estava entrando em um negócio, era como ele via. No começo, podia ser como a Coca-Cola ou o McDonald's, vender um novo produto. E com o apoio do governo, de políticos de alto nível. Hoje, George reconhece que fez coisas muito ruins, mas só foi atrás do que, no começo, lhe oferecia um futuro promissor".

Ao longo do trabalho, Depp esteve consciente de que representava um ser humano que realmente viveu o que estava sendo dramatizado. Para não perder a chance de ir mais fundo na caracterização, ele esteve na prisão onde Jung cumpre pena até 2014, para assimilar as tentações e adversidades vivenciadas por um traficante de drogas, bem como a imprevisibilidade de sua existência.

Depois de encontrá-lo várias vezes, o ator sentiu profunda responsabilidade por George Jung "porque, imagine!, ele está em uma prisão que não permite visitas longas. Eu não passava muito tempo com ele, mas um dia senti que o personagem encaixou. É um momento emocionante quando você se vê pensando, se movimentando e falando como outra pessoa. Para mim, isso é o que me estimula mais".

Igualmente motivador para todos os envolvidos no filme era ver o ator se transformar no personagem. "Ele assimilou a linguagem corporal", lembra-se a produtora Georgia Kacandes. "Johnny tinha o mesmo olhar estranho. Nota-se uma mudança sutil entre a fase jovem de George e quando ele começa a deteriorar com a pressão e por consumir muita cocaína. O corpo como que desmorona, e isso é incrível. Ele assimila fisicamente o papel sem maquiagem ou figurino. Está tudo na ali, na cabeça dele."

Mas tanta sutileza era resultado das pesquisas que Johnny fez sobre como Jung se esquivava não só do FBI como também dos perigosos cartéis colombianos. "Eu me perguntava como ele conseguia, mas devia ser pela adrenalina. Ele precisava desse pique. A excitação e o perigo eram seu barato. As drogas eram apenas circunstanciais. Ele gostava de ser um pirata, de fazer as coisas à sua maneira. Jung nunca se viu como um bandido. Ele ganhava dinheiro do seu jeito, dando às pessoas o que elas queriam." Mas Johnny lembra que Jung já cumpriu pena o tempo necessário. Ele tem certeza disso. "As pessoas deviam reconhecer que ele é só um ser humano que foi pego fazendo coisa errada. Ele sairá da prisão com 72 anos. Outras pessoas que foram presas pelo mesmo motivo saem em três anos. Ele já pagou sua dívida."

A fim de contar a história da vida de Jung, foi reunido um elenco estelar para representar os personagens variados e não convencionais que o acompanharam em sua trajetória até se tornar o rei da cocaína. Penélope Cruz foi recrutada para ser a esposa drogada, exigente e sensual. Uma estrela de primeira grandeza na Espanha, seu país de origem, Cruz ocupa o primeiro escalão de Hollywood desde que contracenou com Matt Damon em *Espírito Selvagem*.

Damon, que era companheiro de Winona Ryder, apaixonou-se por Cruz durante as filmagens e os dois começaram a namorar.

Se o fato de Winona ter sido trocada por sua protagonista incomodou Depp, ele não demonstrou, e se, apesar do falatório, ele ficou impressionado com Cruz como atriz, o sentimento foi mútuo. Cruz confirma: "Johnny é uma das pessoas mais especiais que já conheci. Ele tem um carisma mágico, natural; eu não sei se alguém nasce com essa qualidade ou se é preciso desenvolvê-la, mas ela é muito rara".

Ela também elogia o papel que representou. Mirtha é "uma mulher de extremos que passa por muitas mudanças. É alguém que, durante um tempo, viveu uma fantasia que a mantinha distante da dura realidade. Era cercada de dinheiro, poder, drogas e moda e, quando perdeu isso, achou que tinha perdido tudo na vida. Mas, na verdade, ela cresce a partir daí".

Representar os pais de Jung foi tarefa para Ray Liotta e Rachel Griffiths, que dão vida a Fred e Ermine Jung, um casal de classe média da Nova Inglaterra que discute muito entre si e pensa que criou um bom filho. Fred Jung foi o primeiro a dizer a George, "às vezes você ganha, outras você perde". Uma verdade que George aprende a duras penas.

"Foi divertido fazer o pai de Jung", diz Liotta. "Mas Fred Jung tem muita influência sobre o filho. Ele foi um trabalhador que seguiu todas as regras e nunca acumulou muita coisa. George reconhece a luta do pai e não quer repeti-la. Johnny faz um George que ama o pai, mas não aguenta vê-lo massacrado pela vida."

Embora o filme não possa ser considerado um fracasso, alguns críticos acharam entediante. A crítica da *Film Review* foi bem rigorosa. Depois de afirmar que se omitia por não ter idade suficiente na década de 1970, e talvez por isso não ter "entendido", ele opina que "*Profissão de Risco,* de um modo geral, não é um filme tão bom. É mais um filme requentado dos muitos sobre droga que já vi". Mesmo assim, ele acha que Johnny foi uma boa escolha para o papel e "realmente dá sua colaboração para fazer funcionar um filme que é fraco".

Outros foram um pouco mais condescentes, mas só um pouco. A crítica da *Rolling Stone* chamou o filme de "ambicioso, confuso e explosivo com sentimentos para os quais nem sempre encontra expressão coerente". No *San Francisco Chronicle,* Edward Guthmann diz que, quando "o filme chega ao final após duas horas e mostra uma foto de George Jung envelhecido na prisão, ele não desperta a compaixão de ninguém". Peter Bradshaw, do inglês *Guardian,* foi desnecessariamente mais crítico: "Johnny Depp de peruca loira parece um Francis Rossi eternamente de ressaca". E quanto a Penélope Cruz, ela "faz o papel mais constrangedor de sua carreira, sempre cobrindo o rosto com um pó branco e dizendo frases como "Só quero me divertir, seus bostas!".

Mas a opinião dos críticos nem sempre é a que mais importa: o público que vai ao cinema é perfeitamente capaz avaliar o que vê. Com um faturamento de 52 milhões de dólares só nos cinemas dos Estados Unidos, dificilmente o filme pode ser considerado um fracasso.

No mesmo mês que *Profissão de Risco* estreou nos Estados Unidos, Vanessa voltou a se apresentar ao vivo, o que não fazia desde 1993, na segunda turnê de sua vida. Foi para promover seu novo disco, *Bliss,* no qual Johnny toca guitarra-solo na faixa "*Firmaman*" e também na "*St. Germain*". E assina os créditos da faixa-título, que alguns consideram uma canção de amor de Vanessa para seu marido. Ele também é o autor da foto da capa.

Isso, Vanessa confessa, porque "eu quis me distanciar das usuais fotos retocadas. A que se vê lá é muito honesta, é como sou realmente. Johnny fez a foto e a retocou no computador. O efeito borrado é para dar a sensação de que meus sonhos estão ali gravados. É uma declaração de amor ao homem da minha vida. Quero passar o resto da vida com ele. Sem ele, eu jamais teria gravado esse CD. Pela primeira vez, compus e produzi grande parte das canções. A confiança que ele tem mim é tanta que eu não podia decepcioná-lo".

E não decepcionou mesmo. Como também não decepcionaram os ensaios intensivos em Cannes nem a turnê que começou no subúrbio parisiense de Rueil-Malmaison e seguiu por mais 30 outros locais até o final de junho. O ponto alto da turnê foi a parte parisiense, que incluiu cinco apresentações consecutivas no Olympia. Johnny esteve presente em todas e, na última noite, subiu ao palco para tocar sua guitarra.

Era uma Vez em Hollywood

Não sei se consigo deixar uma mensagem pessoal. Mas, se conseguir, espero que seja a de que não há problema nenhum em ser diferente da maioria. Na verdade, isso é muito bom. E também devemos pensar antes de fazer um julgamento sobre alguém que seja diferente.

No período posterior ao bem-sucedido retorno de Vanessa à música e enquanto curtia o que ele mais tarde descreveria como "uma vida simples", Johnny adiou o quanto pôde sua volta ao trabalho. Quando o fez, foi para filmar *Do Inferno* (*From Hell*), ambientado em Praga – filme que, segundo previsões, seria tão opressivo quanto o anterior tinha sido angustiante.

Lançado nos Estados Unidos em outubro de 2001 e no Reino Unido, em fevereiro do ano seguinte, dois meses antes de Johnny e Vanessa celebrarem o nascimento do segundo filho, Jack John Christopher Depp III, o filme é uma releitura dos infames e insolúveis assassinatos de Jack, o Estripador, em Whitechapel, o mais famoso e enigmático assassino em série da história da humanidade. Mais de cem anos depois de ele cometer cinco crimes hediondos e ritualísticos num intervalo de dez semanas, no outono de 1888, envolvidos em frenética atmosfera de fofocas, boatos e terror, o fascínio que ele ainda exerce sobre nós não nos surpreende quando se pensa que sua lenda se espalhou em uma nova era de imprensa sanguinolenta. Antes de Jack, o Estripador, Johnny nos lembra que "já existiam em Londres centenas de jornais. No auge da sua onda de crimes, surgiram milhares de outros". Jack, o Estripador, foi em parte uma criação da imprensa e a primeira "estrela dos tabloides".

Mas, assim como Drácula, ninguém poderia imaginar que sua história voltaria às telas pela enésima vez com relativo sucesso. Como Drácula, Jack, o Estripador, não estava morto e enterrado? Por que, então, fazer uma nova versão?

Segundo depoimento dos próprios diretores, os gêmeos Allen e Albert Hughes, eles já tinham afinidade com a história do Estripador gerada pela atmosfera reinante no leste de Londres nos anos 1880. A enorme disparidade de riquezas havia produzido imensas populações de pobres e destituídos, a grande maioria concentrada na área em que os crimes aconteceram. Suas ruas e cortiços imundos eram o paraíso das drogas, da prostituição, do alcoolismo e dos mais variados crimes urbanos.

Esta também seria – assim como outros dramas anteriores dirigidos pela dupla, particularmente o filme de estreia, *Perigo para a Sociedade* (*Menace II Society*), de 1993 – uma história de gueto, como explica Allen, um dos irmãos. "Diz respeito à pobreza, à violência e à corrupção; desenvolvemos esses temas em nossos filmes porque somos fascinados por eles. Também nos interessa a psicologia de Jack, o Estripador, seu comportamento e a histeria que ele provoca." Além disso, "os relatos anteriores da história eram assépticos, partiam do ponto de vista da classe alta. O nosso é revelado pelos miseráveis que viviam naquele bairro assombrado pelo terror".

Embora muito se dissesse que o filme sofreu forte influência e tinha seguido rastro quase idêntico de *Assassinato por Decreto*, de Bob Clarke, de 1979, *Do inferno* é baseado no romance gráfico de mesmo nome de Alan Moore e Eddie Campbell, mas faz uma abordagem diferente da história focando principalmente pessoas que lutam para sobreviver naquelas circunstâncias inóspitas. Conta a história de cinco prostitutas miseráveis que são amigas e se tornam cada vez mais unidas, à medida que suas colegas de profissão são aterrorizadas pela presença de um assassino cruel. Paupérrimas, elas ganham a vida vendendo o corpo a uma sociedade que, por um lado, as despreza e, por outro, se aproveita delas. Sem mais nada a perder, elas veem ameaçado o único bem que ainda lhes resta, a própria vida.

A atriz que contracena com Johnny, Heather Graham, confirma essa opressão e explica que sua personagem, Mary Kelly, "e suas amigas vivem na mais completa miséria em um cortiço imundo. A luta é diária. Ter um lugar para dormir é um luxo. A única coisa que mantém Mary viva é o sonho de retornar à Irlanda, onde morou quando menina".

O tema da privação permeia todo o filme. Após uma noite exaustiva, as mulheres dormem amarradas a um banco, a única opção desconfortável para quem não pode pagar por uma cama. O dono chega pela manhã para desatar a corda e devolvê-las às ruas, onde elas precisam ganhar dinheiro para comer e procurar abrigo na noite seguinte. É o impiedoso ciclo da sobrevivência. A atriz Lesley Sharp, que faz uma das amigas de Heather Graham, concorda. "A vida daquelas mulheres é desesperadora. Elas vivem rotineiramente sob a ameaça dos cafetões, dos valentões, dos criminosos, das doenças e dos vícios."

A única autoridade que tem interesse em proteger essas "infelizes" descartáveis é Fred Abberline, um inspetor que realmente existiu e é interpretado por Johnny. Mas Abberline também tem problemas. Atormentado por lembranças dolorosas do passado, ele busca alívio no ópio. Como seu antecessor Sherlock Holmes, que, de acordo com *The Seven Per Cent Solution*, era viciado em cocaína e tinha transes de clarividência que tanto lhe abriam a intuição quanto o incapacitavam.

Johnny comenta sobre o personagem: "Ele levou uma rasteira da vida. Perdeu mulher e filho, e se automedica para atravessar os dias". O fato é que o Inspetor, promovido após anos de serviço para servir fora de Whitechapel, é mandado novamente para o bairro decadente a fim de chefiar as investigações sobre o Estripador.

Ele é auxiliado pelo sargento Peter Godley, interpretado por Robbie Coltrane, já famoso como comediante antes de encarnar seu papel mais conhecido como o psicólogo forense da série *Cracker*, e mais recentemente como Valentin Zukovsky, o vilão de James Bond em *007 Contra GoldenEye*, o filme da série Bond que mais faturou em termos de bilheteria. Em 1999, ele reprisou o papel em *007 – O Mundo Não É o Bastante*. Godley é o amigo fiel e o braço forte de Abberline quando ele está sob o efeito de drogas. Coltrane explica que ele "é um tira escocês muito correto que extrai suas conclusões de provas concretas, como uma faca suja de sangue ou relatos de testemunhas. Mas admira a intuição de Abberline e seus métodos pouco ortodoxos. Contra sua própria natureza, ele aceita os delírios de Abberline como verdadeiros e se dispõe a agir de acordo. Depp assim o descreve: "É a única pessoa no mundo que Abberline ouve e respeita. Godley é quem o mantém vivo, quem cuida dele. É seu melhor amigo".

Mas, à medida que os assassinatos em Whitechapel continuam, ambos são contrariados por superiores mais interessados em varrer os crimes para debaixo do tapete do que encontrar o assassino. Todos, menos o renomado Sir William Gull, representado por Ian Holm, médico da família real e poderoso o bastante para auxiliar o obstinado Inspetor, para quem as mortes são cometidas por alguém com conhecimento médico, pois é certo que o assassino possui habilidades cirúrgicas superiores às de um açougueiro ou um operário. Seus crimes são praticados de acordo com um macabro e terrível ritual.

Orientado por Gull, Abberline conclui que os crimes fazem parte de uma ameaçadora conspiração que envolve a Ordem dos Maçons, que por sua vez age em nome da monarquia. A Maçonaria é uma organização culta e enigmática cujos membros incluem alguns dos homens mais ricos e poderosos do mundo. Ela já foi alvo de inúmeras teorias de conspiração em razão de suas misteriosas cerimônias de iniciação e juramentos secretos.

Por essa razão, a ideia de que a Coroa tivesse alguma ligação com os crimes cometidos por Jack, o Estripador, não é tão delirante. Na verdade, é uma teoria defendida por muita gente na Europa, onde o caso fascina muito mais os ingleses do que o assassinato de John F. Kennedy aos norte-americanos.

"Se a monarquia britânica estava ou não envolvida nos assassinatos do Estripador, nem por isso a acusação à classe dominante seria menos grave", comenta o roteirista Rafael Yglesias. "O fato de as autoridades se recusarem a sequer aventar a possibilidade de que o suspeito fosse alguém abastado diz muito sobre a era vitoriana. Os males da sociedade eram culpa exclusivamente dos pobres e da classe baixa."

O mais importante, porém, é que o caso do Estripador impulsionou as técnicas forenses que ainda engatinhavam na década de 1880. Como diz Allen Hughes, "naquela época, se a polícia não pegasse você ao lado do corpo com as mãos lambuzadas de sangue, provavelmente não o prenderia. Não havia procedimento padrão para testes de sangue nem impressões digitiais. Mas esse caso ajudou a desenvolver procedimentos científicos e novas ferramentas para prender criminosos".

Jack, o Estripador nunca foi preso. O mistério da sua identidade, a ousadia dos crimes hediondos cometidos em lugares públicos e a habilidade de se esgueirar na escuridão da noite intrigaram o público por mais de um século. Do ponto de vista de Robbie Coltrane, "é a nêmesis perfeita para um filme".

Para os irmãos Hughes, "nosso maior desafio era partir de um mistério bem conhecido, tão rico em lendas, e com imaginação encontrar uma nova dimensão para ele". E essa dimensão é a ligação que começa a acontecer entre Mary Kelly e Abberline. "Como membro da classe baixa e prostituta, Mary Kelly não está acostumada à companhia de homens respeitáveis quando não está trabalhando. Desconfiada e com medo de ser usada, a princípio ela critica a investigação de Abberline. As moças que trabalham na rua sabem se defender, e Mary vê Abberline como um homem que quer usá-la. Mas a decência e a sinceridade dele rompem suas defesas, e ela passa a confiar nele."

À medida, porém, que a relação se aprofunda, uma barreira muito mais ameaçadora que as convenções sociais e as diferenças de classe se ergue entre eles. A adaga da conspiração e da crueldade é apontada para seus corações pelas mãos de um louco carniceiro destinado à imortalidade nas páginas da história.

Apesar dos corpos nus, vivos e mortos, das práticas bárbaras que são exibidas no anfiteatro médico e de uma breve observação científica de John Merrick, o "homem elefante", o filme não cumpre o que promete, no que diz respeito aos críticos. A crítica negativa foca principalmente em Heather Graham. Escrevendo para o *The Guardian*, Peter Bradshaw condenou a atriz por não convencer como prostituta. "Ela não só é a mais bonita, como a única que tem mais direito à maquiagem, um bom figurino e a pele bem cuidada." Ele também se incomodou com o sotaque *cockney** de Johnny. Tanto que repetiu a crítica que fez ao sotaque inglês de Winona Ryder em *Drácula de Bram Stoker*, porque ela dizia "tou-*mei*-tou" quando deveria dizer "tou-*mah*-tou".

* *Cockney* é um termo que define o modo como falam os londrinos da classe trabalhadora do East End, região ao norte do rio Tâmisa conhecida por sua pobreza e criminalidade. Os falantes *cockney* têm um dialeto único que, além da diferença no sotaque, também utilizam gírias tiradas de expressões rimadas. Mas não usam a rima, e sim a palavra que não rima. "*Bread and honey*" (pão e mel) significa "*money*" (dinheiro); "*pork pies*" (tortas de carne de porco) significa "*lies*" (mentiras). Só que, em vez de dizerem "*Stop telling me lie*", os *cockney* dizem "*Stop telling me pork*". No lugar de "*My feet hurt*" (meus pés doem), diriam "*My plates hurt*", devido à expressão "*plates of meat*" (pratos de carne). Charlie Chaplin foi um dos *cockney* mais famosos. (N. T.)

É o mesmo que criticar Rembrandt por pintar uma narina maior que a outra. Não faz a menor diferença.

Embora o opinião geral não tenha sido das mais animadoras, e apesar do visual gótico, não era um típico *Hammer horror*, um autêntico filme de terror, como disse Roger Ebert do *Chicago-Sun Times*: "É um filme que não sabe a quem se dirigir". Esse mesmo veredicto apareceu em outros lugares. O *Village Voice* achou-o "mais elegante do que chocante". Mas tinha "a decrepitude de um monte de folhas secas e dos velhos filmes de lobisomem da Hammer". Nev Pierce, da *BBC Film Review*, não foi mais tolerante: "Uma história de detetive cujo assassino não pode ser mais óbvio e os personagens, mais descartáveis. Tem lá seus momentos emocionantes, mas não há vísceras e sangue que compensem a falta de emoção".

Se *Do Inferno* foi uma decepção geral, o próximo papel de Johnny em *Era Uma Vez no México* (*Once Upon a Time in Mexico*) de Roberto Rodriguez, melhoraria tudo. Afinal, era uma espécie de continuação de *Desperado*, que já tinha sido um *remake*, uma versão estendida do filme de estreia do diretor, *El Mariachi*.

A nova aventura também se passa em um cenário de revolução, ganância e vingança. Caçado e marcado pela tragédia, El Mariachi estava condenado a uma vida de reclusão, mas é obrigado a sair do isolamento quando um agente corrupto da CIA recruta o herói recluso para sabotar um plano concebido por Barillo, um chefe de cartel, para assassinar o presidente do México. Mas é claro que Mariachi tem outros motivos para voltar.

Embora com orçamento baixo e filmado no México em apenas sete semanas, em vídeo de alta definição, o filme foi visto por muitos como um tributo ao gênero que inspirou Rodriguez a se tornar um realizador. Eram filmes como os de Sergio Leone, que levou para as telas o clássico bangue-bangue à italiana através da série "Dólar": *Por um Punhado de Dólares* (*Per un Pugno di Dollari*), *Por uns Dólares a Mais* (*Per Qualche Dollaro in Più*) e, sobretudo, por *O Bom, o Mau e o Feio* ou *Três Homens em Conflito* (*Il Buono, il Brutto, il Cattivo*).

Certamente a lenda de El Mariachi já tinha uma história diferente e interessante, e ninguém se surpreendeu mais com sua evolução do que o próprio Rodriguez. Referindo-se ao primeiro filme, ele diz: "Eu queria mostrar uma ideia que fosse meio defeituosa, meio divertida, então pensei em fazer um herói guitarrista que andava com o estojo da guitarra cheio de armas. Isso era diferente".

Interessante é que o primeiro filme, feito com meros 7 mil dólares, catapultou a carreira do jovem diretor e lhe rendeu o Prêmio do Público como melhor filme dramático no Festival de Cinema de Sundance. O segundo filme, *Desperado*, começou como um remake do primeiro filme, só que com orçamento maior, mas acabou se tornando uma espécie de continuação, incorporando cenas de ação mais sofisticadas do que as de *El Mariachi* e tendo nos dois papéis principais estrelas internacionais como Antonio Banderas e Salma Hayek.

De várias maneiras, a ideia de fazer um terceiro filme partiu de Amy Pacal, então vice-presidente executivo de produção da Columbia, que, ao discutir o projeto com Rodriguez, observou que *Desperado tinha* ganhado o *status* de *cult* e que, por isso, merecia uma sequência. Por fim, ao se lembrar do que Quentin Tarantino lhe havia dito certa vez sobre fazer um filme que fosse o equivalente mexicano à série "Dólar", Rodriguez aceitou a proposta, mas com a condição de que o filme fosse mais épico e se chamasse *Era Uma Vez no México*. Amy concordou e, segundo Rodrigues, "nós fomos em frente".

O elenco escolhido por Rodriguez também era estelar. Antonio Banderas e Salma Hayek reprisaram os papéis que tornaram famosos – ou pelos quais ficaram famosos – há mais de 10 anos. Ruben Blades, Eva Mendes, Willem Dafoe e Mickey Rourke ganharam importantes papéis secundários e, representando Sands, o agente da CIA corrupto, Johnny encarou o mais improvável dos personagens que já fez até o momento.

Por querer trabalhar com Rodriguez havia muito tempo, Depp agarrou a chance, mesmo que fosse para representar o papel "de um sujeito que tem um caráter bem diferente daquele que se espera de um agente da CIA. Ele não é um clichê e muito menos alguém que eu conheça. Achei interessante a ideia de Robert para um homem da CIA que não se aceita porque ninguém gosta dele. Ele não tem nenhuma consideração pelo ser humano. Nunca representei ninguém assim antes, que não é uma pessoa do bem".

É possível que, fora do círculo de atores, Johnny fosse considerado o mais improvável para o papel. Mas não para o diretor. Depp era um dos poucos astros que Rodriguez conhecia que aceitaria o papel. "Seu personagem tem uma personalidade muito irritável, e você precisa de um ator que esteja disposto a assumi-la, porque muitos atores não querem ser impopulares."

Ele continua: "Johnny não se importa com isso, desde que o personagem seja interessante. O divertido é que, por mais vil que ele seja, Johnny mantém aquele seu jeito tão amável que acaba tornando o personagem simpático. Ninguém consegue odiar um personagem de Johnny Depp, por pior que ele seja, e Sands é a própria essência da podridão. Suas falas eram as minhas favoritas, e foi o primeiro personagem que comecei a desenvolver para o filme. Seu personagem era quem orquestrara todo o plano de assassinato e o vira desmoronar lentamente. Então Johnny veio e levou Sands para um outro nível".

O filme estreou em setembro de 2003 e foi tão bem recebido quanto se esperava. Foi consenso geral que Johnny roubou "todas as cenas em que o agente da CIA velhaco está presente e não permite que uma coisa tão insignificante, como ter os olhos arrancados, o impeça de participar de um tiroteio. Ele se esconde na sombra para não mostrar o sangue que escorre dos olhos e dá dinheiro a uma criança para lhe dizer onde deve mirar. Você não pode perder Depp neste filme, ele simplesmente arrasa!".

Foi um grande elogio, mas teve consequências inesperadas. Quando Johnny compareceu à estreia em Nova York, praticamente todos que lá estavam perguntaram sobre os recentes comentários antiamericanos que ele teria feito a uma revista alemã. O ator esclareceu que amava seu país e jamais desrespeitaria seu povo.

Isso veio a público quando a revista *Stern* lançou uma entrevista em que, aparentemente, ele se excedeu ao comparar os Estados Unidos a "um filhote bobo e sem controle", e afirmar que não retornaria a seu país natal porque a guerra do Iraque era a prova de tudo que ele mais temia. Segundo a revista, Johnny afirmou que "os Estados Unidos são um país agressivo, como um filhote com dentes grandes que podem morder e machucar. Minha filha tem 4 anos, meu filho tem 1. Quero que eles vejam o país como um brinquedo, um brinquedo quebrado. Olhem um pouco, examinem um pouco, percebam que está quebrado e deixem para trás". Na mesma entrevista, ele atingiu a administração de George Bush, que condenou a França por se negar a participar da guerra do Iraque, dizendo que os políticos são todos "idiotas".

Certo ou errado, a explicação que ele deu para essas declarações foi bem diferente. "Num outro contexto, eu disse que, comparados à Europa, os Estados Unidos eram um país jovem e que ainda estávamos crescendo como nação. É uma vergonha que a metáfora que usei tenha sido tirada do contexto de maneira tão radical e espalhada com tanta irresponsabilidade pelo noticiário. Na verdade, eu disse exatamente o contrário. Sou norte-americano. Amo meu país e espero muito dele. É por isso que sou tão franco e às vezes tão crítico quando falo dele. Fui muito beneficiado pela liberdade que existe em meu país e por isso sou eternamente grato."

Mas talvez ninguém tenha compreendido. Vanessa explicou que "não queremos que nossos filhos cresçam nos Estados Unidos porque há muita violência". Por isso eles dividiam seu tempo entre a casa que Johnny ainda tinha em Los Angeles, o apartamento em Paris no elegante bairro de Montmartre e a nova *villa* de 500 mil libras* perto de Saint-Tropez.

Embora prefira se manter relativamente discreto, na França ou nos Estados Unidos, Johnny se sente grato por ser tão solicitado como ator. Deixou-o especialmente emocionado receber o roteiro de *Janela Secreta* (*Secret Window*), filme que iniciou seu caminho para a tela quando os executivos da Columbia se impressionaram com o emocionante conto de suspense de Stephen King, *Secret Window, Secret Garden*, do livro *Depois da Meia-Noite*, que já tinha inspirado um crítico a usar palavras tão delirantes quanto "quatro enfeitiçantes contos do mal que fazem arder a imaginação".

Segundo a sinopse do filme, muito antes de as notas da produção serem distribuídas aos críticos, era a história do famoso autor Mort Rainey que, apesar de saber que devia estar em seu computador escrevendo outro livro ou caminhando com seu cachorro em volta do lago na frente da sua casa de campo, passa 16 horas por dia dormindo no sofá. Está no meio de um divórcio difícil e tudo o que se refere à separação é confuso e desagradável. Isso drena sua energia e afasta a criatividade, e o que sobra é um monumental bloqueio de criatividade que o impede de formular uma única frase que seja.

* Cerca de 795 mil dólares, com a libra a U$ 1,59. (N. T.)

Então, quando parece que nada pode piorar, um estranho psicótico chamado John Shooter bate à sua porta, acusa Rainey de plagiar uma história sua e está lá para tirar satisfações. Apesar dos esforços de Rainey para acalmá-lo, Shooter se mostra mais e mais insistente e hostil, exigindo uma justiça distorcida que incluiria um assassinato a sangue frio.

Obrigado a entrar em um jogo louco de gato e rato, Rainey descobre que é mais determinado, obstinado e astuto do que jamais imaginou. Por fim, ele percebe que o escorregadio Shooter o conhece melhor do que ele próprio.

O escritor e diretor David Koepp dá risada quando diz que "gosto de filmes do tipo 'o cara que enlouquece dentro de casa'. Me atrai o desafio de trabalhar uma história que acontece num espaço confinado. Embora haja algumas cenas externas, a história se passa basicamente na casa em que Mort Rainey mora. É sobre alguém que não está nada bem e passa muito tempo sozinho. Eu quis explorar os temas do confinamento e da paranoia, que sempre me interessaram. O confinamento pode ser aterrorizante, e coisas ruins acontecendo no espaço em que a gente mora são desestabilizantes".

Foi exatamente isso que fez Johnny se interessar pelo projeto. Mas o que o levou a realmente aceitar o papel foi a qualidade do roteiro de Koepp. "O que mais me lembro foi de pegar o roteiro, ler 10 ou 15 páginas e pensar, uau, como é bem escrito! Os diálogos são reais, não são forçados, são muito inteligentes. As situações parecem verdadeiras. Quanto mais eu lia, mais me envolvia emocionalmente com Mort e seu dilema. E, então, quando cheguei à genial reviravolta na trama, fiquei completamente chocado. Não podia prever nada daquilo, o que é muito bom para o leitor, e por isso seria também para o espectador".

Novamente, Johnny parece ter afinidade com escritores. Ele já tinha representado o lendário jornalista e contador de casos Hunter S. Thompson em *Medo e Delírio*, de Terry Gilliam e, embora ainda inédito, outro escritor lendário, J. M. Barrie, autor de Peter Pan, em *Em Busca da Terra do Nunca* (*Finding Neverland*). Quando perguntaram a Kate Winslet, a parceira de Johnny no filme, quando estrearia, ela não sabia. "Sinceramente não sei. Vi a edição final do filme há mais ou menos um ano. É fantástico, estou muito animada com ele. É só uma questão de tempo. Acho que estão escolhendo a melhor data para lançar. Eu interpreto Sylvia Llewellyn Davis, que tem uma espécie de caso com J. M. Barrie. É uma história sobre como ele concebeu Peter Pan através de sua relação com Sylvia e seus quatro filhos. O tempo que eles passam juntos o inspirou a criar Peter Pan. E um dos filhos de Sylvia se chama Peter, portanto, é quase sobre esse garotinho."

Mas, Depp continua: "Acho que, para todos que fazem arte criativa, especialmente para um escritor, a imaginação é a melhor amiga. Só que também pode ser a pior inimiga se você está impregnado de ideias, sobrecarregado de informações na cabeça. Esse é o problema de Morty. Ele é, definitivamente, um recluso. Não se sente bem no meio das pessoas e quer que o deixem só. Infelizmente, ele não pode viver sozinho".

E foi isso que Koepp sentiu que Johnny compreenderia de um jeito intuitivo no personagem que estava criando na tela e, hoje, ele admite que escreveu pensando nele em específico. Quando Johnny estava no Caribe filmando *Piratas*, e antes de se deslocar até lá para convidá-lo para o papel de Mort Rainey, Koepp se sentou e escreveu uma carta que entregaria pessoalmente a ele.

"Escrevi que esperava contar com ele no elenco de *Janela Secreta*, e que tinha pensado nele quando criei o personagem. Ele é um de nossos grandes atores, sempre inventivo e diferente. Para mim, em toda sua carreira ele se mostrou totalmente acessível como ator. Há um antigo ditado que diz que, se você mira o todo, não acerta nada, mas se mira o específico, pode atingir o universal. Isso se aplica ao conjunto da obra de Johnny. Ele é muito meticuloso e nos leva junto para encontrar pequenos momentos de verdade e comportamentos que as pessoas reconhecem e com os quais se identificam. Então elas acabam se identificando com o personagem. As escolhas dele são espontâneas e em geral inesperadas, mas sempre funcionam. E como ator, ele não tem medo de nada. Quanto a este personagem em particular, é raro encontrar uma celebridade do cinema que seja tão destemida quanto Johnny. Não preciso dizer que fiquei animadíssimo quando ele aceitou o papel."

De fato, a sorte de Koepp esteve presente durante todo o processo. "Me considero o homem mais sortudo do mundo. Nós conseguimos tudo que quisemos, e isso raramente acontece. Quando todos os atores estavam em seus devidos lugares, foi um alívio. Foi como se eu tivesse comprado o melhor carro do mundo e só precisasse dirigir e não bater em nenhuma árvore."

No elenco, destacava-se John Turturro no papel do ardiloso John Shooter. Johnny já havia trabalhado com ele em *Por que Choram os Homens* (*The Men Who Cried*), mas na época Turturro era mais conhecido como Emilio, o excêntrico mordomo pessoal de Adam Sandler em *A Herança de Mr. Deeds* (*Mr. Deeds*), sucesso em 2002. Koepp confirma que "ele é um desses atores que vestem o papel, criam uma pessoa completa e convincente. E isso era muito importante no caso de Shooter. Como Turturro é um camaleão, a plateia não sabe exatamente o que ele faz ali, o que é excelente para o papel – um homem intangível e misterioso que aparece de repente".

Essa qualidade foi reconhecida nas primeiras críticas quando o filme estreou nos Estados Unidos, em março de 2004. Como sempre, Roger Ebert foi um dos primeiros a comentar. "O filme tem como protagonista Johnny Depp em outra daquelas atuações em que empresta uma excentricidade contemplativa a um papel que, não fosse isso, seria despretensioso". Mas foi das cenas externas que Ebert mais gostou. "A primeira tomada após os créditos é a mais elaborada. Começa com a vista do lago até uma cabana rústica. Depois a câmera se move devagar para a margem, atravessa o terreno e, pela janela da cabana, mostra vários cômodos até fechar em um grande espelho que reflete um homem dormindo no sofá."

Grande parte disso se deve ao câmera Fred Murphy. Preparando-se para a produção, Koepp e Murphy viram vários filmes famosos de suspense, como *O Bebê de Rosemary* (*Rosemary's Baby*) e *O Inquilino* (*The Tenant*), de Roman Polanski, e *Amargo Pesadelo* (*Deliverance*), de John Boorman. Inspirando-se neste último, Murphy optou por filmar *Janela Secreta* em formato *widescreen* Super 35, uma escolha interessante para um filme que, em alguns níveis, é sobre os espaços confinados e o funcionamento íntimo e interno da mente do protagonista.

"Gosto de *widescreen* para *closes*, porque permite incluir mais o fundo. Também abre mais os espaços, de modo que o filme não pareça tão claustrofóbico. Tínhamos várias cenas no lago, perto da cabana de Mort, e o *widescreen* nos permitia aproveitar o belo cenário."

O perigo de filmar em *widescreen* é que é difícil esconder os erros, e as chances de errar eram muitas, porque Koepp queria explorar o tema recorrente dos reflexos. "Grande parte do filme é sobre uma pessoa sozinha dentro de casa. Isso é muito interior, mas Fred abriu ao incluir muitos reflexos. É um filme de espelhos. Num determinado momento, Fred disse que nunca viu tantos espelhos num filme quanto neste. Porque é sobre reflexos – olhar para si mesmo e ver coisas de que talvez você não goste –, os espelhos são elementos importantes, especialmente o maior deles sobre a lareira de Mort. Os espelhos também fazem o *set* parecer maior e deixam os *takes* mais interessantes. Mas é preciso ter muito cuidado porque não são só os atores que são refletidos. A equipe e o equipamento também podem aparecer. Foi difícil trabalhar asism, mas o filme ficou muito melhor e visualmente mais bonito."

Jamais uma Alma Perdida

Para dizer o mínimo, a minha tem sido uma carreira de fracassos. Estou recebendo tanta atenção porque as pessoas sentem pena de mim. Sou um derrotado. Outros atores olham para mim e pensam "Aquele pobre-diabo continua dando murro em ponta de faca".

Johnny foi para Londres logo depois da cerimônia do Oscar em 2004 para começar os trabalhos em *O Libertino* (*The Libertine*), de Laurence Dunmore, filme biográfico de John Wilmot, poeta do século XVII e segundo conde de Rochester, descrito por Samuel Johnson como um homem que "despreza a decência e a ordem, tem total desrespeito à moral e nega com firmeza quaisquer observações religiosas. Ele viveu de modo desprezível e inútil e incinerou a juventude e a saúde na mais profusa volúpia".

O filme independente, adaptado por Stephen Jeffreys de uma peça de sua autoria, começaria a ser produzido no final de fevereiro nas imediações de Londres, mas sofreu um inesperado revés do governo britânico, que anunciou mudanças nas leis fiscais, fechando uma brecha para impedir o que a Receita local chamou de "esquemas complexos e abusivos arquitetados por investidores do cinema para sonegar impostos". O anúncio – que confirmava que "o governo foi rigoroso com esses esquemas abusivos no passado, e será novamente no futuro" – provocou ondas de choque em toda a indústria britânica de cinema, pondo em risco a produção de filmes grandiosos, entre eles *O Libertino*.

A notícia era tão grave que as produções de *Tulip Fever*, com Jude Law, e *Piratas do Caribe*, com Johnny Depp e Keira Knightley, foram interrompidas. De acordo com a *BBC News Online*: "O Conselho de Cinema do Reino Unido entregou ao governo uma lista de 40 filmes que poderão ser afetados, na esperança de que medidas temporárias evitem o colapso dessas produções". Mas o governo não cedeu, alegando que "não é possível ficar alheio" enquanto alguns se aproveitam do sistema de arrecadação à custa dos contribuintes honestos.

Mas nem tudo estava perdido. A Isle of Man Film, a produtora Mr. Mudd e a First Choice Films concordaram em bancar o filme de Johnny. Em uma declaração, Dan Taylor, da First Choice, comentou: "Como sempre, nossa principal motivação é que o cinema comercial britânico continue sendo feito na Inglaterra. O que muitos pensam é que usamos o abatimento de impostos para controlar o risco do investimento, refletindo pouco caso pelo sucesso do filme. Isso não poderia estar mais distante da verdade". Dessa maneira, o futuro do cinema foi seriamente ameaçado pelas reformas implantadas em 2004.

Por outro lado, as mudanças no calendário de filmagens permitiram que Johnny frequentasse a Biblioteca Britânica e aprofundasse suas pesquisas. Naquele legendário salão de leitura, ele estudou atentamente cada vírgula sobre o notável inconformista a quem logo daria vida. John Wilmot, o maldito segundo conde de Rochester, era o Pete Doherty do século XVII. Um *rock star* absurdamente depravado de seu tempo, Rochester vivia de acordo com as próprias regras.

O conde foi o libertino original, o renegado que serviu de inspiração para a extinta banda The Libertines, de Doherty. E agora esse homem fascinante seria o tema de um filme inglês que, mais de quatro séculos após sua morte, continuaria testando os limites da decência pública.

Quem visitasse o *set* da polêmica produção, durante as filmagens na Inglaterra, no País de Gales e na Ilha de Man, veria imensos símbolos fálicos, instrumentos de submissão sexual e todo tipo de acessórios hedonistas para o prazer desenfreado.

É claro que Depp representou Rochester com maestria, dando-lhe força enquanto o conde depravado caía em desgraça de maneira espetacular. O ator John Malkovich já tinha lhe apresentado um projeto havia mais de dez anos, e Johnny vibrou quando o que havia sido a sua maior obsessão finalmente frutificou.

"Fui atrás de toda informação que pudesse existir sobre o conde de Rochester e encontrei uns livros que serviram de base para tudo. O importante era aprender o máximo possível sobre ele, saber que a impressão de muita gente a respeito dele é superficial, que ele não passa de um bêbado lunático, hedonista e debochado. Tive a oportunidade de ler suas cartas – as cartas verdadeiras – escritas de próprio punho. Cartas para a esposa, cartas para a mãe, cartas para os filhos. Elas me disseram muito sobre ele, e eu vi que por baixo da superfície havia várias camadas de um gênio hiper-sensível com um dom fantástico. Sua poesia era muito bela."

Rochester dedicou sua vida turbulenta à exploração de todas as manifestações possíveis de luxúria, ganância e glória. "Numa comparação moderna, ele era tão famoso quanto Mick Jagger", diz o produtor Russell Smith. "Mas deve ter sido muito punk, porque mandou todo mundo tomar naquele lugar."

Poeta, inteligente, herói de guerra e aventureiro sexual – Rochester era tudo isso e muito mais. Filho do primeiro conde de Rochester, nascido em 1647, John Wilmot era uma luz brilhante na Inglaterra que emergia da Idade Média. Os primeiros sinais da devassidão que se tornaria seu estilo de vida surgiram na Universidade de Oxford, onde ele ingressou aos 12 anos de idade – uma criança prodígio. Depois de formado, lançou-se ao mar e virou herói nas batalhas contra os holandeses.

Sua reputação se espalhou por toda a Europa a uma velocidade estonteante, graças a seu brilho literário, seu vanguardismo e sua predileção por blasfêmias perigosas. Por esse dom especial, foi recebido na corte do iluminado e carismático rei Charles II, que apreciava uma farra e cuja paixão por obscenidades era notória. Mas a postura descontraída de Charles foi testada ao extremo pela aparente missão de Rochester de enfurecê-lo.

O conde debochado escreveu poemas e peças que na época foram considerados difamatórios e – para dizer o mínimo –, absolutamente obscenos. Ele chegou a violar o código sagrado por criticar o rei. E quanto aos sucessivos avanços sexuais do atrevido Rochester, estes se tornaram internacionalmente conhecidos.

Quando por fim se apaixonou, seu método de sedução também fugiria à regra. Não só ele roubou o coração da donzela e herdeira Elizabeth Malet, mas toda ela: Rochester a raptou.

Por ter ido longe demais com essa atitude inaceitável, Charles aprisionou Rochester na Torre de Londres. Então, acostumado a se sair bem das piores situações, o súdito promíscuo implorou o perdão do exaltado soberano, e conseguiu. Rochester foi libertado. E ainda por cima convenceu sua vítima raptada a se casar com ele. Mas como tudo o que é bom dura pouco, a libertinagem do adorável tratante também foi a razão de sua desgraça. Ele morreu de sífilis aos 33 anos de idade.

Johnny admite que "quanto mais leio sobre Rochester, pesquiso sobre ele, mais me apaixono. É claro que há um lado dele muito divertido, mas era um homem complexo, uma alma sofredora".

Foi o escritor Stephen Jeffrey quem enxergou o potencial da explosiva história da vida de Rochester. Explorando a relação entre genialidade, decadência, liberdade, perigo, luxúria e amor, sua peça *The Libertine* foi montada no famoso Steppenwolf Theater de Chicago, com John Malkovich no papel-título. Foi nessa época que Malkovich convidou Depp para assistir à montagem e lhe falou de seu plano de transformá-la em filme.

Na versão cinematográfica, Malkovich faz o papel do rei Charles e Depp, o papel-título. Johnny não cabia em si de contentamento. "Quando li a peça e vi a montagem com John há dez anos, não imaginei como seria levá-la para a tela. Mas Stephen fez um excelente trabalho. Quando li o roteiro, pensei comigo mesmo: 'Não é sempre que se tem a oportunidade de fazer algo tão bom'. Uma coisa dessas só acontece uma vez na vida de um ator. Os diálogos são espetaculares."

Revendo sua própria história, Johnny foi capaz de entender por que o diretor Dunmore viu nele a pessoa ideal para representar o conde. "Houve uma fase em minha vida em que Rochester e eu teríamos passado algumas noites juntos. A gente se conhece muito bem. Como ele há Jack Kerouac, excelente escritor, mas tão incompreendido; Shane MacGowan, um dos maiores poetas do século XX, mas bebia tanto que colocaria qualquer um de nós no chinelo. E Hunter Thompson, um herói e grande amigo meu. Rochester me fez lembrar todos eles."

Johnny também encontrava semelhanças com Rochester. "Reconheci muitas coisas que eu mesmo já tinha feito. Abandonei a bebida porque não conseguia parar de beber. Eu bebia até baixar uma tela preta e não conseguir enxergar mais nada, não sabia nem se ainda estava vivo." Johnny parou de beber porque reconheceu que estava "perdendo tempo", logo em seguida abandonou também as drogas. "Não me intoxicava nem me automedicava só por recreação. Eu existia, mas não vivia. Se tivesse feito esse papel há dez anos, quando John Malkovich me falou sobre ele pela primeira vez, teria sido muito diferente, teria cometido um grave erro se o encarnasse. Não só porque saía por aí transando com todo mundo, mas porque bebia muito – eu jamais teria aguentado. Dez anos se passaram, e hoje tenho uma base sólida para me apoiar."

Sem dúvida, o Johnny Depp de dez anos atrás era uma pessoa muito mais autodestrutiva. Foi mais ou menos nessa época que aconteceu sua violenta relação com Kate Moss. Quando alguém sugeriu que ele e Kate, e todo o tumulto que provocaram, tentavam provar que o amor existe, Johnny respondeu com melancolia: "Isso não fez bem a Kate". E quanto ao que todos leram nos tabloides que, preocupado com os problemas de Kate, ele convidou Pete Doherty para almoçar e o aconselhou a abandonar as drogas e cuidar melhor dela, Johnny garante que isso nunca aconteceu. "Jamais me encontrei com ele. Gosto dele por causa da música que ele faz. Ele tem talento, e acredito que ele e Kate estejam bem porque ela é uma grande garota. É muito inteligente e deve ser uma boa mãe."

Mas não se conformou com o que os jornalistas fizeram com ela, não achou justo "jogá-la na lama daquele jeito. Kate está crescendo, todos nós estamos. Deixem-na em paz. Nunca chamei Pete Doherty para conversar nem mandei um espelho para ela, como andaram escrevendo. Disseram que o espelho era para ela se olhar quando estivesse limpa, porque um antigo costume índio é se olhar no espelho e buscar a própria força para se livrar das drogas. Nunca me passou pela cabeça dar um espelho para ela. Tudo isso me faz muito mal". Da mesma maneira que ele se pronunciou em defesa de Winona quando do julgamento por furto em loja, também desta vez ele não se dirigiu diretamente a Kate, mas a apoiou o tempo todo. "A imprensa está querendo crucificá-la, mas só irá fortalecê-la ainda mais. Ela vai aproveitar tudo isso para seguir em frente. Kate é muito forte e inteligente. Ela ficará bem."

Johnny relembra o incidente no restaurante Mirabelle em Londres, em 1999, quando foi detido e ficou preso em uma cela por quatro horas por perseguir um fotógrafo no meio da rua, ameaçando-o com um pedaço de madeira. "Não sei se vão me deixar entrar lá novamente, mas é um restaurante que tem uma excelente carta de vinhos e aprecio um bom clarete. Aquela história no Mirabelle aconteceu porque os *paparazzi* queriam tirar uma foto minha e da barriga de Vanessa. Ela estava para dar à luz e eu não queria que minha paternidade começasse como um furo de reportagem. Naquela época, eu já era um pai protetor."

Mas ele ficou muito grato quando um jornalista o presenteou com um pênis de borracha todo esculpido, semelhante ao que aparece em *O Libertino*. O brinquedo sexual tem hoje seu nome e se encontra à venda nas lojas chiques de Los Angeles. Johnny achou tudo tão divertido que não parava de acenar com o objeto. "Há 20 anos não vejo um destes. É maravilhoso." Ele disse que mandaria fazer um suporte como os dos extintores de incêndio, com os dizeres "Só quebre em caso de emergência".

Mas o crítico de cinema do *Hollywood Reporter* estava mais interessado no último papel de Johnny do que no pênis que ele havia ganhado, e ponderou: para alguém que já criou uma impecável galeria de patifes e inconformistas adoráveis, não seria arriscado entrar agora no reino dos monstros? Não, não seria. O que o ator estava fazendo era mostrar "um assombroso retrato do poeta do século XVII, o provocador e debochado John Wilmot, segundo conde de Rochester, cujos dotes literários só foram reconhecidos após sua morte aos 33 anos, derrotado pela sífilis e pelo álcool. Uma das façanhas do diretor Laurence Dunmore, nesta sua primeira realização bastante áspera, é que seu protagonista, uma criatura repelente de apetites sexuais vorazes, torna-se mais reconhecível quanto mais grotesco vai ficando fisicamente. Um primo perverso de outros patifes das telas, como Raoul Duke, Jack Sparrow e, por que não, o futuro Willy Wonka, o devasso conde de Depp possui um charme insuportável sob um sarcasmo de gelar o sangue".

Mas nem todo mundo gostou de *O Libertino* ou da atuação de Johnny no filme. Um deles foi Owen Gleibernan, da *Entertainment Weekly*. Na verdade, ele detestou tudo. "No início de *O Libertino*, Johnny Depp, exibindo uma longa peruca encaracolada que faz lembrar um mosqueteiro devasso, olha com desprezo para a câmera enquanto descreve sua habilidade de seduzir tanto mulheres quanto homens – uma vaidade assumida. "Vocês não vão gostar de mim", ele declara, pronunciando as palavras com impassível desdém, e a gente logo pensa: "Tudo bem, desde que você nos mostre um pouco dos seus sórdidos métodos sexuais".

"Entretanto, *O Libertino* começa a deteriorar já no monólogo inicial, após essa breve misantropia. Como John Wilmot, o Segundo Conde de Rochester, poeta do século XVII, espirituoso e alcoólatra celebrado e ultrajado por não fazer segredo da própria depravação, Depp perde toda a candura ao fazer de si mesmo um cruzamento de Casanova com Ricardo III. Por pura perversidade, o filme jamais mostra o conde fazendo qualquer coisa que seja minimamente agradável, como, digamos, ir para a cama com alguém. É o filme menos sexual que já se fez sobre um sedutor."

"Mas, então, o que faz o conde? Ora, ele fala. É só o que se faz em *O Libertino*. Sobretudo o que sai da boca dos personagens não pode ser chamado, senão no mais amplo sentido técnico, de "diálogo". É um falatório, uma verborragia, uma diarreia verbal. O conde estabelece uma quase ligação com uma atriz (Samantha Morton), ingênua demais para salvá-lo, e escreve uma peça caçoando de Charles II (John Malkovich) que o atira em uma espiral descendente até culminar na repulsiva morte por sífilis. *O Libertino* não é só uma confusão torturante como consegue evoluir para algo que eu jamais pensei que fosse possível: destruir todo o charme de Johnny Depp."

Apenas duas semanas antes de *O Libertino* ser lançado, *Em Busca da Terra do Nunca* (*Finding Neverland*) estreou em 324 cinemas da Inglaterra no final de setembro, arrecadando 776.124 libras* só no primeiro fim de semana. O lançamento havia sido adiado por um ano devido a um conflito com a Columbia Pictures. Essa empresa, que detinha os direitos do filme *Peter Pan*, não deu permissão à Miramax para usar determinadas cenas se ambos os filmes fossem lançados ao mesmo tempo.

O *Peter Pan* da Columbia, de 2003, percorre a trajetória já conhecida de uma das histórias infantis mais cativantes que há mais de um século encanta a imaginação do público, ao passo que *Em Busca da Terra do Nunca* é um relato

* Cerca de 1 milhão e 234 mil dólares, com a libra a U$ 1,59. (N. T.)

semificcional das experiências vividas pelo autor da história, J. M. Barrie, e que o levaram a escrever o clássico conto infantil.

Este filme conta a história do bem-sucedido dramaturgo escocês, J. M. Barrie, representado por Johnny, que presencia a refinada sociedade inglesa eduardiana receber com indiferença sua última peça. Embora seja considerado um gênio literário em sua época, cansado dos temas de sempre, ele se dá conta de que precisa desesperadamente de uma nova inspiração. E a acaba encontrando durante os passeios diários com seu cão são bernardo Porthos, nos Kensington Gardens de Londres, onde conhece a família de Llewelyn Davies: quatro garotos órfãos de pai e sua bela mãe e viúva recente, representada por Kate Winslet.

Apesar da desaprovação da rígida avó das crianças, Emma du Maurier, e dos ressentimentos de sua esposa, Barrie torna-se amigo da família, envolvendo as crianças em truques, disfarces, jogos e travessuras, criando mundos fictícios de castelos e reis, índios e caubóis, náufragos e piratas. Ele transforma encostas de montanhas em galeões, varas em espadas poderosas, pipas em fadas encantadas, e os filhos de Llewelyn Davies em "Os Garotos Perdidos da Terra do Nunca".

Observando as emoções e o espírito de aventura das crianças, Barrie se põe a escrever sua mais ousada e renonada obra-prima, *Peter Pan*. A princípio, sua companhia teatral não acredita no projeto. E, mesmo que seu leal produtor Charles Frohman tema perder até as calças nesta fantasia infantil, Barrie começa os ensaios e choca seus atores com indicações absurdas como voar pelo palco, conversar com fadinhas de luz e se tornar um cachorro e um crocodilo. Mas quando Barrie estava pronto para apresentar *Peter Pan* ao mundo, uma trágica reviravolta do destino obriga não só a ele, mas às pessoas que ele mais ama, a entenderem o real significado do verbo acreditar.

Esse era o tema que o diretor Marc Forster estava procurando quando o produtor Richard Gladestein lhe entregou o roteiro de David Magee para o filme. Imediatamente, Forster se encantou pela história, que relata as circunstâncias e os sentimentos que levam à criação e à evolução de *Peter Pan*, o conto que comove milhões de pessoas em todo o mundo.

Segundo notas da produção, a amizade na vida real de J. M. Barry com a família de Llewelyn Davies inspirou os temas que tornaram a peça de Barrie tão ressonante: a magia da imaginação, a nostalgia da inocência infantil e o desejo de acreditar em algo mais encantador do que a dura realidade do dia a dia.

"Para mim, o filme fala do poder da criatividade que é capaz de levar as pessoas a outro mundo, e a profunda necessidade humana de alimentar ilusões, sonhos e crenças que nos ajudem a suportar a tragédia. É uma história sobre o poder transformador da imaginação. É ser capaz de transformar a si mesmo em algo maior do que se é, ainda que ninguém acredite."

Gladstein concorda. *Em Busca da Terra do Nunca* foi "uma oportunidade única de criar um filme que combina intimidade pessoal e drama emocional com incríveis surtos de imaginação e inventividade. É uma história para a criança e o adulto que temos dentro de nós".

A ideia de fazer a versão filmada de *Em Busca da Terra do Nunca* – então sob o título provisório de *A Terra do Nunca de J. M. Barrie* – partiu, de fato, da peça teatral de Allan Knee, *The Man Who Was Peter Pan* (*O Homem que Era Peter Pan*), sobre as conversas imaginárias entre Barrie e os filhos de Llewelyn Davies. O produtor Nellie Bellflower tinha visto a peça em um teatro de sua cidade e rapidamente decidiu chamar o roteirista David Magee para fazer uma adaptação. "A peça de Allan Knee era a comovente história de um homem que se torna a figura paterna daqueles garotos e ao lado deles vive uma terrível tragédia. Sempre gostei de Peter Pan, e a peça de Allan era um excelente ponto de partida para a criação de *Peter Pan* e seus temas universais."

Mas, admite Magee, o roteiro "não é uma versão factual do que aconteceu com James Barrie enquanto ele escrevia *Peter Pan*. Eu queria contar uma história sobre o que é crescer e ser responsável pelo próximo. Espero que as pessoas vejam o filme como um respeitoso tributo ao gênio criativo de Bernie e que saiam do cinema com a sensação de que nós, seres humanos, podemos crescer sem perder a inocência e o encantamento da infância". Magee notou que a história se tornava cada vez mais emocional e pessoal à medida que ele escrevia. "Meu primeiro filho estava para nascer quando comecei a trabalhar neste material, e meu pai chegou ao fim da vida após uma longa batalha contra o câncer, então busquei intensamente entender o que é crescer e estar ciente de que o tempo corre atrás de todos nós. Para mim, é a história de um homem que busca essas respostas em sua vida."

Não apenas isso, mas "como escritor também quis explorar como a vida real inspira a arte e como a arte pode transformar nossa vida. Muitos pensam que as pessoas criativas se prendem à infância por muito mais tempo que o resto de nós, mas há momentos na vida que são tão pesados que a ficção e a arte se tornam uma necessidade. O que Barrie faz tão bem em *Peter Pan* é expressar tanto a alegria da infância como a nostalgia pelo que já se foi. Ele se apropriou dessa experiência real e universal e a transformou em algo magnífico e especial".

Por sugestão da executiva da Miramax, Michelle Sy, Bellflower enviou um rascunho do roteiro ao produtor Richard Gladstein. Michelle entrou em contato com este último, e o projeto foi aceito. Uma vez pronto o roteiro, começou a busca pelo melhor diretor, que culminou em 2001 quando Gladstein viu um filme anterior de Marc Forster, o premiado *A Última Ceia* (*Monster's Ball*), a angustiante história de amor entre um guarda prisional e a viúva de um criminoso, papel que deu a Halle Berry o Oscar de Melhor Atriz naquele ano: "A profundidade do personagem e a sutileza de todas as atuações me convenceram de que Marc era a pessoa ideal para tocar o projeto".

Quando o roteiro finalmente ficou pronto e o elenco começou a ser reunido, Gladstein notou que diretor e atores se inspiravam nas próprias palavras de Barrie. "Barrie dá importantes dicas de direção a seus atores quando diz: 'Todos os personagens, crianças e adultos, devem ter como único adorno o olhar de uma criança'. Nos orientamos por esse princípio durante as filmagens, e até o escrevemos como uma espécie de prólogo em várias cópias do roteiro, para que a intenção ficasse clara tanto para os atores como para os técnicos."

Era fundamental para *Em Busca da Terra do Nunca* que Depp fizesse Barrie, porque, segundo Forster, como outros jovens atores da época, seu espírito infantil estava vivo e vibrante. "Johnny é perfeito para representar um homem que não quer crescer – por seus papéis anteriores, vê-se que sua criança interior é facilmente acessível. Ele traz algo de muito especial ao personagem e representa como se prestasse uma homenagem àquele que nós dois acreditamos que Barrie devia ser."

Johnny se encontrou no papel trabalhando com um treinador de voz com autêntico sotaque escocês, sotaque que ele emprega com a tranquilidade de quem, em algum nível, permanecerá um enigma. Gladstein notaria que "na personificação que faz de Barrie, Johnny transmite naturalmente um mistério e desperta na plateia a curiosidade de saber o que se passa na cabeça dele".

O que agradou a Johnny especialmente é que a história de *Em Busca da Terra do Nunca* fosse induzida pela intercorrência do amor secreto entre seu personagem e o de Kate Winslet – amor que jamais se transforma em típico romance. Ele explica: "O filme nunca vai para onde se espera. Não se transforma numa história de amor sentimental entre duas pessoas destinadas a ficar juntas nem nada disso. Mas é uma relação muito mais complexa e comovente entre duas pessoas que precisam uma da outra em um nível que está muito além das palavras".

No centro da história está a inocente e, para a época, escandalosa relação de Winslet e Depp, que, para a maioria dos críticos, não davam liga como par romântico, mas foram escolhidos por Forster precisamente por essa razão. "Kate tem os pés no chão, é incrivelmente determinada, enquanto Johnny é o espírito criativo que flutua, que viaja... Os dois resultam em uma interessante combinação."

Para que a inocência fosse preservada, foi preciso tirar uma cena. Winslet explica: "Quando chegamos à casa de campo e nos sentamos no jardim para beber um chá e Johnny fumar seu cachimbo, há uma fala minha para Johnny mais ou menos assim: 'Às vezes me pergunto se você se dá conta do quanto se tornou importante para todos nós'. E ele diz: 'Bom, as crianças ainda são muito pequenas'. E eu digo: 'Sim, mas estou me referindo a mim'. Se a cena tivesse sido mantida, a sugestão de algo mais íntimo entre os dois teria sido muito, muito mais clara. O que mais gosto no filme é que não há nenhum abraço, nenhum beijo, nenhum clima".

Talvez isso também tenha atraído Johnny para o projeto. Mas, sobretudo, o papel lhe agradou pela magia da história de *Peter Pan*. "É um trabalho genial. É uma obra-prima da imaginação, resultado da mais notável inspiração. É uma dessas raras perfeições deste mundo que estarão sempre conosco, e foi uma maravilhosa oportunidade explorar de onde terá vindo essa história tão poderosa."

É claro que havia ainda outra razão para Johnny se interessar tanto pelo papel. Representar o homem que criou *Peter Pan* trouxe de volta a infância que ele nunca teve. Johnny confessa que perdeu muito pela vida que levou, ter perdido a virgindade muito cedo e começado a beber e usar drogas ainda na adolescência. Então, fazer o papel de um homem que não quer crescer foi como realizar um sonho após sua juventude turbulenta. "Acho que passei 35 anos da minha vida sob um nevoeiro. Não sabia realmente o que queria ou quem eu era. Me sentia muito só e me envenenava o tempo todo: bebia, não comia direito, não dormia, fumava muito. Se continuasse nessa vida, teria me matado."

"Meus pais se divorciaram quando eu tinha 15 anos. Nós mudamos de casa umas 30 vezes. Comecei a fumar aos 12 anos, perdi a virgindade aos 13 e conheci as drogas aos 14. Roubei cerveja em supermercados, invadi salas de aula só para roubar. Fiz a minha cota de atos deploráveis." Mas tudo isso, ele afirma, ficou para trás.

Hoje, apaixonado por Vanessa, com seus dois filhos e um lar adotivo em Paris, Johnny afirmou em 2004 que nunca foi tão feliz em toda sua vida. "É a minha família que faz de mim uma pessoa melhor e muito mais centrada do que jamais fui. Conhecer Vanessa mudou tudo. Meus filhos são a minha vida. Eles são a melhor coisa que já me aconteceu. Grande parte do caos que me envolvia desapareceu. Eu não sabia o que era a felicidade."

Ele prossegue dizendo que *Em Busca da Terra do Nunca* fez parte dessa felicidade. Foi, na verdade, um dos projetos mais gratificantes de que já participou – apesar do trabalho que deu imitar o sotaque escocês. "No começo eu não conseguia pegar nem a música nem o ritmo. Mas tive a sorte de encontrar aquele especialista em dialetos que me ajudou muito. E tínhamos também na equipe técnica uns rapazes escoceses que corrigiam meus erros."

"*Peter Pan* é uma obra-prima de imaginação. É uma dessas joias raras que estarão sempre conosco; eu me pergunto: de onde terá vindo essa história tão poderosa? Pelo que pude perceber, Barrie só se sentia bem se estivesse rodeado de crianças. Acho que ele não sabia amar ou ser amado à maneira dos adultos, porque estava sempre buscando aprovação e, talvez, até uma figura materna. Eu o criei a partir de pequenas coisas que percebi nas pessoas que o viam como uma figura misteriosa – mas misturadas aos flashes de luz e felicidade que o levaram a escrever *Peter Pan*".

Apesar do *status* de celebridade, Depp abriu mão de filmes comerciais em favor de papéis mais interessantes. "Nunca quis ser uma estrela, mas um ator de personagens. Os papéis que aceitei fazer foram porque me apaixonei pelos personagens. Nunca foi minha intenção me tornar um astro de grandes bilheterias. Minha carreira foi construída sobre fracassos. Até hoje, meus filmes nunca deram dinheiro. Por mais tentador que fosse aceitar um cheque polpudo, nunca me interessei em fazer alguma coisa que já tinham feito milhares de vezes."

"Uma constante no meu trabalho são os personagens considerados 'esquisitos' pelas pessoas que se dizem 'normais'. Nunca me incomodei com isso, desde que funcione para o personagem. Feiura é melhor do que beleza. É mais duradoura e, no fim, a força da gravidade chega para todos. Tive a sorte de fazer tudo o que quis e trabalhar com quem quis. Quando me convidaram para *Em Busca da Terra do Nunca*, o que mais gostei foi de atuar em um filme que meus filhos pudessem ver. Fiz *Piratas do Caribe* pela mesma razão. Gosto de fazer filmes que meus filhos possam ver. Gosto da ideia de ser criança para sempre, e não acho que seja impossível. Conheci muita gente que se tornou criança depois de velho, com a mesma energia, curiosidade e encantamento de uma criança pequena. Mas também é muito divertido envelhecer."

Representar um personagem brincalhão e paternal como J. M. Barrie deve ter sido a realização de um sonho. Assim como Johnny buscou inspiração em Keith Richards para fazer o Jack Sparrow de *Piratas do Caribe*, quem serviu para criar seu personagem em *Terra do Nunca* foram os Osbournes. "Há uma inocência em Ozzy Osbourne", ele declarou ao *The New York Times*. "Ele convive com todos, mas não se envolve com ninguém."

Quanto a Kate Winslet, trabalhar com Johnny foi dar vida a uma ideia presente no filme de que qualquer um pode manter a espontaneidade e o espírito de aventura e voltar a ser criança. "Johnny era tão infantil no *set* que eu me sentia trabalhando com cinco meninos, em vez de quatro. Era inteligente e nos fazia rir o tempo todo, exatamente o que precisávamos para nos sintonizar com o espírito da história!"

Winslet conhecia bem *Peter Pan*. Ela fez o papel de Wendy numa produção teatral quando tinha apenas 15 anos de idade, e sempre foi fascinada pelo universo fantástico da Terra do Nunca. Quando leu o roteiro do filme, foi Sylvia

Llewelyn Davies, a fogosa mãe boêmia de uns meninos encantadores, numa época de grande formalidade, quem mais a atraiu.

"A personagem é tão interessante, porque é uma mãe moderna em uma época em que começava a mudar a maneira de ver as crianças. As pessoas ainda acreditavam que elas deviam ser vistas, mas não ouvidas, e as mantinham longe da vida dos adultos dentro da própria casa. Sylvia faz tudo diferente, e reflete uma mudança na criação dos filhos. Ela se envolve muito com a educação das crianças e as encoraja a ter o espírito livre. Gosto muito que ela seja tão rebelde.

"Mas Sylvia ficou viúva precoce, por isso tem tanta mágoa e raiva reprimidas, o que pode ter ajudado James M. Barrie a se interessar por ela. Ele é uma figura interessantíssima, muito diferente dos homens que pertencem a seu ciclo social. Ela se sente imediatamente atraída por ele, não porque é seduzida, mas porque ele a recebe em seu incrível mundo de fantasia. No fundo, acredito que seja uma história de amor, mas o amor de Barrie por toda a família, e vice-versa."

Embora não exista nada escrito sobre Sylvia Llewelyn Davies, como existe sobre Barrie, algumas cartas e textos de sua autoria chegaram até nós. E a partir deles Winslet inferiu que um aspecto da história dela que pode ser verdadeiro é a decisão de não tratar o câncer que a acomete. Sylvia quis proteger os filhos afastando-os de sua doença debilitante, para que não a vissem sofrer com os dolorosos tratamentos. "Foi um ato de coragem extraordinário. Ela quis que a vida seguisse seu curso normal para que ela morresse tranquilamente. Foi um sacrifício imenso que ela fez pelos filhos."

Para Forster, Winslet foi uma revelação no papel. "Ela é mãe, então tem essa incrível capacidade de abraçar os filhos e manter os pés bem firmes no chão. Como mãe, ela tem uma presença que é real e foi muito importante para mim; especialmente porque, quando ela morre, você vê nas crianças uma imensa sensação de perda.

Outra pessoa que teve um importante papel na criação do *Peter Pan* de Barrie foi Charles Frohman, o rico empresário norte-americano que bancou Barrie durante muito tempo, e acabou financiando a peça fantástica e totalmente informal que ele temia ser um grande fracasso. O Charles Frohman real, conhecido como "o Napoleão do teatro", era famoso pela habilidade em descobrir novos talentos e por estar associado não só a Barrie, mas a grandes escritores como Oscar Wilde e W. Somerset Maugham. Era também conhecido por impulsionar estrelas da Broadway como John Drew, Ethel Barrymore, E. H. Sothern, Julia Marlowe, Maude Adams e Henry Miller. (Frohman morreu tragicamente no auge da vida quando o transatlântico *Lusitania*, em que ele viajava, foi afundado por um submarino alemão. Parafraseando *Peter Pan*, suas últimas palavras teriam sido: "Por que temer a morte? É a mais bela aventura da vida".)

Dustin Hoffman foi recrutado para representar Frohman. Ele queria trabalhar com Forster desde que viu *A Última Ceia*. E quando soube que James Barrie seria representado por Johnny, ficou ainda mais entusiasmado, porque também queria trabalhar com ele. "Ele é um dos melhores atores jovens. Tem uma qualidade que admiro muito. Ele faz o que pode para não se tornar uma estrela. Explora ao máximo os papéis que representa, e embora seja muito bonito, evita ser galã.

Hoffman também ficou intrigado pelo profundo interesse de Frohman de tornar realidade os sonhos de um artista, sem se importar com os riscos. "O que aprecio em Frohman é que ele hesita e reluta em produzir *Peter Pan*, uma peça com fadinhas, piratas e crocodilos, porque não sabe se será aceita pela sofisticada plateia londrina. Frohman é um desses raros produtores com habilidade de farejar um gênio e entender que, por definição, os gênios são exímios em fazer o que nunca foi feito e deixar o artista em posição vulnerável. Ele deixa Barrie correr o risco diante de todo mundo."

Para o crítico Roger Ebert do *Chicago Sun-Times*, o trabalho de Johnny como o gentil, discreto e contido J. M. Barrie foi notável. Tão notável, observou ele, quanto o trabalho do novato Freddie Highmore, que tinha apenas nove anos de idade quando começou a filmar o papel do emocionalmente traumatizado Peter Llewelyn Davies. A pergunta que estava na boca de todos os jornalistas presentes é como ele conseguiu um desempenho tão surpreendente. "Bom, eu pensava no que o personagem estava pensando, e então entrava no personagem", ele explicou.

E para a maioria dos críticos, com uma vulnerabilidade e uma concentração tão diferentes dos demais atores infantis desde Haley Joel Osment em *O Sexto*

Sentido (*The Sixth Sense*), Highmore fez uma representação inesquecível do garoto introvertido que se recolhe ainda mais com a morte do pai e a má saúde da mãe. Johnny se lembra de que, "quando tinha cenas com Freddie, Kate e eu ficávamos de lado e o deixávamos à vontade. Foi a coisa mais incrível que já vi". Winslet concorda. "Ele tem instintos terríveis, são chocantes. E ainda nem faz ideia do que isso possa ser."

Ele fez tão bem o papel que, tanto Johnny como Kate o recomendaram para o papel de Charlie em *A Fantástica Fábrica de Chocolate* (*Charlie and the Chocolate Factory*), filme que reuniria Johnny Depp e Tim Burton pela quarta vez.

Em Busca da Terra do Nunca foi recebido como um "filme inesperadamente bem-vindo", de modo que não é de se estranhar que tenha entrado em 2005 como um forte candidato a indicações nos vários prêmios tanto de Hollywood como de Londres. Mais importante é que seria o segundo filme sucessivo de Johnny a lhe render uma indicação ao Oscar de Melhor Ator.

Imagem Perfeita

Como ator, minha obrigação é estar sempre fazendo algo diferente. O que importa é explorar. Fazer repetido é como comer a mesma coisa todos os dias. A cada vez, procuro uma maneira diferente. Para ser franco, é um milagre que eu ainda esteja trabalhando.

Quando Tim Burton foi oferecer a Johnny Depp o papel de Willy Wonka, ainda não tinha terminado de fazer o convite quando o ator se adiantou e disse que aceitaria com o maior prazer. Ele lembra que "estávamos jantando e ele me disse: 'Quero lhe dizer uma coisa. Sabe aquela história da *Fantástica Fábrica de Chocolate*? Bom, vou filmá-la e quero que você faça...', nem esperei ele terminar: 'Eu topo. Fechado. Conte comigo'. Não tive dúvida. Ser escolhido para representar Willy Wonka é uma grande honra, e uma escolha feita por Tim Burton é uma honra três vezes maior. Sua maneira de ver as coisas é sempre uma surpresa, é muito além do que se espera. Só pelo fato de ele estar envolvido, nem precisei ver o roteiro para aceitar. Se Tim quiser filmar 5 mil metros de filme comigo olhando para uma lâmpada, e eu não conseguir piscar por três meses, ainda assim eu topo".

Não demorou para que os dois amigos e os colaboradores se debruçassem sobre os esboços preliminares de Burton a fim de discutir a temática e como seria a história de Wonka, sempre no mesmo ritmo criativo que Johnny conhecia desde seu papel-título em *Edward Mãos de Tesoura*, depois *Ed Wood* e *A Lenda do Cavaleiro sem Cabeça*.

Burton declara: "Em vários aspectos, Johnny é um excelente ator de personagens. É um ator de personagens e um líder. Foi isso que me impressionou nele desde o começo, é o que faz dele um ator tão intrigante: ele não se interessa necessariamente pela própria imagem, mas sim pelo personagem e por tentar coisas diferentes. É um ator que está disposto a se arriscar. Sempre que trabalho com ele, vejo algo novo".

O produtor Brad Grey concorda: "Ele é um ator muito intuitivo. Entrou no projeto porque respeitava o livro e porque sabia que faria algo muito especial com o personagem. Não consigo imaginar qualquer outra pessoa no papel. Outras vezes, a isso se soma uma combinação mágica, como a que temos aqui: Roald, Tim e Johnny".

Publicado em 1964, *A Fantástica Fábrica de Chocolate* é até hoje um dos livros mais apreciados dos últimos 40 anos, tanto por crianças como por adultos, traduzido em 32 idiomas e com 13 milhões de cópias vendidas em todo o mundo. Essa longa popularidade indica que o autor entende, gosta de crianças e se comunica bem com elas. Como Grey observa, Roald Dahl "jamais desrespeita ou subestima a inteligência de seus leitores".

Johnny concorda. O que ele aprecia em especial são as inesperadas reviravoltas que o texto de Dahl costuma dar. "Você pensa que está indo numa direção e de repente é surpreendido com outra possibilidade, outro caminho, e isso o obriga a pensar. No centro de tudo há uma excelente história moral em *A Fantástica Fábrica de Chocolate*. Mas também há muita magia e humor."

Embora o livro seja bastante conhecido e apreciado por crianças, o consenso entre os fãs adultos é que é muito mais que um livro só para crianças. É uma divertida viagem por um fantástico universo feito de açúcar, com profundas implicações emocionais. O personagem Wonka, quem é ele e no que se transforma no final da história, através da sua ligação com o menino Charlie, é comovente. É uma fantasia que emociona a todos.

"Um dos aspectos mais interessantes do livro é que o humor e os sentimentos são tão reais, tão claros, mas ao mesmo tempo há sempre espaço para interpretá-los", diz Burton. "Tem espaço para a imaginação, que é um dos pontos fortes de Dahl como contador de história. A maioria dos adultos se esquece de como era ser criança, mas Roald não. Então, ao mesmo tempo em que os personagens lembram pessoas conhecidas e crianças que estudaram na nossa escola, eles resgatam antigos arquétipos da mitologia e dos contos de fada. É um misto de emoção, humor e aventura atemporais, e talvez por isso sejam tão atuais. O autor se lembra claramente de como era quando tinha aquela idade e adapta seu trabalho para o ponto de vista do adulto. Por isso você pode reler o livro em qualquer fase da sua vida e encontrar coisas diferentes em todas as idades."

É provável que Burton quisesse transmitir esse sentimento na sua versão filmada. O filme procura manter-se fiel à história original, mas em *flashbacks* que não estão no livro ficamos sabendo que a vida de Willy é uma reação natural a um pai muito rígido, um dentista que odiava doces, representado por Christopher Lee, outro ator sempre presente nos filmes de Burton.

No filme, Wonka é obrigado a abrir as portas da sua adorada fábrica pela primeira vez em 15 anos, a fim de encontrar alguém para herdá-la, mas não se sente à vontade diante da presença humana. Por isso usa aquela máscara, para esconder a ansiedade que o contato e a proximidade lhe provocam. Johnny explica: "Ele deve ser germofóbico*, porque usa luvas e também uma máscara. Em alguns momentos da visita, flagramos Wonka representando, e muito mal, literalmente recorrendo a colas. Ele não se sente à vontade com aquelas pessoas. Tenho a impressão de que desde o primeiro momento ele está representando, com aquele sorriso congelado. Mas, por outro lado, ele está feliz de verdade, como o grande *showman* que é, um verdadeiro P. T. Barnum, mostrando suas criações e dizendo: 'Olhem para isto! Vejam o que eu fiz, não é o máximo?'."

O coprodutor Richard Zanuck continua: "[Willy Wonka] é excêntrico, misterioso, mas muito vulnerável. Uma combinação interessante: ele é infantil e denso ao mesmo tempo. Nenhum outro ator além de Johnny daria ao personagem a profundidade, a amplitude e a interpretação que ele exige. Johnny é o único com esse dom".

Igualmente dotado é Freddie Highmore, que voltou a trabalhar com Depp depois de dividirem a tela no filme *Em Busca da Terra do Nunca*, três anos antes. Ele tinha 12 anos quando *A Fantástica Fábrica* começou a ser produzida, e adorou assumir o papel de Charlie Bucket, o bom menino de família pobre que mora à sombra da extraordinária fábrica de Wonka.

O jantar na casa da família Bucket não passa de uma rala sopa de repolho, que o pequeno Charlie compartilha alegremente com seu pai, os dois avós e a mãe, representada pela parceira de Tim Burton, Helena Bonham Carter. Esse relacionamento começou quando ambos trabalharam juntos

* Germofóbico é quem tem medo de germes. (N. T.)

em *O Planeta dos Macacos*, e a partir daí Helena participou de todos os trabalhos subsequentes de Burton.

O lar dos Bucket é um casebre pequeno e desmantelado, mas cheio de amor. À noite, a última coisa que Charlie vê da sua janela é a grande fábrica, e adormece imaginando como deve ser lá dentro. Em 15 anos, nunca se viu um único operário entrando ou saindo por aqueles portões, ninguém conhece Willy Wonka e, ainda assim, não se sabe como grandes quantidades de chocolate continuam sendo fabricadas e despachadas para o mundo todo.

Um belo dia, Willy Wonka faz um anúncio importante. Ele abrirá as portas da famosa fábrica e revelará seus segredos às cinco crianças afortunadas que encontrarem os ingressos dourados escondidos em cinco barras de chocolate, escolhidas aleatoriamente pelo próprio Wonka. Nada deixaria a família de Charlie mais feliz do que vê-lo ganhar um desses, mas as probabilidades são mínimas, porque só podem comprar uma única barra de chocolate por ano, no aniversário do menino. Conforme chegam notícias de crianças que encontraram os ingressos dourados nos mais diferentes países, Charlie vê suas chances diminuírem bastante.

O primeiro foi para o guloso Augustus Gloop, que não pensa em outra coisa senão encher a boca de doces; o segundo foi para Veruca Salt, que ameaça seu pai com socos se suas vontades não forem atendidas. Depois, para Violet Beauregarde, a campeã de mascar chicletes com troféus acumulados em sua prateleira, e por fim Mike Teavee, que se acha mais esperto que todos e faz questão de deixar isso bem claro.

Mas, então, o inesperado acontece. Charlie encontra uma moeda na calçada coberta de neve e vai até a loja mais próxima comprar um Wonka Whipple-Scrumptious Fudgemallow Delight, só porque está morrendo de fome e sabe que o chocolate será mais delicioso que nunca. E, então, sob a embalagem, vê um papel dourado. É o *último ingresso*. Charlie vai conhecer a fábrica! Seu avô Joe fica tão feliz que salta da cama como se tivesse rejuvenescido anos, quando trabalhava na fábrica antes de Willy Wonka fechar os portões para sempre. A família decide que Vovô Joe acompanhará Charlie na grande aventura de sua vida.

Uma vez lá dentro, Charlie fica atordoado com as maravilhas que se apresentam, uma após a outra. Admiráveis geringonças inventadas pelo próprio

Wonka misturam, borbulham e assobiam, produzindo novas e diferentes delícias. Os felizes Oompa-Loompas escavam montanhas de caramelo ao lado de uma cachoeira de chocolate e conduzem um barco de açúcar translúcido com cabeça de dragão por um rio de chocolate, passando por árvores de açúcar retorcidas e gramas de menta comestível. Cerejas com *marshmallow* cintilam nos galhos, maduras e doces. Por toda parte, centenas de esquilos treinados se sentam em centenas de banquinhos e quebram nozes para as barras de chocolate, mais rápido que qualquer máquina, e Wonka pilota pessoalmente um improvável elevador de vidro que se move em grande velocidade de um lado para outro, para cima e para baixo, por toda parte que se possa imaginar pela imensa e fantástica fábrica.

Tão interessante quanto suas invenções fantásticas é o próprio Willy Wonka, um anfitrião engraçado, nada convencional. Ele não pensa em outra coisa que não sejam doces – exceto uma vez ou outra, quando parece lembrar algo que aconteceu há muito tempo mas não sabe o que é. O que se sabe é que Wonka não sai da fábrica há muitos anos. Quem é ele e por que dedicou sua vida aos doces, isso Charlie só pode imaginar.

Nesse meio tempo, as outras crianças se revelam um bando de mal-educados, tão voltadas para si mesmas que nem apreciam as fantásticas criações de Wonka. Uma por uma, as personalidades mimada, gulosa, malvada e sabichona criam situações tão complicadas que elas acabam abandonando a visita antes do final.

Quando só resta Charlie, Willy Wonka revela seu segredo e entrega o grande prêmio: as chaves da fábrica. Longe da família há muito tempo, chegou a hora de Wonka encontrar o herdeiro da sua fábrica de doces, alguém em quem ele possa confiar para continuar o trabalho de toda sua vida. Por isso bolou esse concurso, a fim de escolher essa criança especial. Só não esperava que seu grande ato de generosidade lhe trouxesse um presente muito mais valioso.

A Fantástica Fábrica de Chocolate estreou com impressionante sucesso de crítica e bilheteria em julho de 2005. Segundo o crítico do *Hollywood Report*, Kirk Honeycut, é uma "viagem mágica e misteriosa* pela maior fábrica de chocolate do mundo, delicioso como chocolate derretendo lentamente na

* Trocadilho com *Magical Mistery Tour*, terceiro filme dos Beatles, lançado em dezembro de 1967, que narra uma viagem de ônibus mágica e misteriosa. (N. T.)

boca. Um presente de Tim Burton, que recuperou seu toque imaginativo após alguns passos em falso, e de seu frequente colaborador Johnny Depp, ator que não hesita em incorporar as fantasias de Burton, sejam elas quais forem".

Johnny certamente concorda. "Trabalhar com Tim é como estar em casa. Já criamos uma linguagem nossa ao longo das experiências que tivemos juntos. Me sinto muito à vontade com ele." Há momentos, porém, em que o ator sonha com pequenas vinganças. "Se eu pudesse trocar de lugar com Tim, faria algumas coisas que ele já fez comigo. Como espirrar sangue na minha cara longe das câmeras em *A Lenda do Cavaleiro sem Cabeça* e rir como um garoto travesso. E aqueles dois cavalos... Me levavam pra lá e pra cá, mas ficavam soltando gases e era muito desagradável. Faziam lá a digestão deles, e era eu quem aguentava."

Vingança ou não, "como ator, em qualquer papel que eu faça, tenho que dar o máximo da minha própria verdade. Mas uma coisa deve ser dita: não há nada mais terapêutico do que assumir e se fazer passar por um cara esquisito". Quando fiz Wonka, tive a sorte de ter o material original, não só o roteiro, para me basear. "A construção do personagem foi muito interessante. Tim e eu tivemos várias conversas, nos lembramos dos vários apresentadores de espetáculos infantis e da cadência que eles usam para falar com elas. Enquanto lia o roteiro, vinham ideias e imagens na minha cabeça, e eu escrevia todas elas. A primeira coisa que vi foi o penteado, tempos depois vi e ouvi Wonka. Comecei a construí-lo passo a passo. Já estávamos filmando havia alguns dias quando consegui me conectar realmente com ele."

Como *A Fantástica Fábrica* era um filme muito voltado para crianças, Johnny se sentiu mais livre do que o normal para experimentar com a filha Lily Rose, então com 6 anos de idade, e com o filho Jack, de 3. "Quer coisa melhor?", ele pergunta. "Eu testava a voz com minha filha e, se funcionasse, repetia em cena. Quando foram ver o filme, fiquei muito nervoso. Temi que voltassem para casa e dissessem: 'Não, pai, não foi legal'. Mas eles chegaram em casa repetindo as falas."

No entanto seria improvável que as crianças repetissem as falas do novo filme de Depp com Burton. Lembrando uma incursão anterior do diretor pela técnica de animação *stop-motion* (quadro a quadro), *A Noiva Cadáver* (*Corpse*

Bride) tinha tudo para repetir o sucesso de sua obra-prima de 1993, *O Estranho Mundo de Jack* (*The Nightmare Before Christmas*).

"O que me agrada tanto na técnica de animação *stop-motion* é ser tão tátil", diz Burton. É maravilhoso poder tocar fisicamente, movimentar os personagens, ver que o mundo deles existe. É similar a fazer um filme *live-action*, com atores – se você faz tudo sobre fundo azul, não tem a sensação de que as coisas estão realmente ali, diferentemente do processo *stop-motion*.

"Depois de *O Estranho Mundo de Jack*, comecei a procurar outra coisa para fazer na mesma mídia, porque adoro animação *stop-motion*. É uma arte muito especial. Meu amigo Joe Ranft me mostrou um pequeno conto do folclore que parecia adequado a esse tipo especial de animação. É a mesma coisa que fazer uma distribuição de papéis: mídia e material precisam se casar e serem felizes. Essa é uma boa combinação."

A produtora Allison Abbate se entusiasmou com a ideia desde o princípio. "É uma história muito inteligente e que ainda não foi vista centenas de vezes. E, é óbvio, tem a cara de Tim Burton, o mesmo humor negro e os personagens esquisitos. O que mais gostei nesse roteiro foi a história, que é comovente e muito triste." E era mesmo.

Em um obscuro e reprimido vilarejo vitoriano, duas pessoas tímidas vão se casar – embora ainda não se conheçam. Um casal grosseiro de alpinistas sociais, Nell e William Van Dort – os reis do peixe enlatado –, quer ser aceito na alta sociedade. Não lhes falta dinheiro para isso, mas sim a necessária classe. Do outro lado estão os aristocratas Maudeline e Finis Everglot, descendentes diretos do duque de Everglot, que proclamam a quem quiser ouvir que classe eles têm de sobra, mas só lhes falta dinheiro. A fortuna do casal acabou há muito tempo e só lhes restaram o nome, a posição social e uma filha, Victoria. Embora não seja muito valorizada pelos pais, ela é seu ingresso para a ascenção social, porque os Van Dort têm um filho solteiro, Victor.

Os Everglot estão dispostos a tapar o nariz e conceder a mão de Victoria ao filho dos grosseiros Van Dort – novos ricos, muito ricos. O acordo é feito e, com a perspectiva das futuras núpcias, não só as famílias se agitam, mas toda a cidade... menos a noiva e o noivo. Está muito claro que esse casamento nada tem a ver com amor – basta perguntar a Maudeline e Finis.

Victor e Victoria se veem pela primeira vez na véspera do casamento, quando as famílias se reúnem para apresentar formalmente o futuro casal e ensaiar a cerimônia. Embora seja difícil dizer quem é mais tímido, depois desse primeiro encontro talvez seja possível, embora muito improvável, que Victor e Victoria venham a se amar. No ensaio, Victor gagueja tanto para dizer os votos – antes ele quase põe fogo no vestido da sogra – que o pastor Galswells o dispensa para decorar as frases corretamente. Humilhado, ele vagueia pela floresta ao redor da aldeia. Uma vez sozinho, ele recita os votos com perfeição, e não só isso, termina enfiando gentilmente a aliança na raiz de uma árvore. Mas não é uma raiz.

Aterrorizado, ele vê o cadáver em decomposição de uma mulher vestida de noiva se erguer do chão, com o anel de Victoria no osso do dedo. Sem querer, Victor se comprometeu com a Noiva Cadáver. Desde seu misterioso assassinato na noite de núpcias, a Noiva Cadáver espera, com o coração despedaçado, que o noivo volte para buscá-la. Embora seu coração tenha parado de bater há muito tempo, ela nunca deixou de procurar um amor e um marido para compartilhar seu repouso final. Victor é confundido com esse noivo e levado para as profundezas da Terra dos Mortos, numa brutal inversão da vida tranquila que ele conhecia. Na Terra dos Mortos, os bares não fecham e os cadáveres estão mais vivos do que nunca na sombria e melancólica Terra dos Vivos.

Victor tenta inutilmente encontrar o caminho de volta para Victoria, que o espera desolada na Terra dos Vivos e não convence ninguém de que uma mulher morta levou seu noivo para as profundezas. Em vez de ajudar a filha, os Everglot rapidamente encontram um segundo pretendente, desta vez o misterioso e sinistro Barkis Bittern, que por acaso estava no lugar certo e na hora certa para ganhar a mão de Victoria. Enquanto a Noiva Cadáver não tem a menor intenção de deixar Victor escapar, ele busca desesperadamente uma maneira de sair da Terra dos Mortos, e voltar para os braços do amor de sua vida.

O mais interessante em *A Noiva Cadáver* é que, paralelamente às filmagens de *A Fantástica Fábrica de Chocolate,* Johnny foi convocado para fazer a voz de Victor, em cima da hora. E assim, depois de filmar a cena do dia como Wonka, ele saía correndo para o estúdio de gravação de *A Noiva Cadáver*, como ele mesmo diz, para encaixar toscamente uma persona baseada em uma torturante sessão de 15 minutos com Burton.

E continua: "Victor nasceu nesse pouco tempo, e eu só vim a saber quem era ele quando começaram a gravar. Então não teve preparação nenhuma. Eu havia lido o roteiro, gostado, mas não sabia que faríamos tudo ao mesmo tempo. Achei que ainda levaria alguns meses e eu teria tempo de me preparar melhor. Imagine minha surpresa quando, estando muito, muito concentrado em Wonka, Tim chega ao *set* e diz: 'Hei, Johnny, hoje à noite vamos gravar *A Noiva Cadáver*'. E eu disse: 'Claro, vamos sim'. Nem conhecia o personagem, não sabia que voz ele tinha, não sabia nada".

Embora Depp tenha concebido a voz de Victor às pressas, "ele era alguém que eu já conhecia. Não estava muito distante dos outros personagens que fiz para Burton. A base emocional era a mesma. Era como eu sentia os diálogos do *Mãos de Tesoura*. Tim, como sempre, me ajudou muito. Victor é um personagem como outros que já fizemos juntos, como *Edward Mãos de Tesoura*, um cara meio esquisito, desajeitado, muito inseguro e nervoso. Parece comigo. É como alguém que não se sente confortável na vida. É um sentimento universal que todos nós temos, de achar que somos incapazes, incompreendidos. Curioso é que não esperava chegar a um ponto em que, como leitor e espectador, eu saísse do ator e dissesse: 'Quero que ele fique com a Noiva Cadáver'. Um dilema que me ajudou muito nas gravações: eu sabia que Victoria Everglot era ótima e tudo mais, achei bom eles terem se apaixonado, mas a Noiva Cadáver era muito melhor. Era muito mais sexy e mais bonita".

"Só conheci o boneco Victor pouco antes da sessão de gravação. Fomos apresentados, entrei no estúdio e lá estavam não só ele, de corpo e alma, mas também a Noiva Cadáver e todos os outros, o que também ajudou bastante. Muitos disseram que nós dois éramos parecidos, embora os desenhos estivessem prontos há mais de um ano."

Se existe uma coisa que Depp não teme é a vida após a morte, que no filme é representada como um lugar colorido, divertido e musical. Ele diz que não sabe o que acontece após a morte, mas imagina como deve ser o outro mundo. "Deve ser maravilhoso se deitar para dormir e acordar no dia seguinte em Paris, nos anos 1920. Seria ótimo se fosse assim, mas há o risco de encontrar um lugar cheio de lixo e de vermes."

A Noiva Cadáver estreou em setembro de 2005, no mesmo mês em que Johnny esteve na Radio BBC 2 em Londres para apresentar um documentário sobre James Dean, seu herói pessoal. Johnny foi contratado como apresentador por Bob Geldof, dono da produtora Ten Alps Radio, para mostrar Dean como ícone de uma geração de roqueiros, entre eles Elvis Presley. Segundo o livro *Elvis: The Hollywood Years,* de David Bret, o cantor era "obcecado por Dean durante sua formação de ator. Ele conta que assistiu a *Juventude Transviada* 44 vezes antes de entrar no *set* de filmagem, e que adquiriu uma cópia original do roteiro para decorar os diálogos de Jimmy. Além disso, tornou-se íntimo de dois amigos do ator, Nick Adams e Natalie Wood".

O livro revela que o empresário de Presley, o coronel Tom Parker, guardou a sete chaves o segredo do relacionamento de Elvis com Nick Adams, ator que foi sexualmente ligado a Dean. E esclarece que, se Elvis não seguisse as regras, estaria frito. Na época, isso teria arruinado sua carreira. Por isso Parker tinha tanto controle sobre ele. Bret diz no livro que "Adams confirma que teve um rápido romance com Elvis quando este 'aceitou ser seu par' na estreia do filme em que faz uma participação, *A Última Carroça* (*The Last Wagon*), de 1956. Presley, então um símbolo sexual que atraía multidões de mulheres por onde andasse, apaixonou-se por Adams e tentou, sem sucesso, conseguir um papel para ele em seu primeiro filme, *Ama-me com Ternura* (*Love Me Tender*)". Em 1958, "quando Elvis filmava *Balada Sangrenta* (*King Creole*) em New Orleans, ele e Nick Adams ficaram hospedados no mesmo quarto de hotel". E por mais absurdo que pareça, os muitos jornalistas que tentaram "desmistificar" o astro, foram barrados pelo coronel Parker.

O documentário não aborda esses temas, mas comemora o 50º aniversário da morte de Dean, em 30 de setembro de 1955, após colidir seu carro em uma estrada da Califórnia. Embora tenha protagonizado apenas três filmes – *Vidas Amargas* (*East of Eden*), *Juventude Transviada* (*Rebel Without a Cause*) e *Assim Caminha a Humanidade* (*Giant*) –, sua imagem é sinônimo de juventude rebelde. Ele se tornou um ídolo para os jovens ocidentais.

Dean tinha entre seus fãs vários músicos pop, como Elvis Presley, Bob Dylan e John Lennon, que em algum momento disse que, "sem James Dean, os Beatles não teriam existido". Depp também entrevistou outros fãs de Dean, como Morrissey, Sir Paul McCartney, David Bailey e Dennis Hopper.

O produtor do programa, Des Shaw, disse: "Uma das coisas que Johnny e Bob mostram é a enorme influência de James Dean na música. Ele nunca ouviu rock'n'roll e morreu antes de Elvis, Buddy Holly ou Eddie Cochrane estourarem nas paradas de sucesso, mas foi uma das principais influências desse gênero de música".

O Rei dos Piratas

Antes de mais nada, Johnny é um pirata na vida real. É o papel mais próximo de si mesmo que ele já fez, mas se arriscou muito fazendo-o assim meio bicha. Se ao menos os piratas gays *fossem assim tão engraçados!*

John Waters

Seis meses antes de o documentário sobre James Dean ir ao ar na Inglaterra, Johnny Depp voltou sua atenção para o cinema, para reprisar o papel mais popular de sua carreira, o capitão Jack Sparrow, no segundo e terceiro *Piratas do Caribe* que seriam filmados ao mesmo tempo e lançados separadamente, da mesma forma que a trilogia *O Senhor dos Anéis* (*Lord of the Rings*). Com um intervalo de um ano entre um e outro, o primeiro, *O Baú da Morte*, estrearia no verão de 2006, e o segundo, *No Fim do Mundo*, exatamente um ano depois.

De acordo com a sinopse divulgada pela internet, quando o terceiro e último filme da série ainda estava em pós-produção, *O Baú da Morte* mostraria Will Turner e Elizabeth Swan unindo-se ao capitão Barbossa numa desesperada tentativa de libertar o capitão Jack do baú de Davy Jones, enquanto este e o navio fantasma, *O Holandês Voador*, que agora pertencia à Companhia das Índias Ocidentais, alastravam a destruição pelos sete mares. Navegando por águas traiçoeiras e violentas, eles seguem para a exótica Cingapura onde enfrentarão o astucioso pirata chinês Sao Feng. Nessa viagem para além dos confins da Terra, cada um terá que escolher de que lado ficará na titânica batalha final, porque não só suas vidas e fortunas estão em jogo, mas também a futura liberdade que os piratas tanto prezam.

Como deveria ser, a história continua de onde *O Baú da Morte* termina, quando o capitão Jack fica sabendo que tem uma dívida de sangue com o lendário Davy Jones, o Senhor das Profundezas do Oceano, comandante do *Holandês Voador*, com o qual nenhum outro navio se compara em velocidade e disfarce. E, a menos que o astucioso Jack consiga encontrar uma maneira de se safar dessa situação desafiadora, ele será condenado a servir Jones pela vida eterna.

Para piorar ainda mais, os problemas de Johnny atrapalham os planos de casamento de Orlando Bloom e Keira Knightley, também reprisando seus papéis como Will Turner e Elizabeth Swann, que são obrigados a se unir a Jack para enfrentar monstros marinhos, uma tribo de canibais, uma vidente mirabolante e até o misterioso fantasma do pai de Will, morto há muito tempo, Bootstrap Bill.

Outro personagem novo é lorde Cutler Beckett, da Companhia das Índias Ocidentais, que também quer se apossar do fabuloso Baú da Morte. Segundo a lenda, quem estiver de posse do baú controlará Davy Jones, e assim que Beckett puser as mãos nele, pretende usá-lo para destruir até o último Pirata do Caribe, de uma vez por todas.

A única crítica possível ao filme é que se leva muito tempo para encaixar todas as peças, considerado por muitos longo demais, tornando a trama mais complicada do que já é. Um dos críticos escreveu: "Quando todas as peças se encaixam, o filme tem tudo o que tornou o primeiro tão popular, embora não precisasse demorar tanto".

Se isso é ou não verdade, não incomodou o jornalista da *Rolling Stone* Peter Travers. Ele foi um dos muitos que gostou simplesmente de tudo, do começo ao fim. "O que importa é que funciona. E o que mais funciona é o maligno Davy Jones, o comandante do *Holandês Voador* com cara de lula, que se apodera da alma dos prisioneiros. Davy e sua tripulação de mortos--vivos viveram tanto tempo sob as águas que parecem saídos de um aquário. Nem imagino como os gênios da computação fizeram esses milagres visuais – espere só para ver o Kraken, o monstro marinho gigante que suga os navios para dentro do baú de Davy –, mas a atuação de Bill Nighy quando o bucaneiro Jack o chama de 'cara de peixe' é assustadora, mas divertida. Com seus tentáculos gosmentos balançando ao redor da cabeça, Nighy vence todos os vilões deste verão. Desde que Disney matou a mãe de Bambi (e a de Nemo também), o estúdio não apostava tão alto em um entretenimento PG-13*. As

* Não recomendado para menores de 13 anos. (N. T.)

crianças podem até molhar as calças, mas e daí? O triunfal embusteiro de Depp mantém o navio pirata de vento em popa e faz desta terceira viagem uma aventura na qual vale a pena embarcar."

Críticos dos quatro cantos ecoaram as palavras de Travers. Um deles foi Baz Bamigboye do *Daily Mail:* "Há muita diversão neste caríssimo saco de pipoca. Mas é a melhor pipoca do verão. É diversão do começo ao fim, repleta de aventura". Nev Pierce da BBC é da mesma opinião: "Velas ao vento, prendam as cordas etc., este é o melhor de todos os filmes de pirataria – vigoroso, divertido e espetacular".

Steve Rose, escrevendo para o *Guardian,* foi um dos que achou o filme lento no começo, mas fez coro aos elogios previsíveis: "Leva um tempo tortuosamente longo para que a narrativa comece a entrar nos eixos e, depois de tantos combates, embarques e falhas, ainda sobram criatividade e energia para ver o próximo da série".

Piratas do Caribe: O Baú da Morte estreou em julho de 2006 e, como era previsto, bateu o recorde anual de maior bilheteria na estreia e em um único dia, arrecadando 55 milhões de dólares, e mais de 135 milhões no primeiro fim de semana. Como o brinquedo da Disney, os filmes agradaram o pirata dentro de nós, o desejo de liberdade, de aventura e alguma travessura. Se podemos dizer que os *Piratas 1* e *2* navegam em um território cinematográfico completamente novo, porque quebram a tradição das histórias de alto-mar com um humor irreverente, como a brilhante e original criação de Johnny para o capitão Jack Sparrow, também é possível afirmar que o pirata concebido por Johnny jamais tenha sido visto por ninguém.

Talvez fosse interessante discutir qual outro ator seria capaz de transformar o capitão Jack neste que parece ser o maior ícone do cinema do novo milênio, uma criação completamente original e diferente concebida por Johnny. Quem mais teria pensado em um capitão pirata supersticioso, torto e afetado, de moral e higiene pessoal igualmente dúbias, como um anti-herói das telas deste novo século? Talvez o próprio Johnny tenha se surpreendido com a popularidade alcançada por seu personagem.

Com seus longos *dreadlocks* e barba trançada, enfeitados com contas e bugigangas de todos os tipos, amuletos pendurados na roupa, dentes encapados de ouro e prata, o Capitão Jack, assim como o próprio filme, encanta plateias de todas as idades, gêneros e nacionalidades. A memorável atuação de Johnny como Jack Sparrow no primeiro filme foi considerada uma das cem melhores de todos os tempos na edição de maio de 2006 da revista *Première*.

O produtor Mike Stenson explica: "Se você perguntar de que as pessoas mais gostaram no primeiro filme, elas dirão que é do personagem iconoclasta Jack Sparrow. Em um universo de 500 canais de televisão com as mais variadas possibilidades de distração, é preciso oferecer ao espectador alguma coisa muito diferente. Foi exatamente isso que Johnny fez com o capitão Jack Sparrow em *A Maldição do Pérola Negra*. Ele inventou o personagem e se envolveu completamente com ele, e tanto o produtor Jerry Bruckheimer como o diretor Gore Verbinski tiveram que dizer aos poderosos que confiassem neles quando viram os primeiros copiões. Jerry e Gore deram total apoio a Johnny".

Bruckheimer confirma que "Johnny é um dos melhores atores que temos. Ele inventou Jack Sparrow no primeiro filme e não se deitou sobre os louros no segundo e no terceiro. O personagem ganhou novas dimensões em cada sequência. Nenhum de nós voltaria se Johnny não quisesse fazer o personagem novamente. Ele amou atuar no primeiro filme, e a plateia retribuiu esse amor".

Quanto a Johnny, ele confessa: "Está além de mim entender por que esse personagem criou raízes no coração das pessoas. Tive a oportunidade de fazer alguma coisa com ele, tive boas ideias sobre quem ele era e como deveria ser. Muita gente achou que eu fosse doido. Mas me comprometi com o cara, e acho que foi só por isso que encontrei o personagem. O que eu quis fazer é que o capitão Jack conquistasse não só as crianças, mas também os intelectuais mais sérios".

Segundo o roteirista Terry Rossio: "O vigarista é um dos arquétipos pouco explorados no cinema norte-americano. A maioria dos filmes tende a celebrar o guerreiro que faz a coisa certa na hora certa. Mas o que há de mais divertido em Jack, que é definitivamente um picareta, é não ser muito bom em não se deixar pegar. Ele vai ser pego... mas ninguém o segura por muito tempo. Jack sabe que, se esperar o momento certo, todo mundo passará para o lado dele, o que lhe dá um tipo de confiança inabalável de que pode controlar qualquer situação".

Outra coisa engraçada nesse personagem embusteiro, acrescenta Ted Elliott, que assina o roteiro com Rossio, "é que ele só quer se dar bem. Só faz o que lhe interessa. As coisas que ele faz afetam as outras pessoas – os mortais, se preferir –, e às vezes farão bem a elas, outras não. E aqui voltamos à questão colocada no primeiro filme: Jack Sparrow é ou não é um bom sujeito? É um pirata herói ou pirata vilão? Isso depende do ponto de vista de cada um".

Ninguém imaginou que poderia haver uma sequência do filme, muito menos duas. O sucesso do primeiro filme pegou todo mundo de surpresa. Hoje, Bruckheimer admite que "as expectativas para o primeiro *Piratas* eram pequenas. Muita gente pensou que estávamos fazendo um filme para crianças pequenas baseado no brinquedo da Disney, porque o gênero pirata já estava morto havia 40 anos e tentativas anteriores de revivê-lo tinham fracassado. Mas *A Maldição do Pérola Negra* surpreendeu todo mundo desde o lançamento, o que foi excelente. O talento dos roteiristas e de Gore, e as atuações de Johnny, de Orlando, Keira e Geoffrey conquistaram a imaginação de todos e o filme se tornou um estrondoso sucesso internacional".

"Tudo que estava no primeiro filme permaneceu no segundo, até a equipe de criação. Gore é um ótimo diretor, tem muito senso de humor e excelente percepção visual. Em geral, os diretores mais visuais não são bons contadores de história porque se concentram mais no aspecto físico do filme. Mas Gore tem discernimento visual, sabe contar histórias e entende de caracterização."

Piratas do Caribe: A Maldição do Pérola Negra não só ressuscitou o gênero como despertou o interesse por tudo o que se relaciona à pirataria, desde uma avalanche de novos livros sobre os bandidos dos mares até um sem-número de festas infantis (e de adultos) com temática de piratas, shows de piratas e, claro, os adesivos "Eu amo Jack Sparrow" colados nas mochilas dos adolescentes de todo o mundo.

Era evidente que existia uma demanda mundial por outros *Piratas*, mas Bruckheimer e Verbinski, bem como a Walt Disney Pictures, acharam que uma única sequência bastaria. No final, viram que seria economicamente mais viável filmar duas sequências ao mesmo tempo, para aproveitar as locações, os estúdios e a disponibilidade dos atores cada vez mais requisitados. Também fazia sentido porque os personagens estavam tão bem definidos no primeiro filme, que levá-los a viagens mais distantes parecia um projeto interessante. "Nós esperamos o resultado de *A Maldição do Pérola Negra* para fazer mais *Piratas*" observa Bruckheimer. "Quem assiste ao segundo e ao terceiro filmes percebe que eles têm relação com o primeiro, onde tudo começou. Isso, sim, é uma verdadeira trilogia."

"É preciso ter um bom conteúdo por trás", diz Stenson. "Não basta oferecer só diversão, o passeio na roda-gigante e as risadas, se você quiser que as pessoas vejam os três filmes. É preciso ter certeza de que o tema é bom e pode ser explorado." E Terry Rosso completa: "Se no primeiro filme as ideias vieram de uma atração do parque, no segundo e no terceiro nossa fonte foi o primeiro filme".

Tedd Elliott concorda: "Os personagens tinham uma riqueza que nós queríamos explorar, mas não fazendo as mesmas coisas que já tinham feito. Eles não deviam se repetir. Uma das coisas de que gostávamos nos personagens do primeiro filme era aquela ambiguidade moral que ainda podia ser explorada... colocar Jack Sparrow em situações em que ele tivesse que agir contra os objetivos de Will e Elizabeth. Bastava expandir os personagens e levá-los a uma outra direção. O primeiro filme se baseia em grande parte no romance de Will e Elizabeth, e essa relação podia ser aprofundada. No final de *A Maldição do Pérola Negra*, o que acontecerá com Will e Elizabeth depois que eles se beijam apaixonadamente ao pôr do sol?".

O Baú da Morte também explora o tesouro dos piratas e as histórias e a mitologia marinha, de Davy Jones e seu famoso "baú" ao lendário Kraken, o monstro marinho tirado de uma fábula do século XII. Elliot explica: "Quando a gente pensa em mar, lembra as histórias sobrenaturais que já ouviu. Mas como ninguém jamais tinha incluído essas histórias num filme de piratas ou de aventura, havia uma quantidade enorme de lendas à nossa disposição. Esbarramos levemente em algumas delas no primeiro filme: há uma frase do diálogo em que Will diz que vai procurar o baú de Davy Jones. Então, em *O Baú da Morte*, decidimos explorar quem é Davy Jones, em seguida introduzimos outra lenda dos mares muito conhecida, *O Holandês Voador*, e combinamos as duas".

Elliott e Rossio também utilizaram um dos maiores poderes políticos e econômicos da história, a Companhia das Índias Ocidentais, como entidade central da trama de *O Baú da Morte*. Como nos outros *Piratas*, a realidade histórica serve de trampolim para a diversão e a fantasia. A Companhia das Índias Ocidentais foi uma ferramenta do domínio imperialista desde 1600 até sua dissolução em 1858, quando dominava basicamente a Índia, mas cujos tentáculos alcançavam até o Golfo Pérsico, o Sul e o Leste da Ásia. As histórias contemporâneas mais generosas descrevem a Companhia das Índias como extraordinariamente gananciosa e desumana. Elliott explica: "O que nos agrada nos piratas é a liberdade que eles representam. E a Companhia das Índias, como uma gigantesca corporação multinacional, simboliza a repressão da liberdade individual. Essas companhias definem o mundo como querem e deixam muitos de fora. Quanto mais elas dominam, menos espaço sobra para gente como o capitão Jack Sparrow".

Keira Knightley também tem uma explicação para o estrondoso sucesso do primeiro filme. "Nós fizemos um filme baseado em um brinquedo da Disney, um gênero que há 50 anos não fazia mais sucesso, mas tínhamos a visão extraordinária de Gore Verbinski e um Jack Sparrow representado por Johnny Depp, que trouxe para o filme um mundo fenomenal totalmente novo."

"O que me agrada nesses filmes é que os personagens evoluem. Quando conhecemos Elizabeth no começo da história, ela está para se casar com um Will, que está desesperado porque um personagem chamado Cutler Beckett entrou no jogo para varrer a pirataria da face da Terra. Ele quer prender Will por ser pirata e Elizabeth por ajudar o capitão Jack Sparrow a fugir. Elizabeth é a única mulher da missão, e os ótimos subtextos sobre sua relação com Will, e também com Jack Sparrow... se transformam em algo muito interessante."

Mais tarde, quando Keira soube que beijaria os dois no filme, ela adorou. Até hoje suas amigas a invejam por tê-los beijado na boca. "Foram os dois! E minhas amigas ficaram muito, muito zangadas. Mas eles são dois cavalheiros. Até comeram balas de menta antes do beijo, o que é sempre bom, sinal de homens atenciosos. As barbas não incomodaram... Não, não tive nenhum problema!"

Johnny, Keira e Orlando não foram os únicos que retornaram ao *set* de *Piratas*. Jack Davenport subiu mais uma vez a bordo para representar o comodoro inglês James Norrington, agora tão desacreditado; Jonathan Pryce repetiu o pai aristocrata de Elizabeth, o governador Weatherby Swann; Kevin

McNally voltou a fazer o marinheiro bêbado Joshamee Gibbs; Lee Arenberg e Mackenzie Crook foram novamente os inseparáveis Pintel e Ragetti, sempre brigões e filosóficos; David Bailie foi mantido como o silencioso Cottoon cujo papagaio fala em seu lugar; e Martin Klebba continuou como o pequeno, mas valente Marty, que não teme adversários três vezes maiores que ele.

Nos novos papéis, Stellan Skargard, de *O Rei Arthur* (*King Arthur*), de Bruckheimer, foi recrutado para ser Bootstrap Bill Turner, o fantasma do pai de Will; Naomie Harris é a vidente Tia Dalma, a rainha cigana que tem o poder de ler o pensamento das pessoas; e Tom Hollander assumiu o papel de lorde Cutler Beckett, o comandante da Companhia das Índias Ocidentais que quer destruir os piratas.

Um dos papéis mais difíceis, porém, foi Davy Jones, que é tanto uma criatura do mar quanto um ser humano. Embora a escolha final de Bill Nighy possa ter surpreendido muita gente, Bruckheimer e Verbinski não tinham dúvida de que ele seria perfeito para o papel. Eles sabiam que Nighy encontraria o ser humano sob a brutal bestialidade do personagem.

Nighy explica: "Davy Jones é profundamente corrompido e solitário. Sua ferida é tão profunda que ele prefere viver pela metade, desde que não sinta absolutamente nada. E, para isso, arranca a fonte de todos os sentimentos – o próprio coração – e o tranca em um baú especial. Jones domina um "animal de estimação", que é o Kraken – um monstro marinho como nunca se viu igual, terrivelmente mau e forte. Se você possuir o coração de Davy Jones, controlará não só o próprio, mas também o Kraken, que em última instância lhe dará o controle dos mares.

O principal desafio de Nighy é a assustadora aparência de Davy Jones. Durante todo o filme ele usa um tipo de conjunto de moletom e um boné cinza com marcas de referência sobre as quais os magos dos computadores acrescentam os incríveis detalhes imaginados por Gore Verbinski e pelo famoso artista conceitual Mark "Crash" McCreery. Mas Nighy estava preparado para isso. "O primeiro filme não foi apenas um sucesso, foi também o filme de que as pessoas mais gostaram, e introduziu a linguagem de uma maneira que, a meu ver, poucos filmes conseguem. Participar desse processo foi muito gratificante. Para representar um personagem cujos detalhes ornamentais são acrescentados por computadores, o ator precisa ter imaginação. Em geral, as mesmas coisas também são exigidas de você."

Mesmo que não se enxergasse Nighy por trás de Davy Jones, todo mundo reconheceu imediatamente Keith Richards. O *set* dos *Piratas* virou um caos quando o guitarrista dos Rolling Stones filmou sua tão esperada participação como o pai de Johnny no terceiro filme. Mas o personagem mais surpreendente não foi nem homem, nem mulher, nem monstro, e sim o *HMS Bounty*, com 51 metros de comprimento e todo equipado, que foi o *Edinburgh Trader* em *O Baú da Morte*. O *Bounty*, assim como seu xará na vida real, tem uma história extraordinária. Ele foi construído para *O Grande Motim*, de 1962, da Metro Goldwyn Mayer, estrelado por Marlon Brando, Trevor Howard e Richard Harris, e o primeiro navio construído especificamente para um filme.

A construção do *Bounty* no Estaleiro Smith and Rhuland, em Lunenburg, Nova Escócia, em fevereiro de 1960, levou sete meses e 400 mil tábuas. Em seguida ele zarpou para o Taiti, onde se tornou o grande sucesso das telas. O *Bounty* histórico e original tinha 26 metros de comprimento, mas sua reconstrução cinematográfica ganhou 10 metros adicionais, para que as câmeras se movimentassem com maior liberdade durante as filmagens, e uma altura de 31,5 metros do deque até topo do mastro principal. Para fazer *O Grande Motim*, o navio percorreu cerca de 10.404 quilômetros de Lunenburg ao Taiti pelo Canal do Panamá, em 33 dias. Quarenta e três anos depois, o *Bounty* comandado pelo capitão Robin R. Walbridge velejaria apenas perto de 3 mil quilômetros (1.821 milhas náuticas) em 14 dias, de Bayou La Batre a San Vincent, onde se transformaria no *Edinburgh Trader*.

O que é mais interessante nesses dois filmes é que, quando correu a notícia de que Johnny faria o primeiro *Piratas*, o que se dizia em Hollywood é que ele estava sem dinheiro, estava falido. É claro que Johnny não dava importância a nada disso. "Nunca, de jeito nenhum, e nem sei por que alguém diria uma coisa dessas. Talvez porque sei o que quero. Nunca me incomodou fazer um sucesso comercial. O que me incomoda é correr atrás do sucesso, é fazer qualquer coisa para alcançá-lo. Quando faço uma coisa, tem que ser nos meus termos, não porque eu seja um controlador, e sim porque não quero mentir para mim mesmo. Ninguém quer olhar para trás um dia e dizer 'fui uma fraude do começo ao fim'."

Pode-se dizer que ninguém em Hollywood se esforçou tanto quanto Johnny Depp para *não* ser uma estrela, e ao mesmo tempo ter-se tornado um dos atores mais queridos de sua geração, e não por ter insistido nisso, mas por pura persistência. Embora *Piratas do Caribe: A Maldição do Pérola Negra* rendesse 653 milhões de dólares em todo o mundo, e Johnny faturasse 20 milhões de dólares e uma indicação ao Oscar, até hoje ele não faz parte da lista dos astros A+ e talvez nunca faça. Os grandes astros, mesmo que sejam excelentes atores, só se mantêm no topo porque não traem suas personas. Eles são mais do que atores. São marcas. Johnny é de uma imprevisibilidade quase patológica. Ele jamais se repete. "Ninguém enjoa de Johnny Depp", diz John Waters, seu diretor em *Cry Baby*.

Tim Burton concorda: "Ele é fiel a si mesmo, sempre foi. Nunca se deixou comandar pelo dinheiro ou pelo que as pessoas acham que ele deva ou não fazer. Não sei se só acontece neste país, mas parece que, se você se apaixona por alguma coisa, as pessoas não aguentam. Começam a dizer que você é excêntrico, é doido. Para mim, significa que você se conhece e sabe o que quer".

Não fazia muito tempo que Johnny tinha conquistado a reputação de ser um ator excêntrico e pouco vendável. "Ah, claro", ele ri. "Esse cara não pode trabalhar em filmes. Ele só faz esses filmes de arte esquisitíssimos. Trabalha com diretores com nomes impronunciáveis. E dizem coisas muito piores ainda."

Se *Piratas do Caribe: a Maldição do Pérola Negra* ajudou a mudar essa imagem, *O Baú da Morte* reforçaria o caminho que Johnny já vinha trilhando. A sequência também foi a maior bilheteria do verão de 2006. E, para muitos, cumpriu a promessa de ser um raio de sol numa temporada em que *O Código Da Vinci* (*The Da Vinci Code*) foi o *blockbuster* mais sem brilho que já se viu.

A pergunta que não queria calar é se Johnny, depois de três *Piratas do Caribe*, um sucesso maior que o outro, conseguiria se despedir do Capitão Jack. Talvez ainda não. "Ele é uma delícia. Será muito, muito triste ter que me despedir dele. Vou guardar as roupas e andar pela casa vestido daquele jeito para brincar com as crianças." E um jornalista especulou, como provavelmente todo mundo, se haveria *Piratas 4, 5* e *6*? "Se o roteiro for bom... por que não? Acho que em algum momento essa loucura deve parar, mas por enquanto ainda não terminou", conclui.

Como também ainda não tinha terminado sua parceria com Tim Burton. O ator jamais hesitava em trabalhar com ele se surgia uma oportunidade. Assim que as filmagens do terceiro *Piratas do Caribe* foram retomadas, os estúdios Dream Works confirmaram que *Sweeney Todd: O Barbeiro Demoníaco da Rua Fleet*, baseado no premiado suspense-musical de Stephen Sondheim, seria dirigido por Burton, e Depp faria o papel-título de Benjamin Barker, injustamente condenado à prisão por um juiz corrupto interpretado por Alan Rickman. Barker volta como o barbeiro londrino Sweeney Todd, decidido a se vingar. As filmagens começariam em fevereiro de 2007 nos Estúdios Pinewood, marcando a sexta colaboração entre Depp e Burton.

Para alguns, principalmente para os que não acreditam em fusões de qualquer espécie entre Hollywood e Broadway, Johnny estava se arriscando ao aceitar esse papel. Afinal, sua única experiência com música tinha sido como guitarrista, e não vocalista, o que deixava as "autoridades" no assunto desconfiadas. Para começar, era uma ideia absurda, porque não se sabia se ele sabia cantar ou não, e se cantasse, se daria conta de sustentar o filme inteiro. Mas Burton tinha certeza de que o ator era a pessoa certa para o trabalho. Ele confessa: "Vi Johnny claramente como Sweeney Todd, e sei que ele não faz nada só por fazer. Isso me basta; eu sei que ele vai conseguir. Eu sinto isso".

O que poderia atrapalhar é que *Sweeney Todd* já servira de inspiração para muitos espetáculos teatrais, além de vários filmes, tanto para o cinema como para a televisão, o mais recente deles uma produção da BBC em 2006 com Ray Winstone. Curiosamente, foi só em 1973, com a montagem teatral de Christopher Bond, que o público tomou conhecimento da trama de vingança de Barker/Turpin que hoje faz parte da lenda de Sweeney. Mais adiante, em 1979, baseando-se na peça de Bond, Stephen Sondheim, famoso compositor e letrista norte-americano – pertencente ao seleto grupo dos que conquistaram um Oscar, um Tommy, um Emmy, um Grammy e um Prêmio Pulitzer – apresentou a história de *Sweeney Todd* ao grande público no aclamado musical criado por ele e por Hugh Wheeler, *Sweeney Tod: O Barbeiro Demoníaco da Rua Fleet*.

Estreando na Broadway em 1º de março de 1979, estrelado por Len Cariou, como Sweeney Todd e Angela Lansbury, como Mrs. Lovett, o *Sweeney Todd: O Demônio da Rua Fleet* de Sondheim era diferente de tudo que já se vira nos palcos. Sanguinário e aterrorizante, com arranjos inspirados na obra do famoso compositor de trilhas sonoras instrumentais Bernard Herrmann, famoso por seus trabalhos em *Psicose* e *Os Pássaros,* de Alfred Hitchcock, a princípio deixou o público assustado, mas rapidamente foi reconhecido como uma obra-prima de Sondheim. A produção foi logo transferida para Londres e remontada na Broadway em 1989 e 2005.

Muitos acreditam que Sweeney Todd realmente existiu e foi responsável por 160 assassinatos em Londres no século XVIII. Porém, é mais provável que tenha sido um personagem da ficção que se tornou conhecido através de uma história chamada *O Colar de Pérolas: Um Romance,* escrita por Thomas Peckett Prest e publicada no *The Peoples's Periodical* em novembro de 1846. A história conta que Todd cortava a garganta dos clientes que se sentavam em sua cadeira de barbeiro e se livrava dos cadáveres jogando-os por um tubo que descia até o porão, onde eram picados e usados para rechear as tortas de carne feitas por sua cúmplice, a viúva do padeiro, Mrs. Nellie Lovett. As tortas eram vendidas ao público, que não desconfiava de nada. Não demorou para que a notoriedade de Todd rivalizasse com a do infame assassino serial do século XIX, Jack, o Estripador.

Mas Sodheim acredita que a história atravessou 150 anos porque é muito boa. "É um conto que prende a atenção. Fala de vingança e como a vingança se autoalimenta." Sodheim gostava tanto da história que a transformou no famoso musical, que por sua vez agradou tanto a Burton que ele quis transformá-lo em filme. "É uma tragédia clássica: alguém deseja tanto se vingar que acaba destruindo a si mesmo."

Burton assistiu à versão de Sondheim num teatro de Londres, quando ainda era estudante. "Não sou grande fã de musicais, mas adorei", ele se lembra. "Eu não sabia nada sobre Stephen Sondheim. O cartaz era bonito, era interessante. Parecia um antigo filme de terror, mas a música se encaixava perfeitamente, era muito bonita, as cenas lembravam um antigo filme de terror. Era interessante ver uma coisa tão sanguinária no palco. Vi duas vezes e adorei."

Ele gostou tanto que, mais tarde, em 2001, muito antes de se ligar à direção do filme, quando foi visitar Johnny em sua casa no sul da França, levou uma cópia em CD da produção de Angela Lansbury e pediu a ele que desse uma olhada. Cinco ou seis anos depois, perguntou-lhe o que agora já estava na boca de todos, se ele sabia cantar. O ator não saberia dizer, mas estava disposto a descobrir.

Johnny nunca tinha cantado uma canção inteira, do começo ao fim. Nem quando tocava com os Kids, nos idos de 1980, nunca foi vocalista da banda. Não, ele ri, "eu era o cara que chegava e cantarolava a harmonia, rapidamente. Isso não levava mais que três segundos, e eu ia lá para o fundo tocar a minha guitarra. Nunca cantei uma música inteira". Mesmo assim, disse a Burton que procuraria um antigo companheiro de banda, Bruce Witkins, que tinha um estúdio em Los Angeles, para investigar se seria possível. Se houvesse alguma possibilidade, ele voltaria a falar com Burton, mas se não houvesse, diria que não conseguira e seria impossível fazer o filme.

Witkins se lembra de Johnny cantando *My Friends*, a primeira canção que ele cantou na vida. Depp confiava no veredicto de Witkins sobre a possibilidade de cantar. Witkins perguntou se ele queria ouvir, primeiro, a notícia boa ou a ruim. "Mande a ruim." E foi o que fez Witkins: "Eu disse que ele ia fazer o filme".

Se Witkins ficou impressionado com a voz de Johnny, o produtor Richard D. Zanuck sentiu-se nas nuvens ao ouvi-lo cantar. "Eu estava em meu escritório ao telefone quando Tim entrou, deixou sobre a mesa um pequeno gravador e fones de ouvido, e saiu. Desliguei o telefone, liguei o gravador e ouvi Johnny cantar pela primeira vez. Fui para o escritório de Tim e trocamos olhares aliviados. Ambos concordávamos que Johnny tinha boa voz e daria conta do recado."

E não só isso, mas "sabíamos que Johnny representaria Sweeney Todd como ninguém. Estou me referindo ao risco. Quanto mais arriscado, mais atraente é o papel para Johnny. Sua carreira foi construída sobre filmes e papéis que a maioria dos atores recusaria. Ele é o mestre do disfarce. É mestre em fazer coisas diferentes. Ele olha de maneira diferente, assume uma personalidade diferente e, neste caso, mostrará uma voz que surpreenderá todo mundo".

Sua parceira no filme, Helena Bonham Carter, concorda: "Sempre o admirei por suas escolhas como ator e porque ele faz as coisas de acordo com sua própria luz. Nunca fez nada seguindo nenhum tipo de padrão ou fórmula, ou para desenvolver uma carreira, ou porque contasse com sua aparência. Acho que, de uma maneira divertida, somos um pouco parecidos, no sentido de que não temos muito respeito por nossa aparência, como se gostássemos de nos camuflar para nos livrar de nós mesmos".

Zanuck também admirava isso, não só em Depp, mas também em Burton. Ele comentou que, quando trabalhavam juntos, funcionavam em conjunto, sem precisar dizer nada um para o outro. "Johnny procura Tim para ser orientado, e Tim procura Johnny para aproveitar o que ele oferece e ir um pouco mais além. Eles se amam de verdade e fazem o que podem um pelo outro. É uma grande amizade, são duas pessoas adoráveis, fáceis de trabalhar e muito dedicadas. E os dois estão no auge de suas carreiras. É uma combinação maravilhosa de renovação e criatividade."

É verdade, diz Burton: "Toda vez que Johnny e eu trabalhamos juntos, procuramos fazer algo diferente. E cantar durante um filme inteiro não era algo que estávamos acostumados a fazer. A gente nunca espera se sentir como 'essa foi fácil, manda a próxima'. Johnny e eu queremos ir sempre mais além, e essa foi uma excelente oportunidade".

E se ninguém acreditasse que Depp cantaria, Bonham Carter garante que ele cantou tão bem quanto os demais. "É muito sexy. A música é sexy e muito parecida com ele, isso é que é incrível. Ele canta com alma, é um papel muito emocional. Então é muito real, muito sexy, muito comovente e corajoso e belo, muito belo, do fundo da alma." E Burton conclui: "A voz de Johnny tem um timbre bonito. Ela vem de dentro e por isso é tão boa".

Mas nem tão bom foi o dia de filmagem, que precisou ser interrompido quando a filha de Johnny, Lily-Rose, adoeceu de repente. Ela foi levada às pressas para o Great Ormonds Street Hospital for Children, com suspeita de intoxicação do sangue apenas 23 dias após as filmagens começarem.

Chicago Blues

Dizer que foi o momento mais difícil da minha vida não significa nada. Não chegará nem perto se eu tentar descrever. Palavras são pequenas demais. Agora, cada milésimo de segundo é uma celebração. Cada vez que conseguimos inspirar e expirar é uma grande vitória.

Lily-Rose recebeu alta no hospital nove dias depois de ter adoecido gravemente. Johnny e Vanessa a levaram para um hotel de Londres, em Pinewood, onde ficaram morando durante as filmagens de *Sweeney Todd*. Alguém presenciou quando o carro parou na porta do hotel, na Great Ormond Street: "Johnny a tirou com muito cuidado do carro e entrou com ela no colo. Ele estava com a aparência cansada e muito preocupada". Não era para menos, pois sua filha teve a sorte de ter sobrevivido a uma doença muito grave. Amigos e colegas sustentam que "ela quase morreu".

Apesar de os primeiros boletins médicos registrarem que Lily-Rose tinha uma infecção generalizada que atingiu os órgãos vitais, no final foi constatado que uma contaminação pelo vírus letal *E. coli* fez um dos rins parar de funcionar e a incluiu na lista dos doentes críticos. O mais preocupante é que ela não reagia ao tratamento. De acordo com as pesquisas, a *E. coli* é uma espécie de bactéria comumente causada por carne mal cozida, leite não pasteurizado ou água contaminada. Nos casos raros, em que chega a contaminar o sangue, provoca uma infecção generalizada e muito grave. A *E. coli* é uma bactéria que normalmente se aloja nos intestinos, onde ajuda a dissolver e digerir os alimentos. O índice de mortalidade em idosos e crianças menores de 5 anos é superior a 50%, e no longo prazo pode causar sequelas nos rins e na visão. Foi essa "grave infecção" que derrubou a pequena Lily-Rose.

Nos momentos mais difíceis, por dias e noites Johnny e Vanessa se revezaram na cabeceira da filha de 7 anos de idade, até ela reagir e poder voltar para casa. "O que nos ajudou a passar por isso não foi nossa força, minha e de Vanessa, mas a incrível capacidade que nossa filha tem de nos tranquilizar, por pior que ela esteja. Ela é muito forte. Foi um momento bem difícil que ela superou sem sequelas, e hoje está saudável como sempre foi. Ela é uma menina linda. Isso nos lembra que temos sorte de poder respirar, andar, falar, pensar e estar cercados das pessoas que amamos."

O porta-voz de Johnny em Los Angeles, Robin Baum, confirmou: "Felizmente, a pequena Lily-Rose está muito melhor. A família agradece o apoio e o respeito à privacidade". O respeito a que Baum se referia é que a imprensa optou por não revelar detalhes do estado de saúde de Lily-Rose nem o hospital em que ela estava internada.

Johnny e Vanessa ficaram agradecidos. É compreensível que demorasse alguns meses até ele conseguir falar publicamente sobre o que sua família tinha enfrentado e que em alguns momentos o fez pensar em abandonar os estúdios de *Sweeney Todd*. Ele chegou a conversar com Tim Burton sobre a possibilidade de escalar outro ator. "Dizer que foi o momento mais difícil da minha vida não quer dizer nada. Não chegará nem perto se eu tentar descrever. Palavras são pequenas demais. Agora, cada milésimo de segundo é uma celebração. Cada vez que conseguimos inspirar e expirar é uma grande vitória. Ela saiu dessa muito bem, está perfeita, sem nenhuma sequela."

O elenco e a equipe de filmagem em Pinewood receberam as notícias com grande alegria. Segundo um porta-voz, "refizemos o cronograma para acomodar as necessidades de Johnny naquele momento. Entendemos que Lily-Rose estava melhorando. É claro que todos nós no estúdio sempre estivemos com ele espiritualmente". O que não quer dizer que o que Johnny fez por amor devesse ser visto como um ato de heroísmo. Uma jornalista comentou, com muita ironia: "Não é interessante que, ao se mostrar um pai devotado e preocupado, Johnny consegue o impossível, que é ser ainda mais sexy?".

Para expressar sua gratidão "pelos cuidados e o tratamento impecável" à equipe médica, nove meses depois ele voltou ao Great Ormond Street Hospital para doar um milhão de libras à campanha de arrecadação de fundos. O hospital precisava angariar 170 milhões de dólares em cinco anos para um programa de revitalização e expansão. Naquela ocasião, Depp falou dos momentos difíceis da "experiência mais assustadora que vivemos". Os estúdios Disney de *Piratas do Caribe* também doaram 10 milhões de libras. E se ainda não bastasse, num ato profundamente humanitário, durante alguns meses Johnny, caracterizado de capitão Sparrow, lia histórias aos pacientes internados.

Quando o casal soube que estava tudo bem com a saúde de Lily-Rose, Johnny voltou ao trabalho. Ele sabia que a produção de *Sweeney Todd* estava atrasada e seria retomada em Pinewood assim que possível. As filmagens terminaram a tempo de ele participar do lançamento do terceiro *Piratas*, cuja estreia mundial foi no fim de semana do Memorial Day, quando tradicionalmente é aberta a temporada de novos filmes nos Estados Unidos.

Piratas do Caribe: No Fim do Mundo foi lançado mundialmente na Disneylândia em 19 de maio de 2007. Milhares de fãs se aglomeraram na Main Street para ver os atores cruzarem o tapete vermelho. Como o filme anterior, *No Fim do Mundo* atraiu milhões de espectadores e se tornou a maior bilheteria em todo o mundo no ano do lançamento, com um faturamento de 961 milhões de dólares. Além disso, foi a quinta maior bilheteria de todos os tempos. A crítica em geral considerou o filme o mais confuso da trilogia. Ainda assim, *Spiderman 3*, a maior bilheteria do mês de maio, foi superada por *No Fim do Mundo*, que estreou em 4.362 cinemas por todo o país.

Passada a estreia, já se falava em uma quarta sequência. Johnny sustenta que nenhum filme é perfeito. "*Piratas 1* teve sua importância, o *2* e o *3* também tiveram, apesar das histórias meio confusas, e não porque essa seja minha opinião, mas pelo que disseram. Mesmo assim, gosto tanto do personagem, de representá-lo, e as pessoas gostam tanto dele que, se puder fazê-lo outra vez, por que não? A gente vai lá e vê o que dá pra fazer. Gosto muito do capitão Jack."

Superado um desafio, em seguida veio outro. A notícia da morte trágica e prematura de Heath Ledger em Nova York por excesso de medicamentos, em janeiro de 2008, apenas um mês depois da estreia de *Sweeney Todd*, deixou o velho amigo de Johnny, Terry Gilliam, numa situação difícil e sem o astro de seu filme ainda em produção, *O Mundo Imaginário do Dr. Parnassus*. Gillian cuidava da arte conceitual quando foi informado por telefone da morte de Ledger. Superados o choque e a tristeza pelo fim prematuro de seu protagonista, a princípio Gilliam pensou que o filme estaria liquidado e, como em casos anteriores, também seria arquivado, esquecido e ninguém jamais veria o último trabalho de Ledger. Como se esperava, a produção foi suspensa por tempo indeterminado.

Mas Gilliam não desistiu. Uma das possibilidades era usar as imagens geradas por computador para que o personagem de Ledger mudasse magicamente de aparência, talvez se transformando em outro personagem, e assim finalizar o filme. Para isso, seriam usadas as mesmas técnicas já utilizadas com sucesso em *O Curioso Caso de Benjamin Button*, com Brad Pitt, de modo que Gilliam pudesse terminar seu filme e dedicá-lo a Ledger.

Jovem, confiante, bonito e muito talentoso, Ledger foi um dos mais bem-sucedidos produtos de exportação da Austrália a ganhar notoriedade já em seu primeiro filme hollywoodiano, *10 Coisas que Eu Odeio em Você*. Imensamente carismático e sexy, ele iluminou as telas em vários outros filmes que se seguiram e rapidamente se estabeleceu como um dos novos astros de Hollywood de maior sucesso da década de 1990. Mas foi só com seu premiado e polêmico papel como Ennis Del Mar, em *Brokeback Mountain*, que ele cimentou seu caminho como astro da nova geração de Hollywood. Na verdade, foi um dos mais jovens a ser indicado a um Oscar. Com o mundo a seus pés e roubando todas as cenas em *Batman: O Cavaleiro das Trevas*, Gilliam não foi o único a duvidar da notícia de que encontraram Ledger morto devido a uma *overdose* acidental de medicamentos. Porém, esse não foi um fim raro, embora trágico, de jovens atores. Parecia algo que já se tornava comum entre as novas celebridades de Hollywood. Quase dois anos depois, a morte prematura de Brittany Murphy, em dezembro de 2009, aos 32 anos de idade, também por *overdose* acidental, causou o mesmo choque e perplexidade em todo o mundo. O que nos leva a indagar se a morte de Murphy teria repetido a mesma tragédia que tirou a vida de Ledger. Parece que sim.

De várias maneiras, a sorte de Gilliam no *Imaginário* foi ter filmado todas as cenas "reais" antes de Ledger morrer. Então, como seu personagem Tony se transforma quando atravessa o espelho mágico para o mundo da fantasia, isso facilitou para que vários atores assumissem o mesmo papel em vários momentos. Era uma maneira arriscada de salvar o projeto, mas o que mais Gilliam poderia fazer? Ainda restavam dúvidas se a troca de

Ledger por outros atores ficaria natural ou se ia parecer forçada. Mas as transições no filme finalizado são tão suaves que um técnico de som que trabalhou na produção pensou que a intenção inicial fosse exatamente essa. Era o que o diretor queria ouvir.

A primeira coisa que Gilliam fez foi ligar para Johnny e perguntar se ele teria interesse em representar o personagem de Ledger em algumas cenas, e caso ele aceitasse, faria o mesmo convite também a Colin Farrell e Jude Law, para assumirem as outras transformações. Gilliam já tinha descartado Tom Cruise, que demonstrou interesse em participar, mas o diretor não o quis, embora fosse um nome de peso. Não fazia sentido porque Cruise nunca foi amigo de Ledger, e Gilliam queria manter tudo em família, entre amigos. Pelo mesmo motivo, ele não se interessou por muitos outros atores que se ofereceram. "Não sei por que, mas tinha que permanecer em família", caso ele resolvesse mudar os créditos de "Um Filme de Terry Gilliam" para "Um Filme de Heath Ledger e Amigos".

A primeira escolha de Gilliam sempre foi Johnny. Era a melhor opção, porque eles eram amigos, já tinham trabalhado juntos e já haviam comparado Ledger a Depp em várias ocasiões. Johnny aceitou imediatamente: "Gosto muito de Terry, faço o que ele quiser". Farrell e Law aceitaram o convite em homenagem ao amigo que tinham acabado de perder. Talvez tenha ajudado o fato de Law ter sido cogitado para o mesmo papel e, como Farrell, também ser amigo de Ledger. Assim, Gilliam tinha seu elenco ideal.

A maior dificuldade é que Johnny já tinha se comprometido com *Inimigos Públicos*, de Michael Mann, seu tempo estava todo tomado e seria difícil encaixar a participação no filme. Por fim, Gilliam conseguiu Johnny durante um dia inteiro e mais três horas, e assim ele foi o primeiro a filmar suas cenas, que deveriam ser feitas em um único *take*, para que a ideia funcionasse.

"Por isso pus Johnny na frente, porque, em primeiro lugar, ele tinha menos tempo disponível e, em segundo, se a transição para ele desse certo e se o espectador aceitasse, não haveria problemas com os outros dois. E foi exatamente o que aconteceu. O mais engraçado é que, quando Johnny aparece, muita gente pensa que é Heath! Mas é um truque: Johnny não está fazendo nada, é só ele mesmo."

O filme conta a história do Dr. Parnassus, representado por Christopher Plummer, um *showman* com mil anos de idade que possui o dom extraordinário de estimular a imaginação das pessoas. Auxiliado por sua trupe itinerante, que inclui o sarcástico e cínico assistente Percy (representado por Verne Troyer) e o versátil jovem ator Anton (Andrew Garfield), Parnassus oferece à plateia a possibilidade de transcender a realidade ao atravessar um espelho mágico e entrar no fantástico universo da imaginação ilimitada.

Mas a mágica de Parnassus tem um preço. Há muitos séculos ele fez um acordo com o Diabo, Mr. Nick, representado pelo músico Tom Waits, que voltou para reclamar seu prêmio, a preciosa filha de Parnassus, Valentina (Lily Cole), no dia em que ela compleava 16 anos. Alheia ao seu destino que se aproxima rapidamente, Valentina se apaixona por Tony (Ledger), um charmoso desconhecido que tem seus próprios segredos. Para salvar a filha e se redimir, Parnassus faz um último acordo com Mr. Nick, que envia Tony, durante suas várias visitas ao mundo além do espelho, em uma viagem de idas e vindas.

Ganhará Valentina quem conquistar as primeiras cinco almas. Recrutando uma série de personagens violentos, cômicos e sedutores durante a viagem, o Dr. Parnassus promete a mão de sua filha a quem ajudá-lo a vencer. Nessa explosiva, emocionante e imaginativa corrida contra o tempo, o Dr. Parnassus luta para salvar a filha naquele ambiente infinito, repleto de obstáculos surrealistas – e corrigir de uma vez por todas os erros cometidos no passado.

Durante algum tempo, a crítica considerou o projeto de Gilliam apenas "outro trabalho tolerável do diretor". Mas depois da bem-sucedida estreia em Cannes, o filme foi lançado no Reino Unido, em outubro de 2009, e depois teve estreia nacional nos Estados Unidos, no dia de Natal. Com duas indicações ao Oscar, de Melhor Direção de Arte e Melhor Figurino, no ano seguinte, dificilmente seria apenas um "trabalho tolerável".

Para Johnny, o filme era uma obra-prima. "Mestre Gilliam fez um filme sublime. Encantador e belo, *O Mundo Imaginário do Dr. Parnassus* é uma criação genial e cativante; às vezes violento, outras emocionante e hilariante em sua majestade dilapidada e maluca. É pura magia de Gilliam! Foi uma honra representar Heath. Ele era o único ator ali; aproximava-se dos atores substitutos com aquele seu talento selvagem e desgovernado, e soprava no ouvido deles com aquele sorriso malicioso e descarado: 'Ei, sai daí que eu quero entrar...' E entrava mesmo! Heath está maravilhoso, Christopher Plummer, melhor que nunca, Tom Waits como Diabo é simplesmente divino, Lily Cole e Andrew Garfield são a base de tudo e espetaculares, Verne Troyer é o máximo, e quanto aos meus colegas Colin Farrell e Jude Law, com certeza também tiveram muito orgulho de fazer Mestre Ledger. Eu os cumprimento. Embora as circunstâncias de meu envolvimento tenham sido as mais tristes possíveis, sinto-me privilegiado por ter sido convidado para substituir nosso querido Heath."

Tão logo terminou de filmar suas cenas com Gilliam, Johnny voltou a Chicago para retomar as filmagens de *Inimigos Públicos*, a história da vida agitada e violenta do gângster norte-americano John Dillinger. Conhecido por suas façanhas criminosas que cativaram a nação dominada pela crise financeira, era uma figura mítica que roubava os bancos responsáveis pela miséria da população e desafiava as autoridades que não encontravam uma solução para os tempos difíceis. Para dizer o mínimo, Dillinger inspirou a primeira guerra nacional contra o crime, chefiou um bando de ladrões armados em uma sequência de assaltos ousados e fugas sensacionais, e cujo carisma e modos galantes enfeitiçaram não apenas uma mulher especial, mas todo um país.

Mas ninguém sabe dizer por que *Inimigos Públicos* foi um desses projetos que ficaram perdidos em Hollywood por quase uma década. Tudo começou como tantas outras ideias de alguém que escreve um artigo ou um livro e tenta vender para Hollywood. Se o autor tiver sorte, serão algumas semanas de conversas em mesas de restaurantes, e depois é só esperar, esperar e esperar. Passados um, dois anos, tudo isso acaba dando em nada. Provavelmente foi o que aconteceu com o correspondente da *Vanity Fair*, Bryan Burroughs.

Era 1999, quando Burroughs teve a ideia de um projeto que contasse a vida de John Dillinger, Baby Face Nelson e todos os grandes ladrões de banco da época da Depressão. Por considerar o tema extenso demais para um único livro, ele recorreu à ajuda de um amigo e apresentou a ideia como uma minissérie à HBO. Para sua surpresa, a ideia foi aceita. Burroughs lembra que bastou uma canetada para "eu me transformar não só em roteirista, mas em produtor executivo – juntamente com a Tribecca Films, de Robert DeNiro –

daquele que estava sendo considerado um importante evento da televisão. Eu não tinha a menor ideia de quais eram minhas atribuições. Não sabia nada de roteiros. A única coisa que eu conhecia em televisão é que a série policial *Lei & Ordem* ia ao ar às quartas-feiras, às 22 horas. Mas resolvi arriscar, comprei uma pilha de livros e comecei a pesquisar sobre Dillinger, Bonnie e Clyde e muitos outros. Uns seis meses depois, achei que o tema caberia em um único livro, então assinei um contrato também para um livro".

Não é preciso dizer que a elaboração do livro ia muito bem enquanto a do roteiro ia de mal a pior. Burroughs desconfiava que seus roteiros não fossem bons. Na verdade, eram péssimos. Para resolver o problema, a HBO e a Tribecca contrataram um roteirista, depois outro, para assumir o trabalho, enquanto Burroughs mergulhava de cabeça no livro. Passaram-se um, dois anos, e com o tempo o projeto da TV também foi engavetado.

No verão de 2004, o livro *Inimigos Públicos* estava pronto para ser publicado. Burroughs revela: "E eu fiz uma coisa que nunca tinha feito. Pedi à HBO que me devolvesse os direitos pelo filme. Para minha surpresa, eles concordaram. E algumas semanas após o lançamento do livro, os direitos foram imediatamente revendidos às companhias de produção que representavam Michaell Mann e Leonardo DiCaprio. Este, pelo que entendi, estava interessado em representar Dillinger. Tive uma reunião com seus representantes e não ouvi mais nada durante uns três dias. Para mim, o projeto como um todo tinha morrido pela segunda vez.

"Um dia, chego ao meu escritório, em janeiro de 2008, e encontro uma *Variety* que um amigo tinha me enviado. Uma das chamadas de capa dizia que Johnny Depp tinha entrado na conversa com Mann para fazer Dillinger. DiCaprio teria desistido, e o projeto do filme não só continuava vivo como ia receber "luz verde" da Universal. A notícia levou algumas semanas para chegar até mim. Após oito longos anos, estava acontecendo". Burroughs mal conseguia acreditar que ninguém menos que Johnny Depp e Michael Mann haviam feito acontecer.

Na época, Mann era um dos cineastas mais respeitados; seu talento artístico marcou não só uma forte influência, mas também plateias e críticos fieis. Desde *Profissão Ladrão, Ali, Fogo Contra Fogo, O Último dos Moicanos* e *O*

Informante, bem como *Colateral* e *Miami Vice*, seus dramas colocaram na tela personagens fortes e carismáticos, incorporados pelos mais importantes atores.

Assim como Burrough, Mann também havia escrito, não sobre Dillinger em específico e nem era um livro, mas um roteiro sobre Alvin Karpis, o famoso ladrão de trens e bancos, embora ele confesse que seu preferido sempre foi Dillinger. "Ele foi o melhor ladrão de bancos da história dos Estados Unidos, apesar de tude ter durado apenas 13 meses. Obteve a condicional em maio de 1933, e em julho do ano seguinte estava morto." Foram os muitos ensaios, livros, canções e filmes sobre a Grande Depressão que inspiraram Mann a examinar esse período turbulento segundo o ponto de vista de um criminoso que se tornou um herói popular daquela geração. Foram os norte-americanos que viveram no início da década de 1930 e viram suas economias de uma vida inteira desaparecer, ficaram sem trabalho e sem ter o que comer, que elegeram como herói um homem que roubava e desafiava bancos e banqueiros, os grandes responsáveis pela crise, e os governos que não sabiam como lidar com a situação.

Depp também apreciava aquela história. Na verdade, gostava de Dillinger desde menino. "Durante muito tempo fui fascinado por Dillinger. Simplesmente gostava dele, não sei por que, mas ele estimulava minhas fantasias. Revendo hoje esse interesse que chegou à minha vida adulta, reconheço que só pode ter sido por sua personalidade. O homem que ele era... numa época em que os homens eram homens de verdade. Para o bem ou para o mal, ele era exatamente aquilo, sem nenhum compromisso com quem quer que fosse. Acho que Dillinger tinha consciência do que estava fazendo. Acredito que ele tenha se encontrado e estava tranquilo em relação ao fato de que sua jornada não seria muito longa... mas teria que ser muito especial."

Johnny continua: "Eu já tinha lido livros sobre ele, além das pesquisas que precisei fazer. Grande parte tem a ver com minha percepção e compreensão do que é ser um homem. Me liguei a Dillinger como se fôssemos parentes. Como se tivéssemos o mesmo sangue. Ele me fazia lembrar meu padrasto e principalmente meu avô. Era um desses caras que não deixam nada barato, que viveram numa época em que os homens eram homens de verdade".

Mann concorda: "No fundo, no fundo, Johnny também é durão. Quando começamos a conversar, ele me disse que se interessava por Dillinger há muito tempo, que lembrava pessoas de seu passado e que Dillinger estava dentro dele. Eu também via isso. Todos trazemos conosco essas correntes do mal, mas para alcançá-las, perscrutá-las e expô-las em um filme... bom, é preciso ter coragem".

Talvez tenha ajudado, tanto ao artista como ao diretor, o fato de filmarem em locações onde tudo realmente aconteceu, como a Prisão de Crown Point, no Little Bohemia Lodge e no Biograph Theater, locais em que Johnny teve a chance de se familiarizar com o figurino e os objetos pessoais de Dillinger. E, principalmente, filmar em alguns bares que eram frequentados pelo "Cavalheiro Bandido" e manipular as mesmas armas que ele teria usado.

Mesmo que não se possa dizer que Dillinger teve uma vida normal, Mann estava mais interessado em fazer um filme sobre os últimos 14 meses de sua vida, para contar como ele se tornou um dos norte-americanos mais famosos do século XX. E, com seu rival Melvin Purvis, o funcionário do governo representado por Christian Bale, e J. Edgar Hoover (Billy Crudup), mostrar que todos deram sua contribuição para a história do país interpretando grandes papéis.

O filme se concentra no período em que Dillinger sai da prisão até o final de junho de 1934, quando ele desencadeia uma onda de roubo a bancos pelo Meio-Oeste que atrai a atenção de todo o país, especialmente de J. Edgar Hoover e seu recém-fundado Bureau of Investigation (FBI). Para rastrear e capturar Dillinger, Hoover recruta o jovem agente Melvin Purvis, cujo queixo quadrado inspirou o cartunista Chester Gould a criar o personagem Dick Tracy. Mas Dillinger e seus homens seriam muito mais difíceis de perseguir e apanhar do que os agentes do FBI poderiam imaginar.

Enquanto eles apuravam suas técnicas, Dillinger e seu bando contavam com várias forças a seu favor: uma resistência desenvolvida durante anos em prisões tão desprovidas de leis quanto eles próprios, as mais modernas armas automáticas, um sistema de segurança pública fragmentado que ainda não era nacionalizado, modernos Ford V-8 para suas fugas sensacionais e a habilidade de usar a seu favor a onda de revolta que se espalhou entre a população contra os mesmos bancos que eles assaltavam. Enquanto discutiam seus métodos, as pessoas que assistiam aos cinejornais nas matinês de sábado dificilmente ficariam contra alguém que tanto "incomodava os poderosos" que tinham destruído a vidas delas.

O tempo todo, o fora da lei constrangia o governo e escapava de situações aparentemente impossíveis, como a fuga do bando todo da Prisão de Indiana State, em setembro de 1933, outra fuga da Cadeia de Lake County, em março de 1934, e no mês seguinte se evadir de Purvis, no Little Bohemiam Lodge, ao norte do Wisconsin. E se seus homens não hesitavam em usar de violência, o sempre elegante Dillinger devolvia o dinheiro aos cidadãos durante os assaltos a banco e jamais dizia palavrões diante de mulheres.

No que diz respeito à lei e à ilegalidade, Mann entende e avalia que a realidade foi pior que a ficção. A história de Dillinger e seus perseguidores apenas o inspirou. "A mobilidade e a tecnologia fizeram dos bandidos uma força quase invencível. Tudo aconteceu em uma época em que uma concentração de forças conspirou contra Dillinger e, principalmente, o que Hoover conseguiu com o FBI: criar a primeira força policial nacional e a primeira legislação interestadual contra o crime, e usar tecnologia moderna, progressiva, e o controle de dados. Eles faziam o que hoje é rotina na polícia, mas que ainda não existia no país."

Lutando contra um Congresso descrente da eficácia de seu recém-formado FBI, Hoover se enfurecia porque Dillinger vinha se tornando um herói popular, enquanto seus agentes cultos e bem-educados eram desacreditados. Para muitos colegas, o chefe do bureau era um engravatado pretensioso que usava uma metodologia não confiavel. Num esforço frustrado para intensificar a perseguição ao lado de Purvis e seus agentes, Hoover contratou os serviços de um delegado do Oeste, o Agente Especial Charles Winstead, e mais dois auxiliares, a fim de deter Dillinger de uma vez por todas. Com essa e outras providências, como prender parentes, namoradas e amigos dos criminosos, os esforços do FBI de endurecer contra o crime começaram a dar resultado.

Foi driblando a lei que o ladrão de bancos viajou pelo país com sua namorada, Billie Frechette (Marion Coutillard), gastando dinheiro a rodo e convivendo com a elite da Flórida. Por fim, a sorte o abandonou no Biograph Theater de Chicago, em 22 de julho de 1934. Quando ele saía do cinema onde foi assistir a Clark Gable em *Vencido pela Lei* (*Manhattan Melodrama*), a força policial, sob o comando do agente Purvis e a ajuda de um traidor chamado "Dama de Vermelho", deu cabo de Dillinger com uma rajada de balas.

Os fãs consternados do gângster molharam seus lenços no sangue que escorreu pela calçada, e milhares deles fizeram fila para ver seu corpo no necrotério. De curiosos a homens da lei, todos requisitaram parte de seu legado. O maior rival de Dillinger, Melvin Purvis, recebeu a parte do leão. E ninguém se irritou mais com os elogios a Purvis na despedida de Dillinger do que J. Edgar Hoover. Dillinger era tão famoso que, depois de morto, Purvis se tornou "O Homem que Atirou em John Dillinger", mesmo que não tenha sido ele a apertar o gatilho. Ressentido com a fama e as honras que Melvin Purvis, o homem do governo, recebeu dos Estados Unidos, Hoover o expulsou do FBI.

Quase oitenta anos depois, o *status* de Dillinger como lenda do crime estava consolidado. Do seu clássico sorriso cínico ao abraçar um de seus capturadores ao *status* de morador mais famoso de Chicago, o garboso Dillinger é um ícone até hoje. E ninguém seria mais inspirado por ele do que Johnny, que viveu a menos de 260 quilômetros da cidade de Mooresville, Indiana, onde Dillinger passou sua infância.

Um dos fatos mais intrigantes sobre o gângster e seu bando era a capacidade de manipular com facilidade armamentos tão pesados. E Depp teria que fazê-lo com a mesma naturalidade e realismo no filme. O produtor Kevin Misher explica: "Quando se pensa nas armas que Dillinger e seu bando carregavam para baixo e para cima, aquelas pistolas-metralhadoras com tambores enormes, elas eram muito, muito pesadas. Algumas chegavam a pesar 40 quilos. E eles ainda se equilibravam nos carros com aquelas armas na mão quando fugiam da cidade depois de roubar um banco".

Mesmo que Johnny já tivesse treinado o uso de armas em outros filmes, logo veria que as técnicas de tiro usadas em *Inimigos Públicos* eram completamente diferentes. Um dos agentes do FBI convidados para ajudar no filme foi o especialista em armas Dale Shelton, que observa: "É preciso lembrar que, naquela época, você atirava com uma metralhadora usando uma mão só. Ninguém usava as duas. Isso só veio a acontecer depois, na década de 1940, quando ficou definida uma plataforma de tiro muito mais estável usando as duas mãos em vez de uma. Além disso, a mira era bem diferente. Era muito mais uma mira do tipo alvo tradicional, do tipo atirador-alvo. Essa, como todas as outras técnicas, evoluíram ao longo dos anos".

Durante quase todo o filme, Depp carrega uma submetralhadora Thompson 1921 e duas pistolas .45. "Ah, sim, tive de me preparar muito. Sei atirar desde os 5, 6 anos, então já conhecia bem essa área. Eu usava, principalmente, a Thompson e duas .45, e quando gente pega armas como essas e esvazia o tambor, um tambor de 45 balas, é uma sensação muito boa."

O filme foi bastante elogiado pela atenção aos detalhes de época e a precisão de historiadores e especialistas, mas toma licenças criativas importantes em relação aos fatos conhecidos. Por exemplo, Purvis e Dillinger nunca se encontraram pessoalmente, então a cena em que ambos conversam em uma cela de Tucson não aconteceu. Entretanto, testemunhas confirmam que Dillinger olhou diretamente para Purvis quando saiu do Biograph Theater na noite em que foi morto, mas talvez não tenha se virado de frente para o agente do FBI antes de morrer. E nem sussurrou as últimas palavras no ouvido do agente Winstead. Dos cinco tiros disparados pelos três agentes, quatro acertaram o alvo. Um deles, a bala calibre .45, entrou pela coluna cervical, atravessou a parte inferior do cérebro e saiu pelo rosto. Só isso já o impediria de dizer qualquer coisa, imagine fazer um discurso final.

Mesmo assim, e apesar de trabalhar com os episódios tirados do livro de Burroughs, *Public Enemies: America's Greatest Crime Wave and the Birth of the FBI: 1933-34*, a maioria das críticas achou o filme de Mann surpreendente, fascinante e tecnicamente deslumbrante, e a performance de Depp como Dillinger, melhor ainda. Uma delas foi a de Manohla Dargis, do *The New York Times*, em julho de 2009, poucas semanas após o lançamento: "Quando não está fantasiado de pirata, Mr. Depp consegue marcar na tela sua presença forte, até enigmática, o que é decisivo para seus pontos fortes e seus limites como ator. Ele é um gato manso: dissimulado e inesquecível quando olha para o nada, enquanto a câmera explora sua beleza física suave, porém potente. Ele daria um grande astro do cinema mudo, como sugerem seus papéis anteriores. Parte de seu fascínio é um tanto *à la* Garbo em um universo cinematográfico que cada vez dá mais espaço para ídolos sagrados. São poucos os atores contemporâneos que podem usar um chapéu com tanta segurança, mas a atuação dele entra em você e penetra em seu organismo a cada cena".

Isso é, sem dúvida, uma grande verdade.

Maluco como o Chapeleiro

Conseguir representar o Chapeleiro Maluco, entender a obra de Lewis Carroll e a visão de Tim, e depois incluir ali sua contribuição... Foi um sonho que se tornou realidade.

Quando Johnny anunciou que, depois de *Inimigos Públicos,* teria um papel no próximo filme de Tim Burton, *Alice no País das Maravilhas,* ninguém se surpreendeu que eles voltassem a se encontrar para a sétima colaboração em 20 anos. Mas por que era tão bom trabalhar com Burton, pelo menos com uma frequência muito maior do que atores e diretores costumam trabalhar juntos? Quando perguntaram isso a Johnny Depp, ele não soube dizer por quê. Mas respondeu que sua disponibilidade para estar sempre ligado a Burton se devia ao fato de ser uma experiência nova a cada vez, desde o primeiro encontro em *Edward Mãos de Tesoura.* "Para mim, o que importa é criar um personagem. Embora sempre exista alguma pressão, 'será que vou decepcioná-lo?', me esforço muito para fazer alguma coisa diferente, que ele ainda não conheça, ou que nós não conhecemos, e que o estimule e inspire a tomar decisões baseadas no personagem. Em outras palavras, procuro não envergonhá-lo."

Não que Johnny já o tivesse constrangido alguma vez ou que fosse fazê-lo em algum momento. Na verdade, ele não via a hora de trabalhar outra vez com Burton e ajudar seu diretor preferido a criar sua visão para um clássico. Publicado pela primeira vez em 1865, *Alice no País das Maravilhas,* de Lewis Carroll, mudou para sempre o curso da literatura infantil. "Já faz parte da cultura", diz Burton, referindo-se à história que inspirou inúmeras adaptações para o palco, a televisão e o cinema. "Você pode não ter lido o livro, mas sempre reconhecerá algumas imagens e saberá o que elas representam. É uma narrativa muito popular."

Johnny representaria o Chapeleiro Maluco, que de várias maneiras evocava algum papel já feito por ele. Para o ator, era uma vantagem a mais: "Meu desafio era encontrar algo diferente, definir o Chapeleiro Maluco para o cinema. Numa das conversas que tive com Tim, aventamos a possibilidade de ele ser tão transparente que se percebesse no mesmo instante o que está sentindo – suas roupas, a pele, os cabelos, tudo refletiria suas emoções. Então, quando ele abre aquele sorriso radiante, tudo ganha vida, como uma flor que se abre muito, muito rápido. É como um anel de humor: as emoções estão à flor da pele".

O produtor Richard Zanuck também ficou satisfeito: "Depp tem uma capacidade de se transformar que é fabulosa. Ninguém faz esses personagens doidos, excêntricos e diferentes como ele. Johnny sabe ser engraçado, doido e ao mesmo comovente. É um dos maiores atores do mundo".

No processo de criação do personagem, Johnny descobriu que os chapeleiros da época eram envenenados pelo mercúrio. "O termo 'maluco como um chapeleiro' tem sua origem nos chapeleiros da vida real, que faziam aqueles belos chapéus de pele de castor. A cola que usavam tinha alto teor de mercúrio. Eles sujavam as mãos de cola e eram intoxicados pelo mercúrio." Quando Depp descobriu que, não só a cabeça, mas o corpo todo dos chapeleiros era envenenado, pintou a imagem do personagem em aquarela com cabelos cor de laranja, a cara de palhaço e os olhos verdes de diferentes tamanhos. "Não sei como descobri de que jeito ele era. Quando entrei no *trailer* de maquiagem, o processo se deu naturalmente. E isso é raro. A única vez que aconteceu nesse nível foi com o capitão Jack."

A identificação de Johnny com o personagem foi ainda maior quando ele descobriu que o Chapeleiro tinha várias personalidades e sotaques diferentes. "Por ele ser tão sensível, achei que o personagem devia ser transportado para outro estado, outra personalidade, para conseguir sobreviver, o que sempre acontece quando ele se vê ameaçado ou corre algum perigo. É como se tivesse algum transtorno de personalidade bem suave."

Para desenhar o figurino do Chapeleiro, a figurinista Colleen Atwood começou, obviamente, pelo chapéu. "É inspirado nos chapéus reais da época, com o mesmo formato só que mais exagerado, mais esticado. Encontrei por acaso o couro na Itália, que era cortado a *laser* num padrão estranho que parecia queimado, e pensei: 'Posso usar esse material'. Depois mandei fazer o chapéu em um excelente chapeleiro de Londres."

Atwood e Johnny já se conheciam das filmagens de *Edward Mãos de Tesoura* e, a partir de então, trabalharam juntos várias vezes. "Não há nada melhor para um figurinista que trabalhar com Johnny, porque além de muito generoso, ele é um artista que dá grandes contribuições a tudo que faz. Ele tem um imenso senso de representação. Sabe como vestir as roupas de uma maneira muito especial. Nós fizemos uma livre associação com o Chapeleiro para conhecê-lo melhor. Johnny sempre descobria uma coisa nova, e a partir daí a gente brincava. Concluímos que ele deveria usar as ferramentas de seu ofício, que elas fizessem parte do figurino e não ficassem guardadas nas prateleiras. É por isso que ele usa dedais e aquele anel de almofada de alfinetes. Tudo isso contribuiu para criar um Chapeleiro mágico e sobrenatural, e ainda assim real."

Quanto a Depp: "O figurino é a concha do personagem, é o primeiro passo e o mais importante para saber como ele age, como se movimenta. Colleen é especialista nisso. Ela pensa como o personagem e descobre como é sua segunda pele". Uma das primeiras ideias de Johnny para o Chapeleiro foi que a roupa mudasse de cor segundo seu humor. "Quando dei essa ideia a Colleen, ela enlouqueceu. No mesmo instante começou a criar todas aquelas coisas, como o lenço de pescoço que tem um mecanismo interno e se movimenta."

Talvez tenha ajudado o fato de o ator gostar tanto do livro, embora não soubesse localizar o momento em que o livro ou a história entrou em sua vida pela primeira vez. Ele disse aos jornalistas em uma coletiva de imprensa que teria sido por volta de seus 5 anos de idade, porque é quando se lembrava vagamente de ter ouvido algumas versões. "Conheço os personagens há muito tempo. Todo mundo conhece, são muito bem definidos; eles me fascinavam. Mesmo quem não leu o livro conhece ou tem referências sobre os personagens. Curiosamente, um ano antes de Tim me ligar, eu tinha relido *Alice no País das Maravilhas* e *No País dos Espelhos*, e o que mais me chamava a atenção eram aqueles gordinhos ambíguos. Eles me deixavam intrigado, porque faziam perguntas que não podiam ser respondidas, ou diziam coisas que não ninguém entendia, como: "Estamos investigando tudo que começa com a letra M". Isso me levava a uma outra estratosfera de possibilidades. Eu fiz uma pequena pesquisa e descobri que é M de mercúrio. Ou então: "O que o corvo e a escrivaninha têm em comum?". Tudo isso foi muito importante para o personagem. Se eu lesse o livro hoje, encontraria mil outras coisas que não percebi da última vez. É um livro em constante mutação. E é fantástico em termos de invenção, de realização literária. É tão brilhante, tão novo e interessante hoje quanto era na época."

A roteirista Linda Woolverton tem a mesma opinião: "Lewis Carroll tem uma mente notável, seus livros transcendem o tempo e o espaço. Seus personagens são tão excêntricos, tão divertidos, e todos eles têm um pouco de cada um de nós. A Rainha Vermelha e seu mau humor; o encantamento de Alice com tudo que vê; e a tragédia do Chapeleiro. Isso dá um grande filme".

Com o sucesso de *Alice,* Carroll (pseudônimo do reverendo Charles Lutwidge Dodgson, professor de Matemática da Christchurch University de Oxford, Inglaterra) tornou-se o mais importante autor para crianças de sua época, e seis anos depois escreveu *Do Outro Lado do Espelho* e *O que Alice Encontrou Lá,* que agradaram ainda mais que o anterior. Hoje, os dois livros costumam ser reunidos sob o título *Alice no País das Maravilhas,* e sua influência constante pode ser vista por toda parte, na música, nos vídeos, no cinema, nas histórias em quadrinhos, nos jogos para computador, na ópera e na pintura.

Como disse a atriz Anne Hathaway, que interpretou a Rainha Branca, e os admiradores do livro e do filme confirmam, um dos motivos pelos quais os personagens de Lewis Carroll funcionam tão bem no cinema é que são bastante imaginativos e não há uma só maneira de representá-los, porque Lewis Carroll fazia um jogo de palavras e de conceitos. E como os personagens são muito imaginativos, as interpretações são tantas quantas forem as imaginações. Isso vai depender de cada um.

Sim, Burton também concorda: "Essa é a razão da sobrevivência das boas histórias, porque elas falam de coisas que as pessoas não percebem em nível consciente. Certamente há alguma coisa nessas imagens. Por isso elas têm tantas versões. Como no filme, sempre existirá uma menininha vivendo aventuras com personagens excêntricos. Não há nada de grave nisso. O que procurei fazer foi pegar a ideia das histórias e transformá-las em algo que não está no livro, mas mantém o mesmo espírito".

Assim como Burton, Depp também concorda que Carroll aprovaria o filme que foi feito com tanto respeito e tem raízes profundas no material original. "A história de Carroll e os personagens vistos por Burton são um verdadeiro presente." E uma parte desse presente é que Burton aglutina os personagens, os elementos da história e os temas centrais dos livros de Carroll, e conta a história sob uma nova perspectiva, por assim dizer, ao mostrar uma Alice crescida que retorna ao lugar visitado na infância. Woolverton expôs a ideia aos produtores Joe Roth e Suzanne e Jennifer Todd, e eles ficaram impressionados. "Linda chegou com uma ideia excelente", diz Roth. "Tudo fazia sentido, era uma alegoria política – aquele povo que ali vive não é só excêntrico, mas revolucionário. Ficamos impressionados em todos os sentidos, e na Disney era a melhor indicação. Quanto ao diretor, só havia uma opção, Tim Burton, que felizmente aceitou."

Eles deram um roteiro a Burton e sugeriram o 3D. "E eu nem tinha lido o roteiro. Fiquei curioso, mas o que mais me agradou no roteiro de Linda é que ela criou uma história para o cinema que não é exatamente a história do livro. Imediatamente aprovei todos os elementos." De acordo com Linda, o filme é exatamente como ela imaginou. A história se passa quando Alice tem 19 anos, está para se casar, mas não tem certeza se é isso que quer. O tempo passou. A Rainha Vermelha governa o país. Com mãos de ferro. E os habitantes de Underland precisam de Alice.

Underland, continua Woolverton, é a mesma terra da fantasia que Alice visitou quando criança. "Mas em vez de 'Underland' (País Subterrâneo), ela entende 'Wonderland' (País das Maravilhas). Agora, quase adulta, ela retorna ao mesmo lugar e descobre qual é o nome verdadeiro."

Uma das coisas de que Burton gostou em relação ao roteiro é que Alice, com 19 anos, embora seja bem mais velha que nos livros de Carroll, é mais real e tem uma identidade. "O que me agrada nesse detalhe da história é que Alice está numa idade entre a infância e a vida adulta, quando todo mundo passa por uma transformação. Nesse momento, é comum os jovens com alma de velho não serem populares. Alice também não se encaixa na estrutura e sociedade vitorianas. Ela vive em seu próprio mundo interior."

A vida de Alice Kingsleigh (Mia Wasikowska) vai tomar um rumo inesperado. Hamish, filho de lorde e lady Ascot, lhe propõe casamento em uma festa ao ar livre em sua homenagem e ao estilo vitoriano. Ela foge sem dar uma resposta, correndo atrás de um coelho que vê atravessar o gramado; o coelho, claro, usa colete e relógio de bolso. Ela segue o Coelho Branco (Michael Sheen), que desaparece em uma toca e, de repente, se vê caindo atrás dele, tombando por uma passagem desconhecida como que em sonho, até aterrissar em um átrio redondo com muitas portas. Ali, ela vê uma garrafa em cujo rótulo está escrito "Beba-me" – o conteúdo faz com que ela encolha – e um bolo onde se lê "Coma-me", que a faz crescer. Alice acaba encontrando uma saída para a fantástica e extraordinária Underland – o mesmo lugar que tinha visitado quando pequena, embora só em sonho ela se lembre daquelas suas aventuras.

Underland faz parte deste mundo, mas está em algum lugar nos subterrâneos, onde só se chega pela toca do coelho. Ali, ela encontra inúmeros personagens coloridos, entre eles o valentão Ratão (Barbara Windsor), o Coelho Branco, o Gato Risonho (Stephen Fry), uma lagarta sábia chamada Absolem (Alan Rickman), a bela Rainha Branca (Hathaway) e sua invejosa irmã mais velha, a Rainha Vermelha (Helena Bonham Carter), que no momento é a petulante rainha de Underland.

Na história de Woolverton, Underland passa por momentos difíceis porque a malvada Rainha Vermelha ocupa o trono. Não fosse isso, seria um lugar maravilhoso, tanto que a menina que confundiu o nome com "Wonderland" foi chamada para ajudar o lugar a ser o que era. Mas, segundo Woolverton: "Underland sempre foi Underland, não importa quem ocupe aquele trono. Será Underland até o fim".

Boham Carter observa que Linda adaptou a história a um contexto emocional, para que ação do filme acontecesse. "Nesse sentido, a história e a jornada de Alice têm uma razão. No início, ela se sente deslocada, mas suas experiências em Underland a ajudarão a se conectar consigo mesma, para que ela possa se sentir mais segura e saber o que quer." A produtora Suzanne Todd indaga se Tim Burton seria, de alguma maneira, um Walt Disney da nossa época. Ela acha que sim. "Não há ninguém como ele. E Alice realmente dialoga com Tim. Essa ideia de Alice ir para algum lugar a fim de descobrir quem é..."

Não há como discordar. Para um cineasta contador de histórias, conhecido pelos mundos fantásticos e sofisticados que costuma criar, a rica galeria de personagens de Carroll e o mundo mágico em que eles transitam permitem que sua imaginação corra solta e imprima sua marca indelével no material. "Um *best-seller* de 135 anos, *Alice no País das Maravilhas,* Tim Burton, Johnny Depp, Disney e 3D, tudo isso combinado promete um evento cinematográfico irresistível e 'obrigatório'", afirma Zanuck.

Misturando técnicas de efeitos visuais, incluindo as cenas dos atores contra um fundo verde, todos os personagens gerados por computação gráfica e também em 3D, *Alice no País das Maravilhas* prometia mostrar a visão de Burton de uma forma diferente e minuciosamente detalhada. Ken Ralston, o supervisor de efeitos visuais, diz que foi um desafio solucionar tecnicamente a visão do diretor. Por fim, diz Ralston: "Era preciso juntar técnicas diferentes que resultassem em um visual inédito. E isso teve como base a forma como deveriam ser os cenários e os personagens para que uma boa história fosse contada. O filme é uma experiência visceral, excitante e tátil em 3D de tudo o que acontece naquele mundo. Eu quis pôr o espectador bem no meio de toda essa estranheza e deixar acontecer, de modo que os personagens o conduzissem numa viagem muito divertida".

Certamente, Ralston foi a melhor escolha. Um dos fundadores da Industrial, Light & Magic, de George Lucas, ele é uma lenda dos efeitos visuais, tendo participado de *Guerra nas Estrelas, Uma Cilada para Roger Rabbit, De volta para o Futuro, Forrest Gump, O Expresso Polar* e *Beowulf,* e recebido quatro Oscars por seu pioneiro trabalho.

As sequências *live-action,* em que atores contracenam com animaçao, que envolvem Alice no mundo real, no início e no final do filme, foram filmadas em Cornwall, na Inglaterra, e as cenas que se passam em Underland foram feitas em fundo verde nos estúdios Culver City, em Los Angeles, onde todos os ambientes foram criados digitalmente em pós-produção. "É um projeto único", diz o produtor de efeitos Tom Peitzman. "Trabalho com efeitos visuais há muito tempo e fazer um filme como esse, onde são aplicadas tantas disciplinas diferentes num só projeto, é muito mais divertido e diferente."

Por exemplo, o Chapeleiro Maluco teve os olhos aumentados pela equipe de Ralston. Peitzman explica: "Se você exagera, parece desenho animado. Se não aumenta o suficiente, parece que não fez nada. A equipe literalmente brincou com as mudanças de humor do Chapeleiro que se refletiam na sua aparência. Às vezes é sutil. Se ele está mais melancólico, talvez fique um pouco mais escuro, até um pouco cinzento. Mas se de repente ele está feliz, vê-se a vibração penetrando pela roupa. Ou o laço no pescoço que se ergue como se estivesse sorrindo. Procuramos fazer tudo isso com sutileza, por isso nada chama atenção, mas ajuda a transformar o personagem em uma figura divertida e diferente".

Alice no País das Maravilhas foi lançado na primavera de 2010 nos Estados Unidos e na Inglaterra. Por ser uma produção milionária que preenchia todos os requisitos de um *blockbuster*, rapidamente virou sucesso de crítica e bilheteria. Todd McCarthy, da *Variety*, elogiou seus "momentos de prazer, humor e deslumbramento". Foi um dos críticos mais efusivos. Michael Rechtshaffen, do *Hollywood Reporter*, disse: "Burton reuniu um elenco subversivo, espirituoso e excêntrico, marcando todos os pontos emocionalmente satisfatórios". Ele também elogia as imagens computadorizadas do filme: "Em suma, é a paisagem visual que torna a mais nova aventura de Alice tão maravilhosa, uma tecnologia que finalmente consegue emparelhar com a imaginação infinitamente fértil de Burton".

Considerado o mais importante da América do Norte, o filme arrecadou na estreia 41 milhões de dólares, estabeleceu um novo recorde para o mês de março e rapidamente se tornou o lançamento mais rentável desde *300*, de três anos antes, faturando 116 milhões de dólares nos primeiros três dias de apresentação. Também foi a sexta maior arrecadação de todos os tempos no fim de semana de estreia, e a estreia de fim de semana que mais faturou como não sequência, à frente de *Spiderman*. Além disso, quebrou o recorde anterior em Imax de *Avatar* em 188 telas de grande formato. Mas nem todas as notícias foram boas. Um mês antes do lançamento, as três maiores cadeias de cinema do Reino Unido, Odeon, Vue e Cineworld, boicotaram o filme, porque o prazo entre o lançamento no cinema e em DVD tinha sido reduzido de 17 para 12 semanas. Uma semana depois de anunciarem o boicote, a Cineworld desistiu do acordo e lançou o filme em 150 cinemas. O diretor executivo da Cineworld, Steve Wiener, declarou que: "Como líderes em 3D, não queremos que o público seja privado desse espetáculo visual.

Com o sucesso de *Avatar*, há hoje uma imensa demanda por experiências em 3D". Logo em seguida, a rede Vue também entrou em acordo com a Disney, mas a Odeon preferiu manter o boicote na Inglaterra, na Irlanda e na Itália. Eles finalmente cederam em 25 de fevereiro, quando decidiram mostrar o filme a partir de 5 de março tanto em Disney Digital 3D como em Imax 3D, e também nos cinemas convencionais.

Quando *Alice no País das Maravilhas* passava nos cinemas do Reino Unido e dos Estados Unidos, Johnny foi cogitado para representar o ex-oficial da KGB, o agente Alexander Litvinenko, que morreu envenenado em Londres em 2006, numa adaptação para o cinema do livro não publicado *Sasha's Story: The Life and Death of a Russian Spy* (*A História de Sasha: Vida e Morte de um Espião Russo*). A produtora de Johnny, a Infinitum Nihil, e a Warner Bros adquiriram os direitos do livro, que está sendo escrito por Alan Cowell, chefe do escritório londrino do *New York Times*. O projeto explora a vida de Litvinenko e tenta provar que sua morte, ainda sob investigação, foi ordenada pelo presidente da Rússia, Vladimir Putin.

Como em outras vezes, Johnny estava novamente ligado a um projeto que não daria em nada. Mas outro projeto que poderia vingar era o último filme do diretor indiano Mira Nair, *Shantaram*, com quem Johnny dizia ter um vínculo milenar. Comentava-se em Hollywood que seria escrito por um prestigiado caçador de Oscar. É a história de um australiano viciado em heroína que foge da prisão, vai para Mumbai e se faz passar por médico, numa ficção que envolve falsificação, tiroteio, contrabando e letras cursivas minúsculas, difíceis de decifrar. É parcialmente baseado numa história real e potencial candidato ao Oscar.

Embora *Sasha's Story* e *Shantaram* ainda não estivessem diante das câmeras, dificilmente Johnny encontraria tempo tanto para um como para outro. Um mês antes de *Alice* chegar às telas, ele já estava filmando *O Turista* em Veneza, com Angelina Jolie, e parece que Vanessa não gostou nada da ideia. Mas, se é verdade que Johnny foi convidado para o papel no verão de 2009, é estranho que Vanessa demorasse oito meses para manifestar sua objeção ao envolvimento dele no filme. O motivo seriam as apaixonadas cenas de sexo que o roteiro exigia. Quando Vanessa soube que seu marido filmaria com Jolie, que, como todos sabem, apaixonou-se por seu parceiro Brad Pitt durante as filmagens de *Mr. & Mrs. Smith*, ela exigiu que Johnny procurasse outro trabalho. Embora ele tivesse recebido o roteiro do filme já fazia alguns meses, Paradis só ficou sabendo nas vésperas que haveria uma longa e intensa cena de amor com Depp e Jolie no filme, onde ela interpreta uma agente da Interpol que seduz um turista.

De acordo com o roteiro inicial, ao qual a revista *US* teve acesso, o personagem de Johnny, Frank Taylor, se aproxima da personagem de Jolie, a agente da Interpol Cara Mason, quando ela está nua no chuveiro. "Ele entra no box, ergue Cara contra o vidro, abraça seu corpo molhado e a beija apaixonadamente. Ela retribui o beijo, envolvendo-o com suas pernas molhadas. Depois Cara se vira bruscamente para Frank e pressiona seu corpo contra o dele. Ele fica surpreso, mas não recua, e a aperta em seus braços. Eles trocam um longo e apaixonado beijo." Foi essa descrição que deixou Paradis tão zangada. Talvez porque já soubesse que Jolie teria ficado com seu parceiro de cena em outras ocasiões. No caso de Pitt, ele era casado com Jennifer Aniston, e anos antes ela começou a sair com Billy Bob Thorton quando todos sabiam que ele estava comprometido com Laura Dern. O mesmo aconteceu quando ela fez *Roubando Vidas*, com Oliver Martinez, e muito se comentou sobre seu caso com o bonitão francês que estava noivo de Kylie Minogue.

Embora surgissem rumores de que Johnny tentou sair do filme, de acordo com as informações divulgadas na Internet Movie Database, isso não deve ter acontecido. Houve, em algum momento, conversas sobre substituí-lo por Pitt ou Leonardo DiCaprio, mas nada ficou comprovado. Além disso, se Johnny saísse do filme, certamente teria sido anunciado na mídia, então o que se conclui é que os temores de Paradis não passaram de fofocas maldosas. Mas, diante da reputação de Jolie como a estrela mais sedutora do mundo, tanto nas telas como fora delas, e a saída de Charlize Theron e Sam Worthington do elenco, a especulação se justifica.

Não que fosse o caso de Johnny. Ele já tinha se comprometido com outros três projetos de filmes, um deles novamente com Burton. Mas isso teria que esperar até ele concluir as filmagens do remake de *Lone Ranger*, de Jerry Bruckheimer, onde Johnny faz Tonto, o amigo índio do herói, que na série original para a televisão era muito mais estrela do que o próprio Lone Ranger. E depois desse filme ele reprisaria seu personagem mais famoso como capitão Jack no quarto filme *Piratas*, novamente para Bruckheimer e Disney, ao lado de Ian McShane e Penélope Cruz.

Para os jornalistas, porém, o projeto de Burton parecia ser o mais interessante, porque os vampiros estavam outra vez na moda. Muito antes de Lestat, Angel e Edward Cullen brilharem nas telas, existia Barnabas Collins, um velho vampiro de 175 anos que rondava a cidade de Collinsport, no Maine, consumindo-se de desgosto por um amor perdido. Originalmente, o personagem de Barnabas, representado por Jonathan Frid na televisão, deveria durar apenas 13 semanas na série *Dark Shadows*, mas caiu no gosto dos telespectadores e se tornou o principal personagem por mais quatro anos. A série deu origem a dois filmes no início dos anos 1970, uma nova série em 1991 e um piloto que não foi aproveitado para a série de 2004.

Depp seria Barnabas, papel que, segundo ele, sonhava fazer havia muito tempo. Ele não perdia um filme da série quando era criança. "Sim, eu era maluco pelo Barnabas Collins. Tenho fotos minhas com 6 anos de idade segurando pôsteres de Barnabas." Tanto que há vários anos ele tentou fazer uma adaptação para o cinema e chegou a comprar os direitos de refilmagem através de sua produtora, a Infinitum-Nihil.

O único problema seria o melhor momento para o lançamento. Se chegasse às telas em 2011, concorreria com o último filme da saga Crepúsculo, *Amanhecer*. E se fosse adiado até o ano seguinte, talvez as plateias já tivessem superado a mania dos vampiros. E eles não fariam mais tanto sucesso. Ainda assim, se existe uma dupla que pode criar uma história de vampiro realmente envolvente, obscura e apavorante, sem dúvida são Johnny Depp e Tim Burton.

Como sempre, o futuro próximo de Johnny se anuncia como promissor. E embora frequentemente traumatizado e preso a seu próprio passado, à infância e aos altos e baixos emocionais, ele admite: "Por muitos anos vivi confuso em relação a muitas coisas, como a vida, ser adulto, não saber o que é certo e o que é errado. Mas hoje aprendi com Vanessa e meus filhos que só o que importa é ser bom pai. A paternidade me dá força. Tudo se encaixa e passa a fazer sentido. Durante muito tempo ouvi as pessoas dizerem que eu vivia para meu trabalho e minha carreira: 'Sua vida é fazer esses personagens doentios', diziam elas".

"Hoje, vivo aqueles momentos em que meus filhos me pedem para comer doce às oito horas da manhã, e em vez de dizer: 'Hummm, não acho que seja uma boa ideia', acabo dizendo: 'Tudo bem, só um pedacinho'. Acho que sou o mais bonzinho. O mais fraco. Vanessa é a mulher, portanto, muito mais forte. As mulheres comandam, sabe, e os homens tremem nas bases. É assim que é."

Apesar dos rumores de que ele e Vanessa se casaram no verão de 2007 na *villa* de Plan da la Tour, no sul da França, essa nunca foi a maior preocupação de Johnny. "Estamos juntos há oito anos e temos dois filhos. Somos casados de alma. Só não dissemos 'sim, eu aceito'. Isso é o que menos importa."

Depois de tanta turbulência vivida diante do público, quem poderia pensar que Johnny desistiria de lutar contra seus demônios pessoais e profissionais que o perseguiram por tantos anos? "As coisas são como têm que ser e ninguém sabe dizer por quê. Lembro-me de cada solavanco da estrada, e não sei como cheguei até aqui. Mas quem sou eu para saber? O que interessa é que cheguei. Então, eu celebro, agradeço, e sigo em frente. Nada disso faz sentido para mim, mas por que deveria fazer?"

Notas

As informações que seguem são sobre o filme Piratas do Caribe: O Baú da Morte. *Foram incluídas aqui como eventuais referências que não aparecem no capítulo "O Rei dos Piratas".*

1. O *Pérola Negra* é o único navio movido a motor de *Piratas do Caribe: O Baú da Morte* e sequência. Os demais, com exceção do *Interceptor* do primeiro filme, foram construídos sobre barcaças, dos quais só estão completas as partes que são mostradas pelas câmeras.
2. Espere terminar a apresentação final dos créditos para ver uma cena adicional.
3. O Rolling Stone Keith Richard faria uma participação como o pai do capitão Jack Sparrow, mas desistiu porque estava comprometido com uma turnê internacional da banda. Johnny Depp disse que Jack Sparrow foi inspirado em Richards.
4. Keira Knightley usou apliques para alongar o cabelo porque tinha acabado de cortá-lo para fazer *Domino: A Caçadora de Recompensas*.
5. A roda gigantesca sobre a qual acontece a luta de espadas entre Sparrow, Turner e Norrington pesa mais de 800 quilos e tem 5,5 metros de altura.
6. A Walt Disney Company reformou os brinquedos Piratas do Caribe em Walt Disney World e na Disneylândia para incluir o capitão Jack Sparrow, Barbossa e também o fantasma do personagem sobrenatural, Davy Jones. A nova atração foi inaugurada no dia da estreia do filme.
7. Quando o roteiro do segundo filme estava sendo escrito, Keira Knightley sugeriu que a cena entre Jack e Elizabeth acontecesse quando Jack estivesse algemado ao navio.
8. Gore Verbinski não contou ao elenco sobre a gaiola de ossos. Ele quis que os atores reagissem naturalmente quando a vissem balançar de um lado e de outro.

9. Em junho de 2006, o navio *O Holandês Voador* ficou ancorado em Castaway Cay, a ilha particular da Disney Cruise Line, e foi exibido no lançamento promocional dos filmes.
10. As imagens de Davy Jones e dos 18 membros da tripulação do *Holandês Voador* foram geradas por computador, com exceção de Bootstrap Bill. Bill Nighy usava uma roupa cinza escura de captura de movimento com dezenas de marcas de referência no rosto e no corpo enquanto atuava. A empresa ILM refinou o sistema de captura de movimento, de modo que só foram necessárias duas câmeras contra pelo menos 16 que se usavam no passado.
11. A música que se ouve durante a briga no bar em Tortuga não foi composta para o filme. É uma peça tradicional chamada "Fisher's Hornpipe".
12. O homem-molusco fala em cantonês quando sua cabeça é cortada.
13. A palavra "Tortuga" que pega fogo no deque está escrita na mesma fonte que é marca registrada da Disney.
14. A cabana à beira do rio onde a tripulação visita Tia Dalma é idêntica à cabana que se vê do outro lado do deque de embarque para o passeio "Jungle Cruise" do Magic Kingdom, em Orlando, na Flórida.
15. A "banda" de piratas que toca na taverna de Tortuga é a mesma do brinquedo. Note o homem que toca acordeão.
16. O pântano da Tia Dalma é uma cópia da baía pantanosa original da Disneylândia, com vaga-lumes.
17. Durante as filmagens, elenco e equipe tiveram que se refugiar em Los Angeles por causa do Furacão Wilma.
18. Faturando 135.634.554 dólares no fim de semana de sua estreia doméstica, foi o filme que mais rápido alcançou 100 milhões em apenas dois dias.
19. Quando Mr. Gibbs inscreve novos recrutas na taverna, um grupo tira um homem de dentro do poço e ele cospe água lentamente. Isso é cópia de uma cena do brinquedo Piratas do Caribe dos parques temáticos de Walt Disney.
20. Este é o primeiro filme que exibe a nova logomarca da Disney, um modelo do Magic Kingdom gerado em computador, em vez da silhueta azul e branca.
21. Uma sequência em Tortuga que tinha sido deletada em *Piratas do Caribe: A Maldição do Pérola Negra* (2003) foi acrescentada no final do mesmo filme.

22. O jogo de dados entre Will Turner e Davy Jones se chama Dado de Mentiroso. É um jogo de azar em que cada participante, consecutivamente, tem que adivinhar quanto marcam os dados que estão na mesa (dois três, quatro cincos etc.), até um jogador ser chamado de mentiroso. Quando isso acontece, os dados são mostrados e se vê quem mais acertou. Normalmente, o jogador perde um dado quando é pego na mentira e sai do jogo quando perde todos os dados.
23. No decorrer do filme, Elizabeth diz que aprendeu a manejar espada com Will. Mais adiante, ela desembainha a espada e ataca dois inimigos por trás, que na verdade foram representados por Orlando Bloom como Legolas em *Senhor dos Anéis*.
24. O Diretor de Arte e Efeitos Visuais Aaron McBride, da CGSociety, revelou em uma entrevista que, ao receber a tarefa de fazer ilustrações baseadas em fotos reais de Davy Jones, o ator Christopher Walken foi lembrado para fazer o papel.
25. Tim Burton, frequente colaborador de Johnny Depp, contribuiu com alguns desenhos conceituais de vários membros da tripulação do *Holandês Voador*.
26. Quando Will procura pelo capitão Jack Sparrow, o último sujeito a quem ele pergunta fala de uma ilha onde o "porco grande" é um "porco grande" muito bom – trata-se de um eufemismo para carne humana.
27. A textura da pele de Davy Jones foi feita escaneando uma xícara de café e aplicando na tela com Photoshop.
28. Quando os marinheiros disputam o vestido no navio em que Elizabeth foi escondida, eles falam do fantasma de uma mulher que se matou antes do casamento. Essa é uma passagem do brinquedo O Castelo Assombrado, da Disneylândia.

Glossário de Cinema

Por Charlotte Rasmussen

A seguir, apresentamos um guia dos termos que são usados com frequência nas filmagens e estão relacionados aos aspectos técnico e criativo. O guia pode ajudar o leitor a entender melhor alguns termos que aparecem no livro.

Ad Lib

Do termo latino *ad libitum*, significa "de acordo com o desejo". Refere-se aos diálogos improvisados pelos atores em tempo real, no estúdio ou no palco. Se acontecerem dentro de uma situação exigida pelo roteiro, essas improvisações podem beneficiar a produção e tornar o resultado final ser bem melhor.

Bilheteria

O montante pago pelos espectadores para ver um filme nos cinemas.

Billing

É a ordem em que aparecem (ou são exibidos) os nomes dos atores, diretores e produtores de um filme nos materiais de divulgação, nos créditos iniciais (ou finais) do filme e nas salas de cinema. A importância de uma pessoa é indicada pelo tamanho das letras, a posição relativa e a localização de seu nome. Em geral, se o nome aparece no alto, escrito em letras grandes e mais visíveis, designa maior importância e maior bilheteria, e precede os nomes menos importantes. O ator principal que vem em primeiro lugar é o *top billing*, seguido pelo segundo, o terceiro e assim por diante.

Blockbuster

Filme que é sucesso financeiro, com faturamento acima de 100 milhões de dólares. O faturamento determina, até certo ponto, a popularidade e o talento de seus atores e pode determinar se vale a pena economicamente, ou não, fazer uma sequência. Em geral, a expressão faturamento bruto é mencionada em referência ao *first dollar gross*, que é uma forma de remuneração que dá direito ao ator ou diretor de receber uma porcentagem de cada dólar computado nas receitas de faturamento.

Blocking

Ensaio para determinar a posição e o movimento da câmera, dos atores e da equipe em determinada cena ou tomada.

Brindes

Objetos promocionais como ingressos, roupas, bugigangas, DVDs promocionais, livros ou o que a produção e a distribuidora oferecerem, em geral em quantidades limitadas. Alguns trazem a assinatura do elenco, possuem *merchandising* exclusivo ou incluem um bônus material.

B-Roll

Cenas que são usadas para ilustrar a parte visual de uma entrevista ou uma narração. Em geral ficam disponíveis na internet ou no material adicional dos DVDs.

Call back

Logo após o teste, o ator em questão é convocado para uma reunião mais pessoal, para discutir o roteiro ou o personagem. Isso dá ao diretor e aos produtores a chance de avaliar se o ator é apropriado para o papel e se existe química necessária entre ele e outros membros do elenco.

Call sheet

É o detalhamento por escrito do que será filmado naquele dia, por ordem de cena. Tem as mesmas informações que constam do cronograma de filmagem, mas traz também o nome de cada personagem, quantos extras serão necessários, em que momento cada ator será chamado, quando deve ir para a maquiagem/cabelo ou entrar no *set*. São anotadas também as necessidades e as equipes especiais de cada cena.

Câmera *dolly*

É uma câmera montada sobre um pequeno carro. Nas filmagens, ela é fixada sobre trilhos para se manter estável.

Cast

São os personagens que estarão fisicamente presentes na peça ou no filme. São os papéis que serão representados pelos atores.

CD

Primeira geração de mídia óptica com capacidade de armazenamento de até 700 MB. Grava basicamente música, dados e imagens. Alguns CDs são específicos para vídeos (como VCD ou SVCD).

Cena

Bloco contínuo da história, ou ambientado em uma mesma locação ou de um personagem em particular.

CGI

Sigla em inglês de *Computer Generated Image* ou Imagem Gerada por Computador. O termo se refere ao uso de computadores para gerar imagens.

Classificação

Nos Estados Unidos, a Motion Picture Association of America (MPAA) e a National Association of Theatre Owners (NATO) seguem o seguinte sistema de classificação para filmes: G (livre para todas as idades); PG (sugere acompanhamento dos pais porque alguns materiais não são recomendados para crianças); PG-13 (os pais devem ficar atentos, porque certos materiais não são apropriados para menores de 13 anos); R (não aconselhável para menores de 17 anos, a menos que estejam acompanhados dos pais ou responsáveis); e NC-17 (proibido aos menores de 17 anos). A classificação de um filme é decidida por uma comissão de pais, que também definem a advertência informativa nos filmes (por exemplo, linguagem imprópria, violência, nudez, abuso de drogas etc). No Reino Unido, é o British Board of Film Classification (BBFC) que classifica os filmes e vídeos através de um sistema diferente do norte-americano: U (adequado para crianças maiores de 4 anos; os filmes com classificação Uc são indicados para crianças em idade pré-escolar); PG (livre para todos, mas algumas cenas não são adequadas para crianças pequenas); 12 (menores de 12 anos não podem alugar nem comprar o filme; classificação 12 A, os filmes não devem ser assistidos por crianças menores de 12 anos nos cinemas, a menos que acompanhadas de um adulto),

15 (adequado apenas para 15 anos ou mais; ninguém abaixo dessa idade pode comprar, alugar ou assistir ao filme no cinema), 18 (somente para adultos; menores de 18 não podem comprar, alugar ou assistir ao filme no cinema). R18 é uma classificação especial e legalmente restritiva. Esses filmes só podem ser exibidos em cinemas que possuem licença especial e adquiridos em lojas licenciadas, mas jamais comprados via correio.

Codificação por região

Para evitar que o último filme lançado nos Estados Unidos em DVD seja visto em outras partes do mundo antes de estrear nos cinemas norte-americanos, o sistema de travamento de DVDs por região visa controlar o tipo de DVD que pode ser usado em cada aparelho. Os DVDs são codificados por 9 regiões diferentes (0-8) e são reproduzidos em aparelhos da mesma região. Os códigos por região dos filmes Blue-ray são diferentes dos DVDs, e estão divididos em três categorias: A/1, B/2 e C/3.

Composite video

Formato da televisão analógica com vídeo composto por três sinais: Y (luminância), U e V (ambos com informação de cores).

Créditos

Os créditos iniciais exibem na tela as pessoas mais importantes envolvidas no filme. Os créditos finais incluem todos os envolvidos (elenco, equipe, estúdio, produtores etc). Incluem também os agradecimentos.

Cromaqui

São efeitos especiais de fotografia em que o sujeito (objeto ou ator) é fotografado na frente de um fundo azul ou verde com iluminação uniforme; em pós-produção, o fundo colorido é eliminado óptica ou eletronicamente, e um novo fundo é colocado no lugar sobre o qual as imagens serão projetadas. O fundo azul costuma ser usado com pessoas (porque a pele humana tem pouca pigmentação azul) e verde para tomadas digitais (o canal de cor verde retém mais detalhes e requer menos luz). Usam-se também outras cores, dependendo da técnica aplicada. Elas servem para obter efeitos de ambientes naturais como uma floresta, praia, pradaria, montanha ou qualquer outra paisagem, para criar ambientes de ficção científica e outros.

Dailies

Primeiras revelações dos negativos fotografados no dia anterior. O exame dos *dailies* determina as cenas que devem ser refilmadas ou que exigem mudanças.

Diretor

No teatro, é a pessoa que determina a disposição (pôr ou tirar do espaço) dos atores em cena, modela e coordena suas atuações, e organiza a relação deles com os elementos do cenário, dando coerência à peça. Nos musicais, há um diretor musical responsável pela música do espetáculo. De acordo com o contrato da Dramatists Guild (sindicato dos profissionais de teatro), é o autor da obra quem tem a palavra final sobre o diretor, os artistas e o cenógrafo escolhidos. No cinema, o diretor tem as mesmas funções de um diretor de teatro, mas muito mais autonomia em relação ao produto final. O diretor de elenco tem importante papel na seleção do elenco ainda na pré-produção. É ele quem coordena os testes, e se forem muitos os candidatos, conta com a ajuda de uma equipe especializada.

Distribuidora

Organização responsável pela distribuição do filme aos exibidores e pela venda de vídeos, DVDs, laserdiscs e outras mídias.

Dublagem

Dublagem ou *looping* é o processo de gravação de voz que acompanha os movimentos da boca dos atores na tela. Em geral, serve para substituir o idioma original por outro (por exemplo, um filme norte-americano falado em espanhol). O processo de dublagem ou ADR (Additional Dialogue Recording ou pós-sincronização) serve para regravar os diálogos de um mesmo ator – caso o som original tenha sido interrompido por um ruído indesejado ou incontrolável, como barulho de trânsito, ou por ser ininteligível. Os atores entram no estúdio de som e, depois de assistirem ao filme no vídeo, repetem as falas, que são gravadas por um técnico de som.

Dublê

Pessoal treinado e profissional que atua em situações perigosas para não expôr o elenco a riscos ou substitui os atores em ações que exijam habilidades especiais (por exemplo, mergulhar, cair ou bater o carro). A cena perigosa é feita pelo dublê do ator, que não deve ser confundido com o dublê de corpo/foto (um sósia nas cenas em que não é exigida a presença do ator, como em tomadas nas quais não se vê o rosto dele ou em cenas que envolvem nudez).

DVD

Sigla de Digital Versatile Disc ou Digital Video Disc. Como o CD, o DVD é uma mídia óptica, mas com densidade muito maior. Existem muitos tipos de DVDs (DVD-R, DVD+R, DVD, DVD-RW, DCD+RW) para armazenar vídeo, áudio e dados. Os DVDs de filme têm em geral 12 centímetros de diâmetro e tamanhos de 4,7 GB (uma só camada) ou 8,5 GB (camada dupla) – os dois tipos podem ter dois lados. Os DVDs com camada dupla têm por cima uma camada semitransparente que emite raios laser vermelhos para a camada de baixo. Essa passagem pode provocar uma pausa perceptível em alguns aparelhos de DVD. O disco mais moderno de alta densidade, o High Definition DVD (HD DVD), armazena o triplo de dados do formato padrão. O disco Blue-ray (BD) tem capacidade de armazenamento superior a 25 GB (em uma só camada). O formato Blue-ray usa raio laser azul-violeta (o comprimento de onda é mais curto que o laser vermelho) e capacidade de armazenamento mais compacta.

Empresário

Responsável pela contratação do ator, do diretor, do roteirista ou outro artista, o empresário tem como função negociar os termos do contrato e opinar na seleção ou recomendação de papéis para seus clientes. Os atores profissionais costumam ter assistentes, assessores de imprensa e outros, além deste profissional, que também tem a função de administrar sua agenda diária e sua carreira.

Enchimento

Material adicionado às roupas ou sapatos para mudar a aparência física do ator ou proteger o dublê de ferimentos desnecessários.

Ensaio

Evento preparatório em música e teatro, é uma prática que visa garantir o bom desempenho e corrigir os erros longe da presença do público ou da câmera. Num ensaio de figurino, o elenco prova pela primeira vez as roupas que vai usar, para que os trajes e costumes sejam ajustados.

Estúdio à prova de som

Um grande estúdio onde são construídos os *sets* de filmagem; em geral, são imensos barracões à prova de som.

Figurantes

Pessoas que aparecem nos filmes como personagens não específicos e sem diálogo, como parte da multidão ou no fundo da cena. Em geral são pessoas conhecidas dos atores ou da equipe técnica (ou que estejam circulando pelo *set*).

Filme longa-metragem

Filme feito principalmente para o cinema, com pelo menos 60 minutos de duração e roteiro de, no mínimo, 90 páginas. Além do longa-metragem, há filmes para TV e específicos para vídeo.

Filmes independentes

Também chamados *indies*, são filmes feitos por pequenas produtoras, independentemente dos grandes estúdios. Em geral, são filmes de interesse especial e baixo orçamento, voltados para festivais de cinema e/ou serem lançados em algumas salas.

Foley

É a arte de recriar efeitos sonoros incidentais (como passos) em sincronia com o componente visual do filme.

Franquia

Uma franquia de mídia (literatura, filme, videogame, programa de TV) é uma propriedade intelectual que envolve personagens, cenários, marcas registradas etc. As franquias de mídia tendem a migrar da mídia original para outras mídias (de livros para filmes, por exemplo). Em geral, uma série completa é feita em uma determinada mídia juntamente com o merchandising. Algumas franquias são planejadas com antecedência, outras após um sucesso comercial inesperado.

Gafes

São cenas ou erros divertidos, cometidos pelo elenco ou pela equipe técnica, que são captados pela câmera. As gafes costumam ser inclusas nos créditos finais do filme ou nos extras de um DVD. Podem ser risadas incontroláveis, falas esquecidas, queda, quebra ou não funcionamento de objetos e acessórios, ou incidentes como um pássaro que passa voando na frente da câmera. O termo "gafe" também se aplica a erros de continuidade que não são percebidos na edição e que são exibidos no produto final para o espectador. Nesse caso, especificamente, são erros de edição, e não gafes.

Gancho

Termo emprestado da música que descreve alguma coisa (ou frase) que prende a atenção do público e o interesse na história.

***Gate* ou janela**

É a abertura frontal da câmera através da qual o filme é exposto à luz. Às vezes o celuloide pode quebrar e deixar resíduos que marcam uma linha escura ou fiapo na beirada do quadro. A remoção do fiapo é feita digitalmente em pós-produção, um processo demorado, caro e lento. Vários fatores influenciam a presença do fiapo: ambiente, umidade, posição da câmera, tipo de filme etc. Quando o diretor percebe o fiapo em uma tomada de cena, pede aos técnicos para "checar o *gate*". Esse problema não existe quando a filmagem é digital.

Grip

Técnico de iluminação e equipamento.

Laserdisc

Primeiro disco óptico comercial (LD), comumente com 30 cm de diâmetro. Havia também discos de 18 e 12 cm e vídeos analógicos combinados com áudio digital. Os laserdiscs eram gravados em três formatos diferentes: CAV, CLV e CAA. A maioria usada na América do Norte e no Japão, logo foi substituída pelos mais populares e menores DVDs.

Legendas

Ou *Closed Captions* (CC). *Closed* significa "fechadas", ou seja, as legendas são visíveis só quando ativadas (recurso extra em DVD), ao contrário das legendas "abertas", que estão presentes o tempo todo (por exemplo, nos programas de TV). São usadas da seguinte maneira: i) explicativas, quando idiomas estrangeiros são usados nos filmes; ii) para deficientes auditivos; ou iii) para traduzir os diálogos a espectadores que não falam o idioma original.

Leitura de mesa

Quando o roteirista (ou a equipe de roteiro) entrega o *script* pronto, é hora da leitura de mesa. Nesse processo, todo o elenco de atores, produtores e envolvidos se junta para representar o roteiro. Essa leitura é muito importante, porque os autores podem finalmente ouvir em voz alta o que escreveram. Eles prestam muita atenção à reação da plateia e anotam tudo o que funciona e não funciona – por exemplo, se as pessoas entenderam as piadas e deram risada na hora certa. Em seguida, os autores (e às vezes também os produtores) discutem as alterações necessárias.

Locação

Lugar físico onde são filmadas partes de um filme, fora do *set* ou do estúdio à prova de som. Se o roteiro é baseado em fatos reais, a locação não precisa necessariamente ser o local exato onde aconteceram os eventos, mas similar.

Maquete

Paisagens, cidades e construções em miniatura (e geralmente em escala) onde são criados os efeitos impossíveis de serem obtidos de outra maneira, ou por serem muito caros ou perigosos.

Marcações

Em geral, o ponto exato em que os atores devem ficar é marcado com fita no chão (fora da câmera), porque tanto o *cameraman* como o resto do elenco precisam saber onde se posicionar.

Método de representação

Às vezes chamado apenas de "o método", é um estilo de representar formalizado pelo ator russo e diretor de teatro Constantin Stanislavski. O ator interpreta o papel a partir de experiências de sua vida pessoal.

Novela

Drama diário. O termo em inglês *soap opera* refere-se ao fato de passar durante o dia e nos primórdios da televisão, quando havia patrocínio de fabricantes de sabão em pó.

Objeto de cena

É qualquer objeto portado, manipulado ou usado por um ator durante a representação, no palco ou no cinema. Por exemplo, armas cênicas, óculos falsos etc.

Option

Contrato para ter os direitos sobre um roteiro por um período de tempo específico.

Participação especial

Pequeno papel representado por um ator famoso que não aceitaria um papel insignificante em troca de pouco ou nenhum dinheiro. Em geral, os grandes astros de Hollywood participam de produções independentes para divulgar ou chamar a atenção para o filme (tema, ator coadjuvante ou diretor).

Partitura

Versão impressa dos arranjos musicais de ópera, filmes ou outro trabalho musical em forma de notas, pode incluir as letras e textos suplementares.

Personagem

Qualquer entidade personificada que apareça em um filme ou peça.

***Plot* ou trama**

É a sequência de eventos em uma história: o *plot* central é chamado *plot*-A. Uma típica estrutura de *plot* inclui: a) começo/situação inicial; b) conflito/problema a ser abordado/solucionado; c) complicações futuras; d) clímax; e) suspense; f) solução (ou não) depois que o conflito/problema for resolvido; e g) conclusão/fim. Simplificando, a estrutura dramática de uma história pode ser dividida em cinco atos: exposição, crescimento da ação, clímax (ponto de virada), decréscimo da ação e resolução (*dénouement*), que é o desfecho ou o desvendamento da trama.

Produção

Pré-produção é a etapa da criação de um filme, em que o produtor deixa tudo pronto para filmar: contrata atores, escolhe diretores e o resto da equipe, faz os figurinos, encontra locações, distribui o roteiro, constrói cenários, faz ensaios etc. A produção é a filmagem propriamente dita (também chamada de fotografia principal). Na pós-produção, ou simplesmente pós, são filmadas as cenas extras ou versões alternativas. Inclui também cortes e edição do filme, a criação de efeitos especiais em computador, os efeitos sonoros e a trilha musical, e em geral também faz a promoção (coletivas de imprensa, exibição de trailer, cartazes promocionais etc.) antes da estreia.

Produtor

Pessoa ou entidade responsável financeiramente pela produção de uma peça ou filme; comanda uma produção cinematográfica em todos os sentidos, exceto a criação do diretor, levantando financiamento, contratando pessoal e cuidando da distribuição. O produtor executivo não está envolvido nos aspectos técnicos do processo de filmagem, mas também é responsável pela produção como um todo (em geral cuidando dos negócios e das questões legais). A empresa de produção é encabeçada por um produtor, diretor, ator e autor, e sua função é criar produtos de entretenimento como filmes, programas para a televisão, infomerciais, comerciais e multimídia.

Quadro

Os filmes são uma rápida sequência de imagens (quadros) de ação exibidas na mesma velocidade em que foram gravadas, criando a ilusão de movimento. Nos Estados Unidos, os filmes têm 24 quadros por segundo (NTSC) e os vídeos têm 30 quadros por segundo (NTSC). Na Europa, a maioria dos filmes tem 25 quadros por segundo (PAL). Na França e em parte da Europa, África e na Rússia se usa outro padrão, chamado SECAM.

Refilmagem

Quando certas cenas não se encaixam bem em outras ou a história fica confusa em algum momento, às vezes é necessário fazer a cena novamente após o término das filmagens. Quando isso acontece, os atores são reconvocados para filmar suas cenas.

Sala de corte

Local onde o filme ou os tapes têm as partes indesejadas cortadas e editadas.

Screening

Apresentação para audiências-teste e/ou pessoas envolvidas nas filmagens pode resultar em vários cortes em um filme. É por isso que no DVD usa-se o termo "corte do diretor" para especificar que a versão final que chegará aos cinemas contou com a colaboração do diretor, dos editores, dos produtores e dos executivos de estúdio.

***Script* ou roteiro**

Plano ou mapa que resume a história de um filme através de descrições visuais, ações de personagens e seus diálogos; o *lined script* é uma versão do roteiro preparado pelo supervisor de roteiro durante a produção, a fim de indicar (através de anotações e linhas verticais riscadas diretamente nas páginas do roteiro) o que já foi filmado. O roteiro de produção foi preparado e está pronto para entrar em produção. No roteiro de filmagem as cenas já foram revisadas, alteradas e estão prontas para serem filmadas. São páginas de cores diferentes que são incorporadas ao roteiro de filmagem sem que as páginas originais não revisadas mudem de posição ou fiquem embaralhadas. A apresentação de um script sem que o autor tenha feito um contato prévio com o estúdio ou a produtora é o chamado script não solicitado.

Sequência

É um segundo trabalho criativo (livro, filme, peça) que se passa no mesmo universo do primeiro, mas em outro momento. Em geral usa elementos da história original, como personagens, ambientes e enredos.

Set

São os elementos físicos construídos e arranjados de modo a dar a sensação de um lugar. Geralmente envolve um diretor/designer de *set*, cuja função é incluir outros elementos, como figurinos, cenários, iluminação, sons e objetos.

Sitcom

Também chamado comédia. Nos Estados Unidos costuma ser um programa cômico de 30 minutos para a televisão, que gira em torno de situações engraçadas envolvendo os principais personagens.

Spoiler

Resumo ou descrição dos elementos da trama ainda não revelados na própria narrativa. Além disso, se o prazer de uma narrativa depende da tensão dramática e do suspense, revelar antes os elementos da trama pode estragar (*spoil*) o prazer que seria experimentado. O termo "spoiler" é mais usado em sites especiais da internet e em *postings* dos noticiários. Em geral a informação *spoiling* vem precedida de um aviso.

Stills

Fotografias estáticas usadas na divulgação do filme.

Storyboard

Conjunto organizado de desenhos que ilustram e permitem visualizar a sequência de filmagem. Lembra uma história em quadrinhos e é usada no início das filmagens, para experimentar e dinamizar as cenas. Os cineastas mais novos preferem animações computadorizadas.

Syndication

Termo usado na televisão, quando as estações particulares podem comprar programas fora do sistema da rede.

Tapete Vermelho

O tapete vermelho é uma passadeira estendida na frente de um teatro para receber VIPs, autoridades e celebridades, em eventos formais como estreias, projeções especiais etc.

Teaser / Trailer

São cenas com fins promocionais que passam na televisão e nos cinemas antes dos filmes. Chama-se "*teaser*" (provocador) porque a intenção é "provocar" e chamar a atenção da plateia. Já o *trailer* é uma montagem curta e editada de cenas previamente selecionadas de um filme, que são apresentadas como uma amostra da próxima atração. Dura de 15 segundos a 3 minutos. Nem tudo que se vê no *trailer* aparecerá no filme, porque o *trailer* costuma ser produzido primeiro no processo de filmagem. O *trailer* também é uma ferramenta promocional para levantar dinheiro para o filme. Originalmente era mostrado no final do filme (daí o nome "*trailer*", o carro que vem atrás), mas como as pessoas saíam do cinema antes de assistir, ele foi passado para o início.

Tomada em ângulo aberto

Tomada feita com lentes que incluem um campo de visão mais amplo (para captar mais elementos e objetos de cena) que as lentes normais.

Trailer

Um veículo de tamanho médio que abriga os atores que estão filmando em locações ou em estúdio. Os trailers são equipados com cama, banheiro, cozinha etc., porque às vezes os atores passam muitas horas se preparando para filmar, fazendo reuniões, relaxando, recebendo a família ou apenas descansando entre as filmagens. Alguns *trailers* são transformados em sala de aula, vestiário ou salões de cabeleireiro e maquiagem. Nos *set* de filmagem, os *trailers* não são personalizados, mas nas grandes produções ou nos programas para a televisão de longa duração, os atores os decoram como se fossem suas casas.

Two-shot

Filmagem em *close-up* de duas pessoas em primeiro plano, enquadradas da cintura para cima, em geral dialogando entre si para informar relacionamento. Há também *three-shot* etc.

Vara boom

Operada por uma pessoa da equipe de som, a *vara boom* é um equipamento especial. Feita de alumínio leve ou fibra de carbono, permite o posicionamento exato do microfone, em cima ou embaixo dos atores, mas fora do quadro da câmera.

VHS

O Video Home System é um padrão de gravação e reprodução em gravadores de videocassete analógicos (VCR). A mídia de gravação é a fita magnética. Existem inúmeras variações (VHS-C, Super-VHS e outros), cada um dependente de um tipo de sinal (SECAM, PAL ou NTSC).

Widescreen

São os sistemas de projeção com proporção maior que 1:33:1, que prevaleceram até a década de 1950. Foram introduzidos muitos processos *widescreen* nessa época, para enfrentar a crescente popularidade da televisão, como o CinemaScope (sistema anamórfico), VistaVision (técnica de produção não anamórfica em que o filme corre horizontalmente pela câmera em vez de verticalmente), e Todd-AO e Super Panavision. Também conhecido como *letterboxing*.

Wrap

Abreviatura do termo *Wind Roll and Print* (enrola e edita), usado para determinar o encerramento das filmagens do dia ou de uma produção. Também se refere à festa de encerramento, quando elenco, equipe técnica, produtores, executivos de estúdio e outros se reúnem no último dia de filmagem para celebrar.

Filmografia

A Hora do Pesadelo (1984)

Dirigido por Wes Craven. Roteiro de Wes Craven. Lançado por New Line Cinema. Elenco: John Saxon, Ronee Blakely, Heather Langenkamp, Amanda Wyss, Nick Corri, Johnny Depp, Robert Englund.

Bilheteria nos EUA: US$ 25.504.513

Férias do Barulho (1985)

Dirigido por George Bowers. Roteiro de Gordon Mitchell. Argumento de Ken Segull, Alann Wenkus e Gordon Mitchell. Lançado por Tristar Pictures. Elenco: Rob Morrow, Johnny Depp, Emily Longstreth, Karyn O'Brian, Hector Eliozondo, Dody Goodman, Tony Azito, Hilary Shapiro, Leslie Easterbrook, Michael Bowen, Lisa London.

Bilheteria nos EUA: US$ 331.816

Queimando-se lentamente (filme para a TV, 1986)

Dirigido por Matthew Chapman. Roteiro de Matthew Chapman. Elenco: Eric Roberts, Beverly D'Angelo, Dennis Lipscomb, Raymond J. Barry, Ann Shedeen, Emily Longstreth, Johnny Depp, Henry Gibson, Dan Hedaya.

Bilheteria nos EUA: N/C

Platoon (1986)

Dirigido por Oliver Stone. Roteiro de Oliver Stone. Lançado por Orion Pictures. Elenco: Tom Berenger, Willem Dafoe, Charlie Sheen, Forest Whitaker, Francesco Quinn, John C. McGinley, Richard Edson, Kevin Dillon, Reggie Johnson, Keith David, Johnny Depp.

Bilheteria nos EUA: US$ 138.530.565

Anjos da Lei (Episódiopiloto para TV 1897)

Dirigido por Kim Manners. Roteiro de Patrick Hasburgh. Série criada por Patrick Hasburgh e Stephen J. Cannell. Elenco: Johnny Depp, Frederic Forrest, Holly Robinson, Peter DeLuise, Dustin Nguyen.

Bilheteria nos EUA: N/C

Anjos da Lei (Série para TV 1987-1990)

Roteiro de Patrick Hasburgh. Série criada por Patrick Hasburgh e Stephen J. Cannell. Elenco fixo: Johnny Depp, (temporadas 1-4), Holly Robinson, Peter DeLuise, Dustoin Nguyen.

Bilheteria nos EUA: N/C

Cry Baby (1990)

Dirigido por John Waters. Roteiro de John Waters. Lançado por Warner Bros. Elenco: Johnny Depp, Amy Locane, Susan Tyrell, Polly Bergen, Iggy Pop, Ricki Lake, Traci Lords, Troy Donahue, Mink Stole, Joe Dallesandro, Patricia Hearst, Willem Dafoe.

Bilheteria nos EUA: US$ 8.266.343

Edward Mãos de Tesoura (1990)

Dirigido por Tim Burton. Roteiro de Caroline Thompson, baseado em argumento de Tim Burton e Caroline Thompson. Lançado por 20th Century Fox. Elenco: Johnny Depp, Winona Ryder, Dianne West, Anthony Michael Hall, Kathy Bakerm Robert Oliveri, Vincent Price, Alan Arkin.

Bilheteria nos EUA: US$ 56.362.352

Pesadelo Final: A Morte de Freddy (1991, participação)

Dirigido por Rachael Talalay. Roteiro de Michael DeLuca, baseado em argumento de Rachael Talalay. Lançado por New Line Cinema. Elenco: Robert Englund, Lisa Zane, Shon Greenblatt, Yaphet Kotto, Tom Arnold, Roseanne Barr, Johnny Depp, Tobe Sexton.

Bilheteria nos EUA: US$ 34.872.033

Um Sonho Americano (1993)

Dirigido por Emir Kusturica. Roteiro de David Ptkins, baseado em argumento de David Atckins e Emir Kusturica. Lançado por Warner Bros. Elenco: Johnny Depp, Jerry Lewis, Faye Dunaway, Lili Taylor, Vincent Gallo, Michael J. Pollard, Sal Jenco, Iggy Pop.

Bilheteria nos EUA: US$ 112.547

Benny e Joon: Corações em Conflito (1993)

Dirigido por Jeremiah Chechik. Roteiro de Barry Berman, baseado em argumento de Barry Berman e Leslie McNeil. Lançado por MGM/US. Elenco: Johnny Depp, Mary Stuart Matherson, Aidan Quinn, Jullianne Moore, Oliver Platt, C. C. H. Pounder, Dan Hedaya, William H. Macy, Noon Orsatti, Dan Kamin.

Bilheteria nos EUA: US$ 23.261.580

Gilbert Grape: Aprendiz de Sonhador (1993)

Dirigido por Lasse Hallstrom. Roteiro de Peter Hedges, baseado em argumento de seu romance. Lançado por Paramount Pictures. Elenco: Johnny Depp, Juliette Lewis, Mary Steenurgen, Leonardo DiCaprio, John C. Reilly, Darlene Cates, Laura Harrington, Mary Kate Schellhardt, Crispin Glover, J. Kevin J. Tighe, Robert B. Hedges.

Bilheteria nos EUA: US$ 10.032.765

Ed Wood (1994)

Dirigido por Tim Burton. Roteiro de Scott Alexander e Larry Karaszewski baseado no livro *Nightmare of Ecstasy* de Rudolph Grey. Lançado por Buena Vista. Elenco: Johnny Depp, Martin Landau, Sarah Jessica Parker, Patricia Arquette, Jeffrey Jones, G. D. Spradin, Vincent D'Onofrio, Bill Murray, Lisa Marie, George "The Animal" Steele, Juliet Landau, Conrad Brooks.

Bilheteria nos EUA: US$ 5.869.802

Don Juan DeMarco (1994)

Dirigido por Jeremy Leven. Roteiro de Jeremy Leven. Lançado por New Line Cinema. Elenco: Johnny Depp, Marlon Brando, Faye Dunaway, Bob Dishy, Geraldine Pailhas, Talisa Soto, Rachel Ticotin, Marita Geraghty, Richard Sarafian, Tresa Huges, Jo Champa.

Bilheteria nos EUA: US$ 22.150.451

Dead Man (1995)

Dirigido por Jim Jarmusch. Roteiro de Jim Jarmusch. Lançado pro Miramax. Elenco: Johnny Depp, Crispin Glover, John Hurt, John North, Robert Mitchum, Gibby Haynes, Mili Avital, Peter Schrum, Gabriel Byerne, Lance Henriksen, Gary Farmer, Iggy Pop, Alfred Molina.

Bilheteria nos EUA: US$ 1.037.847

Tempo Esgotado (1995)

Dirigido por John Badham. Roteiro de Patrick Sheane e Ebbe Roe Smith. Lançado por Paramount. Elenco: Johnny Depp, Christopher Walken, Roma Maffia, Charles Dutton, Marsha Mason, Gloria Reuben, Courtney Chase, Bill Smitrovich, G. D. Spradlin.

Bilheteria nos EUA: US$ 8.175.346

Divine Rapture (1995, inacabado: 20 minutos de filmagens)

Dirigido por Tom Eberhardt. Roteiro de Thom Eberhardt. Elenco: Johnny Depp, Marlon Brando, Debra Winger, John Hurt.

Bilheteria nos EUA: N/C

Donnie Brasco (1996)

Dirigido por Mike Newell. Roteiro de Paul Attanasio, baseado em *The Book*, de Joseph D. Pistone. Lançado por Sony Pictures. Elenco: Johnny Depp, Al Pacino, Michael Madsen, Bruno Kirby, James Russo, Anne Heche, Zeljko Ivanek, Gerry Becker, Robert Milano Brian Taratina.

Bilheteria nos EUA: US$ 41.909.762

O Bravo (1997)

Dirigido por Johnny Depp. Roteiro de Johnny Depp, Paul McCudden e D. P. Depp. Lançado por Filmax (Espanha). Elenco: Johnny Depp, Marlon Brando, Marshall Bell, Elpidia Carrillo, Frederic Forrest, Clarence Williams III, Max Perlich, Luis Guzman, Cody Lightning, Nicole Mancera (Marta), Floyd 'Red Crow' Westerman.

Bilheteria nos EUA: N/C

Cannes Man (1996, participação)

Dirigido por Richard Martini. Roteiro de Deric Haddad e Richard Martini. Lançado por Rocket Pictures Home Video. Elenco: Seymour Cassel, Francesco Quinn, Rebecca Broussard, Johnny Depp, Treat Williams, Jim Jarmusch, James Brolin, Jon Cryer, Ann Cusak, Benicio Del Toro, Robert Evans, Dennis Hopper.

Bilheteria nos EUA: N/C

Absolutamente Los Angeles (1998)

Dirigido por Mika Kaurismaki. Roteiro de Richard Rayner e Mika Kaurismaki baseado no romance *Los Angeles Without a Map* de Richard Rayner. Lançado por United Media. Elenco: David Tenant, Vanessa Shaw, Julie Delpy, Vincent Gallo, Cameron Bancroft, James Le Gros, Saskia Reeves, Steve Huison, Lisa Edelstein, Joe Dalessandro, Jerzy Skolimowsky, Amanda Plummer, Anouk Aimée, Robert Davi, Johnny Depp, Montel Hellman.

Bilheteria nos EUA: N/C

Medo e Delírio (1998)

Dirigido por Terry Gilliam. Roteiro de Alex Cox e Tod Davies, baseado no livro *Fear and Loathing in Las Vegas* de Hunter S. Thompson. Lançado pela Universal. Elenco: Johnny Depp, Benicio Del Toro, Jake Busey, Gary Busby, Tob Maguire, Christina Ricci, Tim Thomerson, Harry Dean Stanton, Cameron Diaz, Lyle Lovett, Ellen Barkin, James Woods.

Bilheteria nos EUA: US$ 10.680.275

Enigma do Espaço (1999)

Dirigido por Rand Ravich. Roteiro de Rand Ravich. Lançado por New Line Cinema. Elenco: Johnny Depp, Charlize Theron, Blair Brown, Nick Cassavetes, Clea Du Vall, Joe Morton, Donna Murphy, Tom Noonan.

Bilheteria nos EUA: US$ 10.672.566

O Último Portal (1999)

Dirigido por Roman Polanski. Roteiro de John Brownjohn e Roman Polanski. Lançado por Artisan Enterteinment. Elenco: Johnny Depp, Frank Langella, Lena Olin, James Russo, Emmanuelle Seigner.

Bilheteria nos EUA: US$ 18.661.336

The Source (1999, participação)

Dirigido por Chuck Workman. Escrito por Chuck Workman. Lançado por WinStar Cinema. Elenco: Johnny Depp, Dennis Hooper, John Turturro. Elenco do Arquivo de Vídeo: Steve Allen, William F. Buckley, William S. Burroughs, Neal Cassady, Walter Cronkite, Bob Dylan, Lawrence Ferlinghetti, Allen Ginsberg, Dennis Hooper, Lyndon Johnson, Ken Ksey, Martin Lugher King, Timothy Leary.

Bilheteria nos EUA: US$ 360.895

A Lenda do Cavaleiro sem Cabeça (1999)

Dirigido por Tim Burton. Roteiro de Andrew Kevin Walker baseado no livro de Washington Irving. Lançado pela Paramount. Elenco: Johnny Depp, Christina Ricci, Casper Van Dien, Michael Gambon, Lisa Marie, Christopher Walken, Miranda Richardson, Jeffrey Jones, Christopher Lee.

Bilheteria nos EUA: US$ 101.071.502

Por Que Choram os Homens (2000)

Dirigido por Sally Potter. Roteiro de Sally Potter. Lançado pela Universal. Elenco: Johnny Depp, Christina Ricci, Cate Blanchet, John Turturro, Harry Dean Stanton, Oleg Yankovsly.

Bilheteria nos EUA: US$ 747.092

Antes do Anoitecer (2000)

Dirigido por Julian Schnabel. Roteiro de Cunningham O'Keefe baseado nas memórias de Reynaldo Arenas. Lançado pela Miramax. Elenco: Javier Bardem, Olivier Martinez, Andrea Di Stefano, Johnny Depp, Michael Wincott, Olatz Lopez Garmendia, Giovanni Florido, Lola Navarro, Sebastian Silva, Vito Maria Schnabel, Pedro Almendariz Jr. Diego Luna.

Bilheteria nos EUA: US$ 4.242.892

Chocolate (2000)

Dirigido por Lasse Hallstrom. Roteiro de Robert Nelson Jacobs baseado no romance de Joanne Harris. Lançado pela Miramax. Elenco: Juliette Binoche, Johnny Depp, Alfred Molina, Carrie-Anne Moss, Aurlien Parent-Koening, Antonio Gil--Martinez, Lena Olin, John Wood, Hugh O'Conor, Peter Stormare.

Bilheteria nos EUA: US$ 71.509.363

Profissão de Risco (2000)

Dirigido por Ted Demme. Roteiro de David McKenna baseado no livro de Bruce Porter. Lançado por New Line Cinema. Elenco: Johnny Depp, Penélope Cruz, Franka Potemnete, Rachel Griffiths, Paul Reubens, Jordi Molla, Cliff Curtis, Miguel Sandoval, Ethan Suplee, Ray Liotta, Keven Cage, Max Perlich, Jesse James.

Bilheteria nos EUA: US$ 52.990.775

Do Inferno (2001)

Dirigido por The Hughes Brothers. Roteiro de Alan More e Eddie Campbell. Lançado pela 20th Century Fox. Elenco: Johnny Depp, Heather Graham, Ian Holm, Robbie Coltrane, Ian Richardson, Jason Flemyng, Katrin Cartlidge, Terence Harvey, Susan Lynch, Paul Rhys, Lesley Sharp.

Bilheteria nos EUA: US$ 31.602.566

The Man Who Killed Don Quixote (2001, inacabado, produção suspensa)

Dirigido por Terry Gilliam. Roteiro de Terry Gilliam e Tony Grisoni. Elenco: Johnny Depp, Jean Rochefort, Vanessa Paradis.

Bilheteria nos EUA: N/C

Lost in La Mancha (2002, participação)

Dirigido por Keith Fulton e Louis Pepe. Roteiro de Keith Fulton e Louis Pepe. Lançado por Optimum Releasing. Elenco: Jeff Bridges (narrador), Bernard Bouix, Bernard Chaumeil, Rene Cleitman, Johnny Depp, Jose Luis Escolar, Benjamin Fernandez, Pierre Gamet, Terry Gilliam, Tony Grisoni, Vanessa Paradis, Jean Rochefort.

Bilheteria nos EUA: US$ 732.393

Piratas do Caribe: A Maldição do Pérola Negra (2003)

Dirigido por Gore Verbinski. Roteiro de Ted Elliott e Terry Rossio. Lançado por Buena Vista. Elenco: Johnny Depp, Orlando Bloom, Keira Knightley, Geoffrey Rush, Jack Davenport, Jonathan Pryce, Lee Arenburg, Damian O'Hare, Giles News, Angus Barnet, David Bailie, Michael Berry Jr., Mackenzie Crook, Kevin McNally.

Bilheteria nos EUA: US$ 305.411.224

Era Uma Vez no México (2003)
Dirigido por Robert Rodriguez. Roteiro de Robert Rodriguez. Lançado por Buena Vista International. Elenco: Antonio Banderas, Salma Hayek, Johnny Depp, Mickey Rourke, Eva Mendes, Danny Trejo, Enrique Iglesias, Marco Leonardi, Cheech Marin.
Bilheteria nos EUA: US$ 56.330.657

Janela Secreta (2004)
Dirigido por David Koepp. Roteiro de Stephen King e David Koepp. Lançado por Sony Pictures. Elenco: Johnny Depp, Kyle Allatt, Maria Bello, Charles Dutton, Gillian Ferrabee, Timothy Hutton, Richard Jutrus, Ving Rhames, John Turturro.
Bilheteria nos EUA: US$ 44.361.036

Em Busca da Terra do Nunca (2004)
Dirigido por Marc Forster. Roteiro de Allan Knee e David Magee. Lançado por Miramax. Elenco: Johnny Depp, Kate Winslet, Julie Christie, Radha Mitchell, Dustin Hoffman, Freddie Highmore, Joe Prospero, Nick Roud, Luke Spill, Ian Hart, Kelly Macdonald, Mackenzie Crook, Jimmy Gardner.
Bilheteria nos EUA: US$ 51.676.606

O Libertino (2004)
Dirigido por Laurence Dunmore. Roteiro de Stephen Jeffreys. Lançado pela Miramax. Elenco: Johnny Depp, Samantha Morton, John Malkovich, Paul Ritter, Stanley Towsend, Francesca Annis, Rosamund Pike, Tom Hollander, Johnny Vegas, Richard Coyle, Hugh Sachs, Tom Burke, Jack Davenport.
Bilheteria nos EUA: 53.337.608

A Fantástica Fábrica de Chocolate (2005)
Dirigido por Tim Burton. Roteiro de John August. Lançado pela Warner Bros. Elenco: Johnny Depp, Jordan Fry, Freddie Highmore, Geoffrey Holder, David Kelly, Anna Sophia Robb, James Arnold Taylor, Philip Wiegratz, Julia Winter.
Bilheteria nos EUA: US$ 206.456.430

A Noiva Cadáver (2005)
Dirigido por Tim Burton e Mike Johnson. Roteiro de John August, Pamela Pettler e Caroline Thompson. Lançado por Warner Bros. Elenco: Johnny Depp, Helena Bonham Carter, Emily Watson, Tracy Ullman, Paul Whitehouse, Joanna Lumley, Albert Finney, Richard E. Grant, Christopher Lee, Michael Gough, Jane Horrocks, Enn Reitel, Deep Roy, Danny Elfman, Stephen Ballantyne.
Bilheteria nos EUA: US$ 53.337.608

Piratas do Caribe: O Baú da Morte (2006)

Dirigido por Gore Verbinski. Roteiro de Terry Rossio e Ted Elliot. Lançado por Buena Vista. Elenco: Johnny Depp, Orlando Bloom, Keira Knightley, Naomie Harris, Bill Nighy, Geoffrey Rush, Stellan Skarsgard, Calleigh White, Claudia Adams, Lee Arenberg, Clive Ashborn, Mackenzie Crook, Jack Davenport, Kevin McNally, Joshamee Gibbs, David Ballie, Martin Klebba.

Bilheteria nos UA: US$ 423.032,628

Piratas do Caribe: No Fim do Mundo (2007)

Dirigido por Gore Verbinski. Roteiro de Terry Rossio e Ted Elliot. Lançado por Buena Vista. Elenco: Johnny Depp, Orlando Bloom, Keira Knightley, Geofrey Rush, Jonathan Pryce, Bill Nighy, Yun-Fat Chow, Tom Hollander, Stellan Skarsgard, Kevin McNally, Jack Davenport, Mackenzie Crook, Lee Arenberg, Clive Ashborn, Mackenzie Crook, Lee Arenberg, Martin Klebba, Greg Ellis, Reggie Lee, David Bailie, Naomie Harris, Keith Richards.

Bilheteria nos EUA: US$ 309.420.425

Sweeney Todd: O Barbeiro Demoníaco da Rua Fleet (2007)

Dirigido por Tim Burton. Roteiro de John Logan. Lançado pela Universal. Elenco: Johnny Depp, Helena Bonham-Carter, Alan Rickman, Timothy Spall, Christopher Lee, Jayne Wisener, Sacha Baron Cohen, Jamie Campbell Bowen, Laura Michelle Kelly, Anthony Head, Peter Bowles.

Bilheteria nos EUA: US$ 52.898.093

Inimigos Públicos (2009)

Dirigido por Michael Mann. Roteiro de Ronan Bennett e Anne Biderman. Lançado pela Universal. Elenco: Johnny Depp, Christian Bale, Channing Tatum, Billy Crudrup, Stephen Dorff, Lee Sobieski, Marion Cotillard, Stephen Graham, Giovani Ribisi, Branka Katic, Bill Camp, Jason Clarke, Rory Cochran, Stephen Lang, John Ortiz, David Wenham.

Bilheteria nos EUA: US$ 97.104.620

O Imaginário Dr. Parnassus (2009)

Dirigido por Terry Gilliam. Roteiro de Terry Gilliam e Charles McKeown. Lançado por Hoyts Distribution. Elenco: Heath Ledger, Johnny Depp, Colin Farrell, Jude Law, Christopher Plummer, Tom Waits, Verner Troyer, Lily Cole, Cassandra Sawtell, Andrew Garfield, Paloma Faith, Ryan Grantham, Simon Day, Richard Ridell, Fraser Aitcheson, Vitaly Kravchenko, John Snowden, Igor Ingelsman.

Bilheteria nos EUA: US$ 7.555.233

Alice no País das Maravilhas (2010)

Dirigido por Tim Burton. Roteiro de Linda Woolverton. Lançado por Walt Disney Studios. Elenco: Johnny Depp, Michael Sheen, Anne Hathaway, Helena Bonham Carter, Alan Rickman, Mia Wasikowska, Stephen Fry, Crispin Glover, Christopher Lee, Timothy Spall, Matt Lucas, Noah Taylor, Eleanor Tomlinson, Lindsay Duncan, Annalise Basso, Frances de la Tour, Tim Pigott-Smith, John Hopkins, Jemma Powell, Geraldine James, Eleanor Gecks.

Bilheteria nos EUA: US$ 265.800.000

O Turista (2010)

Dirigido por Florian Henckel von Donnersmarck. Roteiro de Florian Henckel von Donnersmarck e Christopher McQuarrie. Lançado por GK Films, Spyglass Entertainment e Birnbaum/Barber. Elenco: Johnny Depp, Angelina Jolie, Paul Bettany, Timothy Dalton, Steven Berkoff, Rufus Sewell, Christian De Sica e Alessio Boni.

Bilheteria nos EUA: US$ 67.631.157

Rango (2011)

Dirigido por Gore Verbinski. Roteiro de John Logan. Lançado por Blind Wink Productions, GK Films e Nickelodeon Movies. Vozes: Johnny Depp,Isla Fisher, Abigail Breslin, Ned Beatty, Alfred Molina, Bill Nighy, Stephen Root, Harry Dean Stanton, Timothy Olyphant, Ray Winstone e Ian Abercrombie.

Bilheteria nos EUA: US$ 123.010.655

Piratas do Caribe: Navegando em Águas Misteriosas (2011)

Dirigido por Rob Marshall. Roteiro de Ted Elliott e Terry Rossio. Lançado por Walt Disney Pictures e Jerry Bruckheimer Films. Elenco: Johnny Depp, Penélope Cruz, Geoffrey Rush, Ian McShane, Kevin McNally, Sam Claflin, Astrid Bergès-Frisbey, Stephen Graham, Keith Richards e Richard Griffiths.

Bilheteria nos EUA: US$ 241.063.875

Diário de um Jornalista Bêbado (2011)

Dirigido por Bruce Robinson. Roteiro de Bruce Robinson, baseado no livro de Hunter S. Thompson. Lançado por GK Films, Infinitum Nihil, FilmEngine Dark & Stormy Entertainment. Elenco: Johnny Depp, Aaron Eckhart, Michael Rispoli, Amber Heard, Richard Jenkins e Giovanni Ribisi.

Bilheteria nos EUA: US$ 13.070.462

Outras Participações

1985

Dummies

Ainda estudando, faz um curta-metragem com Sherilyn Fenn para o American Film Institute.

Lady Blue

Participa do episódio "Beasts of Prey".

1987

Hotel

Participa do episódio: "Unfinished Business".

1990

Joey

Participa do vídeo da banda Concrete Blonde.

1991

Silent War

Participa do programa sobre AIDS com Winona Ryder.

Tom Petty in Concert

Apresenta o Especial para TV.

Into the Great Wide Open

Participa do vídeo do cantor Tom Petty.

1992

It's a Shame About Ray

Participa do vídeo da banda Lemonheads.

1994

Top of the Pops

Apresenta-se como guitarrista convidado na banda The Pogues em show para TV do Reino Unido.

Stuff

Produz o vídeo do músico John Frusciante.

That Woman's Got Me Drinking

Participa e dirige o vídeo do músico e cantor Shane MacGowan com a banda The Pogue.

1995

United States of Poetry

Faz uma participação na série de programas para a TV.

1997

Fade In-Out

É convidado para tocar no álbum do Oasis como guitarrista de slide.

1998

Austin City Music Awards

Apresenta-se ao vivo com a banda P na cerimônia de premiação.

Top Secret

Narra a série para a TV.

Where's It At: The Rolling Stone State of the Union

É entrevistado no programa da televisão norte-americana.

What's Eating Johnny Depp

É entrevistado no programa da televisão inglesa.

1999

The Vicar of Dibley

Participa do episódio "Red Nose Day Special".

2000

The Last Ever Fast Show Christmas Special

Participa do quadro "Suits You".

2001

Que fait la vie?

Dirige o vídeo da cantora Vanessa Paradis.

Pourtant

Dirige o vídeo da cantora Vanessa Paradis

2002

TNR Tribute To Nicholas Cage

Participa do especial para a TV norte-americana.

In Bad Taste: The John Waters Story

É entrevistado no programa da televisão norte-americana.

Inside the Actor's Studio

É entrevistado no programa da televisão norte-americana.

Iggy Pop In Concert

Apresenta-se ao vivo na França como guitarrista.

2003

Bravo Profiles: Johnny Depp

É entrevistado no programa da televisão norte-americana.

Charlie: The Life and Art of Charles Chaplin

Participa do documentário norte-americano que estreou no Festival de Cinema de Boston.

2005

Johnny Depp on James Dean

Apresenta-se como convidado no programa Radio 2.

Prêmios e Indicações

Globo de Ouro

1991
Edward Mãos de Tesoura
Indicação: Melhor Ator Cômico

1994
Benny e Joon – Corações em Conflito
Indicação: Melhor Ator Cômico

1995
Ed Wood
Indicação: Melhor Ator Cômico

2004
Piratas do Caribe: A Maldição do Pérola Negra
Indicação: Melhor Ator Cômico ou Musical

2005
Em Busca da Terra do Nunca
Indicação: Melhor Ator, Drama

2006
A Fantástica Fábrica de Chocolate
Indicação: Melhor Ator, Musical e Comédia

2007
Piratas do Caribe 2: O Baú da Morte
Indicação: Melhor Ator, Musical e Comédia

2008
Sweeney Todd: O Barbeiro Demoníaco da Rua Fleet
Premiado como Melhor Ator, Musical e Comédia

2011
O Turista
Indicação: Melhor Ator, Musical e Comédia

Alice no País das Maravilhas
Indicação: Melhor Ator, Musical e Comédia

Academy Awards (Oscar)

2004
Piratas do Caribe: A Maldição do Pérola Negra
Indicação: Melhor Ator Principal

2005
Em Busca da Terra do Nunca
Indicação: Melhor Ator Principal

2008
Sweeney Todd: O Barbeiro Demoníaco da Rua Fleet
Indicação: Melhor Ator Principal

British Academy Film Award (Bafta)

2004
Piratas do Caribe: A Maldição do Pérola Negra
Indicação: Melhor Ator Principal

2005
Em Busca da Terra do Nunca
Indicação: Melhor Ator Principal

Indicações Variadas

1990
Showest Awards
Indicado e premiado como Ator do Amanhã

1994
MTV Movie Awards
Benny e Joon – Corações em Conflito
Indicação: Melhor Performance Cômica
Indicação: Melhor Par Romântico com Mary Stuart Masterson

1996
London Critics Circle Film Awards
Ed Wood e *Don Juan DeMarco*
Indicado e premiado como Ator do Ano

1997
Festival de Cannes
O Bravo
Indicação: Câmera de Ouro
Indicação: Palma de Ouro

1998
Chlotrudis Awards
Donnie Brasco
Indicação: Melhor Ator

Russian Guild of Film Critics Golden Aries Award
Medo e Delírio
Indicado e premiado como Melhor Ator Estrangeiro

1999
Cesar Award
Premiado com o Cesar Honorário por Contribuição à Arte

Estrela na Calçada da Fama
7020 Hollywood Boulevard

2000
Golden Satellite Awards
A Lenda do Cavaleiro sem Cabeça
Indicação: Melhor Ator

Blockbuster Entertainment Awards
A Lenda do Cavaleiro sem Cabeça
Indicado e premiado como Melhor Ator de Filme de Terror

Saturn Awards
A Lenda do Cavaleiro sem Cabeça
Indicação: Melhor Ator

2001
Screen Actor Guild Awards
Chocolate
Indicação: Melhor Elenco com Juliette Binoche, Leslie Caron, Judie Dench, Alfred Molina, Carrie-Anne Moss, Hugh O'Conner, Lena Olin, Peter Stormore e John Wood.

2002
Saturn Awards
Do Inferno
Indicação: Melhor Ator

2003
Hollywood Film Festival
Indicado e premiado como Ator do Ano

Washington D.C. Area Film Critics Association Awards
Piratas do Caribe: A Maldição do Pérola Negra
Indicação: Melhor Ator

2004
IFTA Audience Awards
Piratas do Caribe: A Maldição do Pérola Negra
Indicado e premiado como Melhor Ator Internacional

MTV Movie Awards
Piratas do Caribe: A Maldição do Pérola Negra
Indicado e premiado por Melhor Performance Masculina
Indicações: Melhor Performance Cômica e Melhor Elenco na Tela (ao lado de Orlando Bloom)

MTV Movie Awards, México
Piratas do Caribe: A Maldição do Pérola Negra
Indicado e premiado pelo Melhor Visual

Saturn Award
Piratas do Caribe: A Maldição do Pérola Negra
Indicação: Melhor Ator

Screen Actor Guild Awards
Piratas do Caribe: A Maldição do Pérola Negra
Indicado e premiado como Melhor Ator

Critics Choice
Piratas do Caribe: A Maldição do Pérola Negra
Indicação: Melhor Ator

Empire Film Awards
Piratas do Caribe: A Maldição do Pérola Negra
Indicado e premiado como Melhor Ator

Online Film Critics Society Awards
Piratas do Caribe: A Maldição do Pérola Negra
Indicação: Melhor Ator

Golden Satellite Awards
Piratas do Caribe: A Maldição do Pérola Negra
Indicação: Melhor Ator

Era Uma Vez no México
Indicação: Melhor Ator

Teen Choice Awards
Piratas do Caribe: A Maldição do Pérola Negra
Indicado e premiado por Melhor Sequência de Luta/Ação; prêmio dividido com Orlando Bloom

Também indicado e premiado como o Melhor Mentiroso do Cinema

Phoenix Film Critics Society Award
Piratas do Caribe: A Maldição do Pérola Negra
Indicação: Melhor Performance de Ator Protagonista

Chicago Film Critics Association Awards
Piratas do Caribe: A Maldição do Pérola Negra
Indicação: Melhor Ator

2005

IFTA Audience Awards
A Fantástica Fábrica de Chocolate
Indicação: Melhor Ator Internacional

Saturn Award
Em Busca da Terra do Nunca
Indicação: Melhor Ator

London Critics Circle Film Awards
Em Busca da Terra do Nunca
Indicação: Ator do Ano

Empire Film Awards
Em Busca da Terra do Nunca
Indicação: Melhor Ator

British Independent Film Awards
O Libertino
Indicação: Melhor Ator

People's Choice Award
Indicado e premiado como Artista Favorito

Em Busca da Terra do Nunca
Indicação: Melhor Química na Tela (com Kate Winslet)

Critics Choice
Em Busca da Terra do Nunca
Indicação: Melhor Ator

Golden Satellite Awards
Em Busca da Terra do Nunca
Indicação: Melhor Ator

Screen Actors Guild Awards
Em Busca da Terra do Nunca
Indicação: Performance de Elenco com Julie Christie, Freddie Highmore, Dustin Hoffman, Radha Mitchell, Joe Prospero, Luke Spill, Kate Winslet

Também indicado por Performance Masculina como Protagonista.

Teen Choice Awards
Em Busca da Terra do Nunca
Indicação: Meu Ator Preferido, Drama

2006
Empire Film Awards
A Fantástica Fábrica de Chocolate
Indicado e premiado como Melhor Ator

London Critics Circle Film Awards
A Fantástica Fábrica de Chocolate

Kids Choice Blimp Awards
A Fantástica Fábrica de Chocolate
Indicação: Meu Ator Favorito

A Noiva Cadáver
Indicação: Melhor Voz de Desenho Animado

NJR Cine Awards
A Fantástica Fábrica de Chocolate
Indicado e premiado pelo Melhor Visual (Meilleur Look)

Teen Choice Awards
A Fantástica Fábrica de Chocolate
Indicado e premiado como Meu Ator Favorito, Comédia

Piratas do Caribe 2: O Baú da Morte
Indicado e premiado como Meu Ator Favorito, Drama/Ação/Aventura

People's Choice Awards
Indicado e premiado como Astro de Cinema Favorito

2007
MTV Movie Awards
Piratas do Caribe 2: O Baú da Morte
Indicação: Melhor Ator

Kids' Choice Blimp Awards
Piratas do Caribe 2: O Baú da Morte
Indicação: Meu Artista Favorito

National Movie Awards
Piratas do Caribe 2: O Baú da Morte
Indicação: Melhor Performance Masculina

People's Choice Awards
Piratas do Caribe 2: O Baú da Morte
Indicado e premiado como Ator Favorito

Indicado e premiado como Melhor Ator de Ação

Indicado e premiado como Melhor Química na Tela (com Keira Knightley)

Rembrandt Awards
Indicado e premiado como Melhor Ator Internacional

Teen Choice Awards
Piratas do Caribe 3: No Fim do Mundo
Indicado e premiado como Meu Ator Favorito, Aventura e Ação

2008
MTV Movie Awards
Piratas do Caribe 3: No Fim do Mundo

Indicado e premiado como Melhor Performance Cômica

Sweeney Todd: O Barbeiro Demoníaco da Rua Fleet
Indicado e premiado como Melhor Vilão

Saturn Award
Sweeney Todd: O Barbeiro Demoníaco da Rua Fleet
Indicação: Melhor Ator

Critics' Choice Movie Awards
Sweeney Todd: O Barbeiro Demoníaco da Rua Fleet
Indicação: Melhor Ator

National Movie Awards
Sweeney Todd: O Barbeiro Demoníaco da Rua Fleet
Indicado e premiado como Melhor Performance Masculina

People's Choice Awards
Indicado e premiado como Astro Favorito
Também indicado como Astro de Ação Favorito

Kids' Choice Blimp Awards
Piratas do Caribe 3: No Fim do Mundo
Indicado e premiado como Astro Favorito

Rembrandt Awards
Piratas do Caribe 3: No Fim do Mundo
Indicação: Melhor Ator Internacional

Teen Choice Award
Sweeney Todd: O Barbeiro Demoníaco da Rua Fleet
Indicado e premiado como o Melhor Vilão da Tela

2009

Sattelite Awards
Inimigos Públicos
Indicação: Melhor Ator, Drama

Teen Choice Awards
Inimigos Públicos
Indicação: Meu Ator Favorito do Verão

Bahamas International Film Festival
Premiado pelo conjunto da obra

Empire Film Awards
Sweeney Todd: O Barbeiro Demoníaco da Rua Fleet
Indicação: Melhor Ator

2010

People's Choice Awards
Indicado e premiado como Astro Favorito
Indicado e premiado como Melhor Ator da Década

Teen Choice Awards
Alice no País das Maravilhas
Indicação: Melhor Ator, Fantasia

2011

Kids' Choice Awards
Alice no País das Maravilhas
Indicado e premiado como Melhor Ator

People's Choice Awards
Indicado e premiado como Astro Favorito

Teen Choice Awards
Rango
Indicado e premiado como Melhor Dublador em Animação

O Turista
Indicado e premiado como Melhor Ator, Ação

Piratas do Caribe: Navegando em Águas Misteriosas
Indicação: Melhor Ator, Ação

Agradecimentos

Agradeço a todos que contribuíram com este livro e tornaram o processo de escrita mais divertido. Isso inclui Vicky McKay, Mette Vesterdal, Neil Milner, Scott Coldwell, Michael Wilson, Eric Harshbarger, Cheryl Newman, Adam Parfitt, Ceri Parsons, Charlotte Heylar e Laurie Bratone. Keith Hayward foi de enorme ajuda e fez uma pesquisa inestimável. Eu também gostaria de mencionar duas excelentes referências on-line devotadas a tudo sobre Johnny Depp – *johnnydeppfan.com e Everytinhg Johnny* – ambos de grande ajuda para mim, ao me darem suas próprias páginas a respeito de Johnny e Winona. Agradeço também a James Steven, da Consolidated Communications, Georgia O'Neil, da Entertainment Films, Charlotte Day, da Sony Pictures, Vicky Lewis, da Buena Vista International, à biblioteca Louis B. Mayer, do American Film Institute, em Los Angeles, Sean Delaney, do British Film Institute, por todo o apoio com as notas de produção, roteiros e artigos sobre os filmes, além do American Indian College Fund, em Nova York, por sua colaboração generosa. Também agradeço a Mark Barker, pelas informações da bilheteria norte-americana para a filmografia, e a Charlotte Rasmussen, pelo glossário informativo de cinema ao final deste volume.

Na Blake Publishing, meus agradecimentos a John Blake, pela produção do livro, a meus editores, Mark Hanks e Allie Collins, por seu entusiasmo e olhar atento, e Graeme Andrew, pelos ótimos design, diagramação, capa e tratamento das imagens.

Eu gostaria ainda de agradecer aos varios jornais e revisas consultados durante a pesquisa: *Rolling Stone, Vogue, US, Now, GQ, Interview, Advocate, Vanity Fair, Icon, Harpers Bazaar, People, Hello, The Face, o Guardian, o Observer, The Times, Heat, The Sunday Times, FHM, People Weekly, TV Guide, Studio, Movieline, Newsweek, Eva, FLicks, Daily Star, Sky, Chat, Chicago Sun-Times, o Mirror, a revista Los Angeles, Total Film, Winona Fanzine, Planet Winona, Daily Mail, o Sun, Cowboys & Indians, Shout* e o *Detroit News.*

Por fim, agradeço a esses dois livros em particular: *Johnny Depp: A Modern Rebel,* de Brian J. Robb (Plexus, 1996) e *Winona Ryder,* de Dave Thompson (Taylor, 1997).

Este livro foi impresso pela Prol Editora Gráfica para a Editora Prumo Ltda.